face to facebook

face to facebook

소셜네트워크 페이스북으로 리드하라!

강학주 • 이스토리랩 지음

INFINITYBOOKS
인피니티북스

소셜 네트워크 서비스와 페이스북 그리고 '관계'

2006년 중반, 법인이 설립된 지 채 2년도 되지 않은 마이스페이스 Myspace의 회원 수가 1억 4천만을 넘어섰다. 단기간에 그렇게 많은 회원을 확보했다는 것은 놀라움 그 자체였다. 무엇이 그토록 사람들의 마음을 끌어당겼을까? 이 작은 호기심은 소셜 네트워크 서비스SNS에 대한 연구와 분석으로 이어졌다.

미국 진출 당시 마이스페이스의 대항마로 주목받은 국내 최대 SNS 싸이월드cyworld나 페이스북facebook, 트위터twitter의 심상치 않은 행보는 SNS 시장의 전초전에 불과했다. 이후 SNS는 가파르게 성장했다. 2011년 1월 기준으로 마이스페이스는 2억, 페이스북은 6억, 트위터는 2억 5천만 명이라는 회원을 확보하며 SNS 시장을 주도하고 있다.

도대체 왜 사람들을 이어주는 서비스에 전 세계가 관심을 가지는 것일까?

SNS에 대한 강연을 하다 보면 "왜 사람들이 SNS에 열광하는가?" 라는 질문을 종종 받는다. 그러면 주저 없이 SNS가 그동안 존재했던 어떤 웹 서비스들보다 사람의 기본적인 본능과 욕구를 잘 충족하기 때문이라고 답한다.

지금까지 다양한 웹 서비스가 사용자들의 요구를 바탕으로 진화해왔다. 온라인은 물론 오프라인[현실] 생활에서도 웹은 일상이 되었고, 사용자는 개인사에서부터 정치, 경제, 사회를 아우르는 웹의 다각적인 접근을 원하고 있다. SNS는 바로 이런 요구를 가장 잘 구현해주고 있다.

사람은 기본적으로 다른 사람과 함께 관계를 구축하며 살아간다. 이렇게 연결된 관계는 작게는 '너'와 '나'지만 가정이나 회사, 학교, 사회, 국가 등 집단으로 확대되고, 우리는 그 집단 속에서 자신의 가치를 획득한다. 하지만 사람은 집단 속에서도 개별성을 추구하는 존재이다. 개인의 독립적 성향을 지키며 집단사회를 이루고, 구성원으로서 원활한 참여와 다른 구성원과의 지속적인 관계를 이루고자 하는 것이다.

이 같은 본능과 욕구는 웹 혹은 SNS에서 사용자들의 요구로 발전한다. 기업의 활동에 있어서도 사용자 또는 고객의 요구를 얼마나 충족시키는가는 곧 기업 생산 활동의 근간이 된다. SNS의 성장이 기업에게 중요한 기회와 계기가 되는 이유도 여기에 있다.

2006년, 해외에서는 각종 SNS들이 경합을 시작했다. 국내는 2010년에 들어서야 SNS 춘추전국시대를 열었다. 토종 SNS라고 불리는 싸이월드 외에 네이버의 미투데이[me2day], 다음의 요즘[yozm] 등 17종에 이르는 다양한 서비스들이 생겨났고 페이스북, 트위터 역시 국내 사용자들을 빠르게 흡수하고 있다. 해외에서 4~5년에 걸쳐 성장하던 SNS 시장이 국내에서는 불과 1년 사이에 전쟁터같은 양상을 보이며 성장하고 있다.

하지만 단기간에 많은 사용자를 확보하고 시장이 급하게 형성된 만큼 웃지 못할 해프닝이 많다. SNS 업계 1위, 매출 1위, 회원 수 1위, 트래픽 1위 등 치열한 우위 다툼이 일어나고 있고 일부 사용자들은 트위터에서 팔로어 많이 늘리는 법, 페이스북에서 친구 많이 맺는 방법 등에만 집중한다. SNS 내에서 기업 이벤트만 쫓아다니는 소셜 체리피커Cherry picker, 자신의 팔로어 수를 활용해 기업 이벤트를 홍보해주는 트위터러도 생겼다.

이러한 현상은 SNS의 근본적인 접근보다 네트워크를 통한 확산과 전파에만 초점을 맞추기 때문에 일어난다. 질적 성장이 아니라 단순히 관계를 많이 맺고 있다는 수치적 기준으로 이들 SNS를 판단하기 때문이다. 이렇게 관계의 숫자에만 집중하다 보니 특정 서비스에 대해 편향적인 소견을 내놓는 사람들도 생겨났다. 예를 들면 "트위터가 좋습니까? 페이스북이 좋습니까?" 라고 질문을 던지는 사람들처럼 말이다. 하지만 각각의 SNS는 서비스 운영과 그 속에 담겨 있는 철학에 차이가 있다. 서비스의 운영방식이 다르기 때문에 사용자층도 다르고 서비스 내 콘텐츠 성향도 다른 모습을 보인다.

SNS는 공통적으로 '이야기가 통하는 사람' 을 만나고 싶어하는 사람의 기본적인 욕구를 충족하고 있다. 하지만 이를 선택하고 사용하는 것은 개인의 몫이다. 그 속에서 어떤 사람을 만나고, 어떤 대화를 하고, 어떻게 활용하는가는 서비스의 특징이 아니라 개인의 선택에서 비롯된다. 기업이 SNS를 선택하는 기준도 이와 다르지 않다. 기본적으로 각 채널이 가지고 있는 특징의 파악과 그에 따른 활용, 고객과의 소통은 기업의 몫이다. 모든 SNS를 사용해 모든 고객에게 접근하면 더할 나위 없이 좋겠지만, 비용Cost과 리소스Resource를 최소화하면서 최대의 효과를 얻을 수 있는 방법은 잠재고객이 모여 있는 곳을 공략하는 것이다.

SNS의 선택은 소셜Social의 본질 측면에서 접근되어야 하며, 커뮤니케이션을 한다는 것 자체가 더 중요하다. 그런 의미에서 이 책은 소셜 네트워크란 무엇인가라는 관점에서부터 시작한다.

1장 〈소셜을 만나다〉는 SNS의 가치와 우리가 왜 SNS에 주목해야만 하는 것인가에 대해 이야기하고 있고, 2장 〈페이스북에 주목하라〉에서는 페이스북을 이해하기 위해 먼저 알아야 할 부분인 페이스북의 탄생과 성장 배경을 다루고 있다.

3장 〈소셜, 페이스북으로 리드하자〉와 5장〈페이스북으로 하는 감성 마케팅〉은 페이스북을 활용한 마케팅을 위해 이해해야 하는 점들을 정리했다. 3장은 주로 고객과의 관계와 소통을 구체적인 사례와 함께 풀어냈고 5장에서는 비즈니스와 마케팅적 접근을 위해 고민해야 하는 부분들을 담았다. 특히 3장과 5장은 페이스북에 국한하지 않고 SNS를 통한 마케팅의 관점으로도 볼 수 있도록 했다.

4장 〈페이스북 시작하기〉와 6장 〈페이스북 200% 활용하기〉는 페이스북의 기능적인 부분에 대해 설명하고 있다. 페이스북 활용에 요구되는 기능들과 마케팅을 확장하기 위해 필요한 기능 위주로 정리되어 있다.

마지막 7장 〈페이스북의 효과적인 운영 & 성과 측정〉에서는 SNS 마케팅 이후 성과 측정을 하기 위해 꼭 필요한 개념들을 정리했다. 주로 콘텐츠, 관계, 고객의 3가지 기준을 어떻게 바라보아야 하는 지와 이 기준들에 집중해야 하는 이유에 대해 다뤘다.

웹은 사람의 삶에 많은 혜택을 주는 공간으로 발전하고 있다. 그리고 지금, 전 세계적으로 불고 있는 소셜 열풍으로 인해 웹의 가능성은 무한히 확대되고 있다. 특히 웹은 소셜을 만나면서 기술적 공간이라는 한정적인 의미에서 벗어나고 있다. 자유롭게 사람을 만나고 즐겁게 참여하고 함께 할 수 있는 공간으로 재조명되고 재정립되고 있는 것이다. 소셜이 사람의 행복 추구 본능과 공유 욕구를 깨우는 감성적 혁명을 일으키고 있다 해도 과언이 아니다. 소셜 혁명은 단순히 개인만이 아니라 기관과 기업, 학교 등 모든 사회구조체와 형성체에까지 영향을 미치고 그들의 변화를 이끌어냈다.

끝으로 독자들이 이 책을 통해 페이스북이 개인은 물론 기업에게도 무한한 가능성과 기회를 제공하고 있다는 것을 이해하길 바란다. 개인적으로는 페이스북을 비롯한 SNS가 앞으로도 사람 본연의 욕구를 잘 반영해주었으면 한다.

마지막까지 책을 집필하는데 도움을 준 나의 페이스북 친구들, 트위터 팔로어들, 부족한 블로그에 좋은 의견을 남겨준 모든 소셜 친구들과 이스토리랩[eStoryLAB] 팀원들에게 감사를 보낸다. 무엇보다 집필로 인해 오랜 시간 함께해주지 못한 아내[honeysuda]에게 감사와 사랑의 말을 전한다.

2011년 1월 | 이스토리랩 소장 강학주

CHAPTER 01

소셜을 만나다

- 골리앗을 이기다
- 소셜에 주목하라
- 소셜을 만나다
- 소셜 미디어 페이스북

골리앗을 이기다

웹의 골리앗 구글의 탄생

2004년 8월 침체의 나락으로 떨어지고 있던 웹web 시장에 일대 파란이 일었다. 1998년 대학 기숙사에서 시작한 초라한 검색엔진 하나가 주식 시장에 'Google구글' 이라는 이름으로 상장된 것이다. 구글의 출현은 웹 검색엔진 시장뿐만 아니라 IT 시장과 전 세계 경제에 영향을 주었을 정도로 일대 사건이 되었다.

1990년 후반부터 시작된 닷컴.com 시장의 붕괴로 인해 수많은 벤처기업들이 서버를 닫고 줄줄이 도산하는 사태가 발생했다. 그런데 구글은 복잡하게 얽혀 있는 웹의 수많은 정보Contents 중 원하는 정보를 빠르고 정확하게 찾길 바라는 사용자의 요구Needs를 파악하고 필요한 시스템을 만들어 모험과 도전을 시작했다. 열정적인 두 청년 래리 페이지Lawrence E. Page와 세르게이 브린Sergey Brin은 정보 링크Link를 목록화시켜 보여주는 카테고리형 검색서비스가 아닌, 복잡한 변수가 존재하는

• 래리 페이지(좌)와 세르게이 브린(우)

정보의 중요도를 측정해내는 구글의 핵심 기술 '페이지랭크Page Rank'를 만들어냈다.

시간이 흐르면서 폭발적으로 늘어나는 웹의 정보는 점차 접근성이 저하되지만, 반대로 사용자는 자기가 원하는 정보를 빠르게 찾길 원한다. 이 시점에 사용자가 원하는 정보를 빠르고 정확하게 찾아주는 페이지랭크 기술의 개발은 바닥나지 않는 금맥을 발견한 것과 같았다.

구글의 CEO 에릭 슈미트Eric Emerson Schmidt가 검색으로 세상을 바꾸겠다고 포부를 비춘 것은 허세가 아니었다. 구글은 정확한 정보를 원하는 웹 사용자들의 요구를 충족하기 위해 2001년에 이미 하루 1억 건이 넘는 웹상의 콘텐츠를 검색하고 결과를 처리할 수 있는 기술을 확보했다. MSN으로 웹 시장까지 점령하고자 했던 마이크로소프트사Microsoft의 빌 게이츠William H. Gates가 "검색에 있어서는 구글이 우리를 한방 먹였다"라고 시인할 정도였다.

이후 구글은 블로거Blogger, 피카사Picasa, 유튜브Youtube, 구글맵Google Map 등 다양한 사업 모델을 확보하고, 이 중 가장 핵심 서비스이자 큰 수익원인 검색서비스를 바탕으로 검색 시장을 빠르게 잠식해가며 급

http://www.scrapetv.com/

• 구글의 핵심 멤버 : 좌측부터 래리 페이지, 에릭 슈미트, 세르게이 브린

성장했다. 특히 정보 획득에 있어 시간과 노력을 절약할 수 있게 해주는 페이지랭크 기술의 혁신성과 구글의 성공은 그 누구도 부정하지 않았다.

이는 마이크로소프트사가 성장할 때도 마찬가지였다. 많은 이들은 IT 공룡 기업인 마이크로소프트를 뛰어넘는 회사는 나올 수 없을 것이라 말했다. 적어도 구글이 등장하기 전까지는 말이다. 구글은 웹 시장에 큰 반향을 일으키며 자신들의 세상을 만들어냈다. 전 세계는 구글을 주목했고, 적어도 구글과 대적할 만한 서비스가 나올 것이라 아무도 예상하지 않았다. 하지만 1998년 9월 설립 후 연 매출 230억 달러에 2만여 명의 직원을 거느리며 초고속 성장 신화를 이룩한 구글도 신생 서비스에 발목을 잡혔다. 구글이 페이지랭크 알고리즘 기술에 안주하는 동안 '소통'이라는 트렌드를 주도하며 나타난 후발주자 페이스북facebook에게 말이다.

검색 시장의 **다크호스** **구글**의 **성장**

많은 사람들이 의사결정을 위해 정보를 확보하는 과정을 수행한다. 특히 나에게 맞는 정확한 정보를 획득하는 능력은 성공을 꿈꾸는 사람이라면 기본적으로 갖추어야 하는 스킬이다. 얼마나 빨리 원하는 정보를 확보하고 이를 바탕으로 행동결정 또는 의사결정을 하느냐가 결단력의 중요한 기준이 되기 때문이다.

웹은 이러한 의사결정 능력을 한 단계 끌어올리는 좋은 도구가 되었다. 하지만 이제 웹은 '정보의 바다'를 넘어 '정보의 홍수'로 불릴 만큼 거대한 콘텐츠들을 쏟아내고 있어 오히려 정보 획득 능력을 저하시키는 요소로 전락하고 있다. 그렇기 때문에 신뢰할 수 있는 콘텐츠, 원하는 정보를 빠르게 얻고 확보할 수 있는 방법이나 효율적인 콘텐츠 획득에 대한 사용자 요구가 갈수록 증가하고 있다.

초기에는 단순히 카테고리별로 정보를 분류하던 서비스Yahoo만으로도 사용자의 요구를 충족하기에 충분했다. 그러나 곧 정보가 넘쳐나면서 카테고리로 분류하는 방법에 대한 효율성 문제가 화두로 떠오르자 알타비스타Altavista가 나타났고 본격적으로 '검색엔진Search Engine' 시장이 열렸다. 이후 익사이트Excite, 인포시크Infoseek, 핫봇Hotbot 등과

http://www.oceanwebsitedesign.co.uk/searchengineoptimisationuk.htm

• 각종 검색엔진 서비스들

같은 서비스들이 생겼고, 이들 서비스는 나름 성공을 거두었지만 범람하는 정보를 모두 처리하기에는 역부족이었다.

초기의 검색엔진 서비스들은 획기적인 기술을 이용해 웹에 존재하는 많은 정보를 처리하고 짧은 문장Keyword으로 쉽게 정보를 찾을 수 있도록 해주었다. 하지만 정보의 양이 빠르게 증가하면서 속도와 정확도는 계속 저하되었다. 결과적으로 원하는 정보를 얻는 것이 보장되었으나 '빠르고 정확하게' 얻는 데에는 문제가 생긴 셈이다. 이런 이유로 초기 검색엔진들은 빠르고 정확한 정보를 제공하는 구글이 출현하면서 자연스럽게 자신들의 영역을 내어줄 수밖에 없었다.

골리앗의 **약점**

구글의 성장은 당연한 것이었다. '악해지지 말자Don't Be Evil' 라는 슬로건과 오픈 APIApplication Programming Interface를 통해 많은 기업과 상생 구조를 만들어가는 구글의 노력에 사람들은 더욱 열광했고 구글은 이전 회사들과 달리 사용자의 요구를 정확히 충족해주었다.

폴 포드Paul Ford, 인터넷 문화평론가는 2009년 8월이 되면 구글이 지구를 지배할지도 모른다는 시나리오의 그림 하나를 자신의 웹로그에 올렸다. 'I am GoogleBOT. I Control Earth나는 구글봇이다. 나는 지구를 지배한다' 라고 외치고 있는 이 그림은 구글의 고도 성장과 앞으로도 성장 행진을 멈추지 않을 것이라는 그의 조심스러운 생각이 잘 반영되어 있다. 하지만 구글도 오래지 않아 새로운 문제점에 봉착하게 된다. 검색결과의 상위에 올라간 정보가 하위에 있는 정보보다 클릭률이 80% 이상 높다는 점이다. 이는 오래 전부터 많은 서비스 회사들이 고민해오던 것이었다. 결과 페이지가 2페이지로 넘어가면 클릭률이 5%에도 미치지 못한

• I am GoogleBOT. I Control Earth

다는 것은 검색결과로 마케팅SEM(Search Engine Marketing)을 진행하는 에이전트에게 좋은 빈틈이 되었다. 그들은 어떻게든 고객사가 제공하는 정보의 링크가 검색결과 상위에 위치되도록 페이지랭크 알고리즘을 교묘하게 이용했고, 사용자들은 자신이 원하는 정보가 아닌 광고성 또는 스팸성 결과를 상위에서 보게 되었다. 이는 구글의 큰 골칫거리로 부상했다. 정확성을 높여주던 구글의 공식이 무너진 것이다. 구글의 정교한 검색 알고리즘과 시스템은 50억 개가 넘는 정보페이지를 처리하고 검색인덱스Index Table를 생성하지만 사용자 개개인의 입장에서 볼 때 검색결과의 정보가 어느 정도 효율성이 있고 신뢰성이 있는가의 문제는 아직까지 풀리지 않는 숙제이다. 그리고 이것은 구글이 SNS, 특히 페이스북에게 정보유통 시장을 조금씩 빼앗길 수밖에 없는 약점이 되었다.

진정한 다윗의 무기
관계의 신뢰

'신뢰' 라는 것은 IT 기술이나 프로그램 알고리즘으로는 풀어낼 수 없는 무형의 내면적 표현이다. 신뢰는 대화에서 시작된다. 문제는 대화도 자신과 상대방의 입장에 따라 달라질 수 있다는 것이다. 처음 만난 이성과 미팅을 할 때 친한 친구와 이야기하듯 전날 있었던 사소한 일까지 주절주절 떠들면 상대와 좋은 관계로 이어질 가능성은 거의 없다. 혹은 강연자가 청중들을 대할 때 일대일로 미팅을 하듯 이야기를 한다면 청중의 마음을 움직이기 어렵다. 즉, 서비스 제공자는 상황에 맞게 사용자의 입장을 고려해 적절한 정보를 제공해야 한다. 구글이 아무리 빠르고 정확도 높은 정보를 제공한다 하더라도 개개인의 입장에 맞추어 정보를 제공하기는 어렵다. 이것이 페이스북과 같은 소셜 네트워크 서비스Social Network Service와 구글의 차이점이다.

구글에서 '내가 성공하는 방법'이라는 키워드로 검색을 해보자. 구글은 '내가 성공하는 방법' 이라는 검색결과 외에도 '내가', '성공하는', '방법' 등 단위 키워드별 정보들도 검색결과로 제공한다. 과연 이 결과들이 내가 원하는 정보에 부합하는가의 문제는 사용자들에게 "내가 당신에게 맞는 정보를 제공했다"라는 신뢰의 문제와 만나게 된다. 키워드에 맞는 정확도 높은 정보와 내가 신뢰할 수 있는 정보, 자신의 입장에 맞는 정보는 완전히 다른 이야기다.

예를 들어 '내가 성공하는 방법' 이라는 정보를 찾고 있는 초등학생에게 필요한 내용은 공부를 잘 하는 비법이나 미래의 꿈을 발견하고 가꿔나가는 정보일 것이다. 직장인이라면 승진에 관련된 스킬이나 업무 효율성 높이기 등이 원하는 정보일 것이고, 70대 이상의 노령자에게는 성공적인 인생의 마무리에 대한 정보가 더 필요할 것이다. 이런 사용자 맞춤형 정보가 결국 개인의 입장이 고려된, 사용자에게 필요

Minority Report' 20th Century Fox

• 영화 〈마이너리티 리포트〉의 한 장면 : 지하철 광고가 주인공을 알아보고 관련된 이야기를 전달한다

한 정보이다. 그리고 이 맞춤형 정보는 자연스럽게 사용자에게 신뢰를 부여받게 되는 것이다.

구글이 아직도 해결하지 못한 점은 바로 정보의 신뢰성이다. 사용자 개개인이 인정하는 정보의 신뢰성 확보는 구글이 앞으로 풀어야 할 과제이고 국내 대형 포털서비스인 네이버, 다음, 네이트 등이 풀어야 할 과제이기도 하다.

그런데 여기 이 어려운 과제 해결의 열쇠를 찾아낸 기업이 있다.

'자신의 입장을 가장 잘 아는 것은 주위에 있는, 나와 관계 있는 사람이다. 즉, 내가 원하는 것, 내가 처한 상황을 가장 잘 이해하는 것은 관계를 기반으로 나를 알고 있는 사람이라는 것이다' 이 지극히 간단하고 명쾌한 해답은 그동안 우리가 인식하지 못한, 하지만 분명 오래도록 경험하고 있었던 웹 서비스 속의 '소셜Social' 이라는 의미에서 찾을 수 있다. 어떻게 보면 기술적 접근법에 매달리고 숫자의 기준에만 골몰하던 기업들이 생각하지 못한 '관계의 신뢰' 를 마크 주커버그Mark Zuckerberg라는 젊은 청년이 찾아낸 것이다.

페이스북이 구글의 주간 트래픽을 넘어선 것은 획기적인 기술 개발이나 그동안 누구도 발견하지 못한 새로운 패턴의 서비스를 제공하고

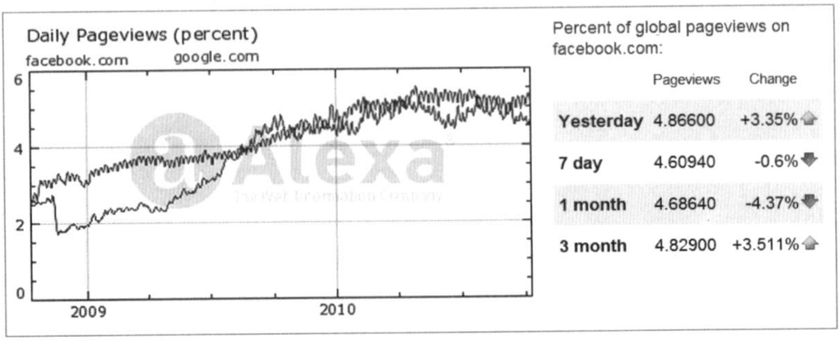

• 페이스북과 구글의 트래픽 변화 추이

있어서가 아니다. 관계의 신뢰라는 답을 알고 있었기 때문이다. 그 누구도 쉽게 덤비지 못했던 거인 골리앗을 이긴 다윗의 무기가 기술적으로 잘 만들어진 창이나 칼이 아닌 시냇가에서 주운 작은 조약돌이었던 것처럼 말이다.

소셜에 주목하라

관계의 동물 인간

사람은 태어날 때부터 부모와 자식이라는 관계 속에서 태어나고 그 관계를 지속적으로 확장하며 삶을 영위해 나간다. '나는 살아오면서 과연 관계에서 벗어난 적이 있는가?' 라는 질문을 스스로에게 던져보자. '인간은 사회적 동물이다' 라고 정의한 아리스토텔레스의 말이 충분히 이해될 것이다. 그만큼 관계는 사람의 가장 기본적인 삶을 만들어 주는 중요한 요소이다. 우리 주변에 있는 대부분의 문명이나 기술은 이런 관계를 지속시키거나 발전시키기 위해 존재한다 해도 과언이 아니다.

그러나 초기 웹은 사람과의 관계를 지원하는데 집중하지 않았다. 1989년 유럽 분자물리학 연구소의 팀 버너스리Tim Berners-Lee가 만든 '월드와이드웹WWW(World Wide Web)' 은 사회적 개념보다는 어떻게 하면 정보를 체계화할 수 있을까에 초점이 맞춰져 있었다. 웹의 시작이 정보의 구조화였기 때문에 웹상에서 관계를 논하고 무형의 신뢰를 논할 수 있으리라고는 팀 버너스리 자신도 분명 몰랐을 것이다.

탄생 이후 20년 동안 웹은 정치, 경제, 사회 등 폭넓은 분야에 영향

http://www.telegraph.co.uk/news/newstopics/nationaltreasures/2194133/Sir-Tim-Berners-Lee-portrait.html

• 웹 창시자 팀 버너스리

을 미치며 빠르게 발전하고 진화해왔다. 웹의 빠른 진화와 발전 중 가장 큰 성과는 웹과 생활의 접목이라 할 수 있다. 정보를 구조화하여 제공하는 공간만이 아니라 구조화된 정보를 찾고 참조하여 빠르고 옳은 의사결정을 돕는 공간으로써, 더 나아가 일상 생활의 많은 활동들이 온라인을 통해서도 가능하다는 점이 웹이 사람에게 주는 가장 큰 혜택일 것이다.

컴퓨터가 PC[Personal Computer]라는 이름으로 일반 사용자들에게 보급되기 시작할 때만 하더라도 PC는 문서를 보기 좋게 작성하거나 반복적인 계산을 돕는 똑똑한 네모상자 이상의 의미는 없었다. 업무나 게임을 제외하고는 딱히 활용성이 없는 그저 비싸기만 한 장비였다. 그런데 똑똑하기만 했던 네모상자가 통신기술과 접목되면서 인간에게 새로운 가능성을 보여주기 시작했다. 90년대 초반 등장한 하이텔[Hitel]이라는 통신 서비스와 PC의 접목은 다른 지역 사람들과 1:N[다수] 대화를 나눌 수 있게 해주었다. 당시 많은 사람들이 하이텔, 나우누리, 천리안 등을 통해 자료를 공유하고 쪽지와 채팅으로 대화하고, 같은 관심사를 가진 사람들이 모여 온-오프라인이 연계된 동호회를 만들어 활발히 활동했다.

이것뿐만이 아니다. 당시 많은 중고등학생들이 빠져 있었던 16비트bit 그래픽 게임인 삼국지를 눌렀던 것은 검은 화면에 글Text로만 이루어진 머드게임MUD(Multi-user Dungeon) Game이었다. 비록 머드게임은 글로 진행되었지만 요즘 인기있는 온라인 RPGRole Playing Game처럼 게임에 참여한 다른 유저와 대화를 통해 협동하여 적을 물리치고 각 레벨을 해결하는 큰 재미를 주었다. 혼자가 아닌 2인 이상이 동시에 게임을 할 수 있다는 것은 당시만 하더라도 획기적인 방식이었기 때문에 유저들은 밤새도록 게임을 즐겼다. 이렇게 똑똑한 네모상자와 통신 서비스의 만남은 온라인에서도 다른 사람과 함께하고 더 넓은 관계를 만들어갈 수 있다는 경험과 가능성을 선사했다.

지금 전 세계가 주목하고 열광하는 소셜 열풍은 고도화된 통신기술 속에서 더 넓은 관계를 추구하는 사람들의 심리가 그대로 반영된 것이다. 소셜 네트워크 서비스들은 다양한 웹 기술과 통신기술을 접목시켜 온라인상에서도 쉽고 편리하게 관계를 구축하고자 하는 사용자들의 심리를 충족하면서 성장하고 있다.

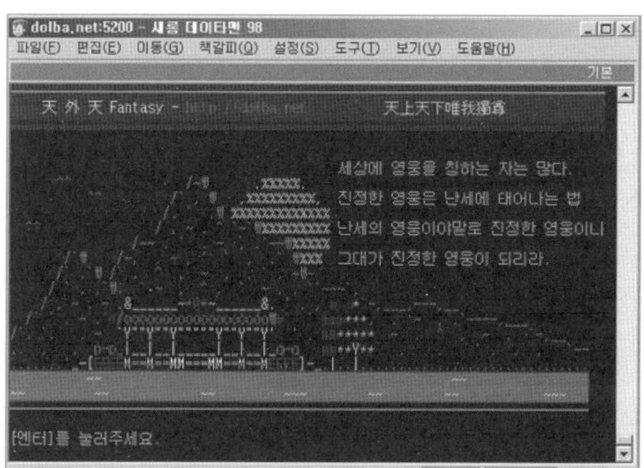

http://dolba.net

• PC통신 시절 Text 기반의 머드게임

관계 기반의 서비스

2009년 5월 김연아 선수가 트위터[Twitter]를 개설했다는 소식이 전해지면서 언론 매체에서 가장 많이 언급된 단어 중 하나가 SNS[Social Network Service]였다. 그런데 이 SNS를 신조어로 알고 있는 사람들이 많다. 심지어 IT 용어로 생각하는 사람도 적지 않다. 이런 분위기는 웹2.0[Web2.0]이라는 단어가 계속 부각되던 2~3년 전과 비슷한 느낌마저 든다.

SNS를 이해하기 위해서는 먼저 소셜[Social]과 네트워크[Network]의 의미를 파악해야 한다. 소셜은 '사회적인' 이라는 일반적 의미를 말하고, 네트워크는 두 개 이상의 객체가 노드[node]로 연결된 구조를 말하는 것으로 이는 '관계' 를 의미한다. 간단히 이야기하자면 소셜 네트워크는 '사회적 관계' 라고 정의할 수 있고 여기에 서비스[Service]가 연결돼 SNS가 된 것이다. SNS는 사회적 관계를 지원하거나 관계를 기반으로 제공되는 모든 서비스를 지칭하는 '사회적 관계 기반의 서비스' 라는 의미를 가지고 있다. 즉, SNS는 사람과의 관계를 기반하거나 지원해주는 서비스

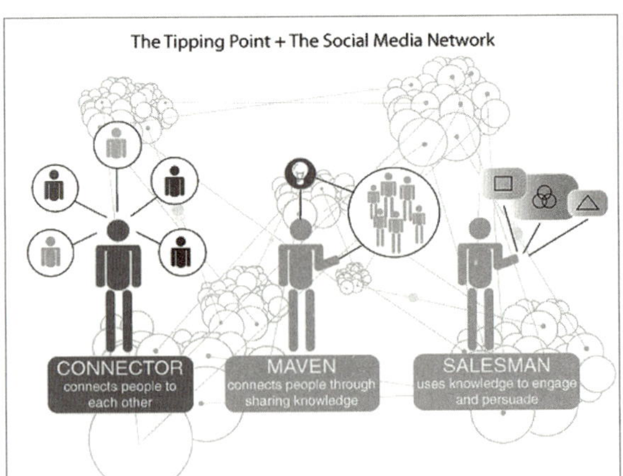

http://www.kstoolkit.org/

• SNS는 관계를 기반으로 사용자에게 많은 기회를 부여해주고 있다

또는 시스템 모두를 포괄하는 의미로 이미 사회학, 교육학, 과학, 의학 등 대부분의 학문에서 자주 인용되고 사용해오던 단어였다. 각종 정책, 복지제도, 법률도 SNS에 속한다.

요즘 우리가 접하고 있는 SNS는 온라인에서의 관계 형성을 지원하거나 발전시켜 나갈 수 있는 기능을 기반으로 제공하는 서비스를 말하고 있다. 하지만 SNS라는 말이 신조어이거나 IT의 새로운 기술 용어, 혹은 더 넓은 의미를 갖든 그 어원이나 뜻은 그리 중요하지 않다. 차를 운전할 때 차의 내부 구조가 어떻게 생겼고, 그 안에 있는 부품이 어떻게 작동하고 어떤 기술을 적용했는가에 대한 지식이 운전자에게 중요하지 않은 것처럼 말이다. 오히려 차가 사람을 태우고 먼 거리를 이동할 수 있는 도구라는 것과 차를 안전하게 운전하는 것이 더 중요하듯 SNS가 어떤 서비스이며 우리 생활에 어떤 영향을 미치고 SNS를 통해 어떻게 관계를 형성해 나갈 것인가에 더 초점을 맞추어야 한다.

웹과 통신기술의 발전은 관계의 성립을 현실세계오프라인에 국한하지 않고 온라인에서도 가능하게 했다. 사람들은 온라인을 통해 직접적이든 간접적이든 다른 사람들을 만나고 대화를 나누며 관계를 형성하는 것을 자연스러운 활동으로 여기게 되었다. 오래 전 인기를 끌던 아이러브스쿨iloveschool이나 국내에서 많은 이슈를 만들어내고 미니홈피 열풍을 몰고온 싸이월드cyworld도 동창생, 일촌이라는 관계를 기반으로 제공된 서비스이고, SNS이다. 하지만 우리는 이미 충분히 경험했고, 지금도 경험하고 있는 이 서비스들을 제쳐놓고 있다. 바로 SNS라는 단어만 고민하고 있기 때문이다. 최근 전 세계적으로 트렌드가 되고 있는 트위터, 페이스북 등도 사용자들이 오래 전부터 경험했던 관계 지원 서비스를 조금 더 쉽고 편하게 그리고 액티브하게 지원함으로써 높은 관심을 받게 된 것뿐이다.

SNS가 제공하는 **가치 신뢰의 관계**

주말에 혹은 전날 재미있는 영화나 드라마를 보면 다음날 자연스럽게 동료나 친구에게 그 경험을 말할 때가 있다. 다른 동료가 전날 있었던 이야기를 묻거나 궁금한 티를 내지 않아도 말이다. 자신의 이야기를 기꺼이 대화의 주제로 삼는 것은 친구나 동료가 학교 또는 직장이라는 사회적 울타리 속에서 관계를 맺고 있는 사람이기 때문이다.

앤디 세르노비츠Andy Sernovitz는 『입소문 마케팅The Word of Mouth Marketing』에서 자신의 생각과 의견 혹은 경험을 나누고 싶어하는 사람들의 기본적 감정에 대해 다음과 같이 이야기하고 있다. 사람은

- 똑똑해 보이고 싶어하는 감정
- 중요한 사람으로 존중받고 싶어하는 감정

을 가지고 있으며 이런 감정은 다른 사람과 이야기를 나누고 싶어하는 감정으로 발전한다고 했다. 앤디 세르노비츠의 감정에 대한 정의에 설명을 덧붙이자면 사람에게는 관계를 더 발전시키고자 하는 잠재적

http://www.wordofmouthbook.com/

• 『입소문 마케팅』의 저자 앤디 세르노비츠

• 신뢰는 만남 → 대화 → 이해에서 발전한다

의지가 있다. 하지만 무조건 관계를 맺고 있다고 이야기를 나누는 것은 아니다. 흔히 '친하다' 라는 관계, 상호간 믿을 수 있는 관계가 되어야 이런저런 사소한 이야기에서 비밀스러운 이야기까지 나눌 수 있게 된다.

믿을 수 있는 관계, 신뢰의 관계는 재미있는 반응을 일으킨다. 지난 주말 페이스북에 관련된 영화 〈소셜 네트워크The Social Network〉를 보고 와서 직장 동료에게 "영화 정말 재미있더라" 라고 말하면 동료들은 아직 보지 않은 영화에 대해 '재미있을 것 같다' 라는 생각을 하게 되고 업무를 보면서 짬짬이 영화의 예고편을 보거나 정보를 찾아보는 호의적인 반응을 보일 것이다. 이런 반응은 관계라는 조건에 의해 시작되고 신뢰가 있다면 더 큰 위력으로 나타나게 된다.

단순한 관계가 이러한 신뢰의 관계로 발전하기 위해서는 순차적 단계를 거친다. 우선 관계가 형성되기 위해 먼저 전제되어야 하는 것은 만남이다. 만남은 서로의 얼굴을 대하는 것인데, 이제는 온라인의 가상 객체캐릭터, 아바타, 필명, ID 등를 통해서도 만남이 이루어진다. 물론 만남을 가진다고 돈독한 관계가 형성되는 것은 아니다. 실제 관계로 이어지려면 만남 다음 단계인 대화가 필요하다. 대화는 상대와 생각을 나누면서 서로를 이해하게 하는 가장 기초적인 행동이다. 대화를 통해 상대방을 이해하고 공감하게 되면 비로소 신뢰로 발전하게 된다. 만남, 대화, 이해 중 하나라도 없으면 관계를 형성할 수 없거나 설사 관계가 형성된다 할지라도 신뢰의 단계로 발전하기 어렵다. SNS는 이 세 단계를 모두 지원하는 기능이 있다. SNS에서 다른 사람들을 만나 다양한 이야기를 나누는 과정을 통해 서로 이해하게 되고 신뢰 관계로 발전할 수 있는 것이다.

SNS에서 신뢰 관계는 큰 위력과 성과를 발휘한다. 기업이라면 기업의 브랜드 PR이나 마케팅 효과를 높일 수 있고 개인이라면 직접 만나지 않더라도 교감할 수 있는 친구를 사귈 수 있다. 결혼하는 여덟 쌍 중 한 쌍이 SNS를 통해 만난다는 미국의 통계를 보면 비록 온라인상에서 만들어지는 관계라고 해도 이것이 사람들의 삶 속에 얼마나 큰 영향을 주고 있는지 쉽게 이해할 수 있다.

소셜이 주는 **가치**

강팀장은 30대 중반을 넘겨 오랫동안 기다려온 운명의 그녀를 만나 결혼을 하게 되었다. 뒤늦게 찾아온 행복인 만큼 그는 오랫동안 추억될 수 있는 결혼식을 치르고 싶었다. 하지만 저축한 돈이 많지 않아 화려한 결혼식은 엄두를 낼 수 없었다. 강팀장은 우선 결혼한 동료들에게 경험과 준비에 대한 노하우를 물어보고 틈틈이 인터넷을 이용해 정보를 수집했다. 그런데 매번 검색엔진을 통해 결혼 정보를 찾을 때마다 속칭 낚시라고 하는 광고성 정보로 인해 긴 시간을 헛되이 보내야만 했다. '저렴하게 결혼하는 방법', '추억의 결혼 방법', '결혼 순서' 등 키워드를 바꿔 검색하는데도 가장 먼저 접하는 것은 대부분 결혼 관련 업체 정보 또는 광고였고, '저렴', '결혼', '방법' 등 단위 키워드 검색결과의 정보를 걸러내는 것에도 오랜 시간과 노력을 투자해야 했

• 소셜 미디어에서 결혼 정보를 얻어 주례 없는 결혼식을 치른 강팀장

다. 결국 강팀장은 검색엔진을 통한 정보 찾기를 중단했고, 소셜 서비스의 친구들에게 도움을 청했다.

강팀장 제가 이제서야 늦장가를 갑니다^^ 저렴하게 결혼하는 방법이나 관련 정보를 찾고 있습니다.

그가 올린 짧은 문장에 오래지 않아 여러 답글이 달리기 시작했다.

아저씨 제가 결혼을 준비할 때 도움이 많이 된 것은 박람회에서 무료로 구한 결혼 준비 수첩이었습니다.

새색시 ○○ 근처에 조용하면서 시간을 많이 할애해 주는 예식장이 있는데 1년 전 저희는 그곳에서 저렴하게 예식을 치렀답니다^^

강팀장은 소셜 친구들 덕분에 몇 가지 힌트를 쉽게 구할 수 있었다. 이것은 검색엔진을 통해 찾는 정보에 비해 훨씬 구체적이었다. 먼저 '아저씨' 의 조언으로 사람들이 올려 놓은 결혼박람회 참관기나 규모 일정 등의 정보를 찾았고 '새색시' 가 알려준 예식장의 사진과 위치를 알아보며 그 예식장을 이용한 다른 사람들의 후기도 참고할 수 있었다. 더불어 소셜 서비스에서 관계를 맺고 있는 친구들에게 축하와 격

려도 함께 받았다. 이렇게 소셜 서비스를 통해 필요한 정보를 얻은 강팀장은 ○○예식장에서 하객들이 함께 참여하는 이벤트를 준비함으로써 여유롭고 행복한 결혼식을 치렀다.

만약 강팀장이 소셜 서비스를 통하지 않고 인터넷 검색에만 의존했다 하더라도 분명 원하는 결혼식을 할 수 있었을 테지만 그는 소셜 서비스를 통해 보다 빠르고 정확한 정보와 생생한 경험담, 조언 등을 얻을 수 있었다. 또 검색서비스만 이용하는 것보다 훨씬 시간과 노력도 절약되었다.

SNS에는 관계만 있는 것이 아니다. 물론 관계가 기반이 되어야 하지만 자신이 공감할 수 있는 생생한 정보를 획득할 수 있고, 또 의사결정을 하기 위해 꼭 필요한 정보를 제공받기도 한다. 사람이 어떤 의사결정을 하기 위해서는 의식적이든 무의식적이든 많은 정보가 필요하다. 정보를 얻어 의사결정을 하는 패턴은 업무뿐만 아니라 사소한 일상생활에도 연결된다. 이 정보가 얼마나 신뢰 있고, 빠르고, 정확하게 제공되느냐에 따라 시간과 노력이 절감되고, 또 어느 정도 성공을 이룰 수 있는가에도 중요한 요소가 된다.

소셜이 주는 가치와 그 속에 포함되어 있는 가능성은 어느 하나만 짚어 이야기하기 힘들 만큼 활용의 폭이 무궁무진하다. 개인의 의사결정, 생활의 또 다른 재미, 기업과 NGO 활동 등 우리 사회에서 볼 수 있는 거의 모든 주제들과 상호 영향을 주고받는다. 소셜이 바로 사람의 살아가는 모습을 담고 있기 때문이다.

소셜을 만나다

소셜 속의 **뉴패러다임**

21세기로 넘어오면서 웹과 생활의 환경 변화 중 가장 큰 변화로 개인의 참여, 인터넷 사용자의 지위 상승, 노마디즘Nomadizm(유목주의) 확대를 꼽을 수 있다.

http://limwonki.com/

• 팀 오라일리 웹2.0 엑스포 기조연설

http://dontapscott.com/

• N세대를 정의한 돈 탭스콧

2000년 닷컴이 붕괴되면서 떠오른 것은 웹2.0의 가치이다. 웹2.0은 참여, 공유, 개방, 협업, 집단지성 같은 정신을 지닌 서비스나 제도, 기술을 이야기한다. 웹2.0을 제창한 팀 오라일리Tim O'Reilly는 웹2.0을 한마디로 정의해달라는 질문에 "웹2.0은 사용자 참여다"라고 말했다. 참여, 공유, 개방, 협업, 집단지성 중 가장 중심이 되는 것이 바로 사용자들의 참여라는 의미이다.

브리태니커 대백과사전을 뛰어 넘은 위키피디아Wikipedia가 엄청난 정보 데이터베이스를 구축할 수 있었던 것은 특정 회사의 재력도 아니고 어떤 기관의 주도 하에 진행되었던 프로젝트도 아니었다. 단지 순수한 사용자들의 참여로 정보가 축적되고 수정되면서 생성된 것이다.

미국의 사회학자 돈 탭스콧Don Tapscott은 생활 속에 웹을 접목하고 있는 '넷세대Net Generation, N세대로 디지털 문화에 접근되어 있는 뉴패러다임(New Paradigm) 세대를 말한다'를 '집단지성의 힘을 알고 있으며, 타인과 공유를 통해 가치를 획득하는 세대'로 정의했다. 넷세대의 가장 큰 특징은 개개인이 정보를 생산할 수 있는 프로슈머The N-Geners as Prosumers라는 것이다. 실제로 미국 인터넷 설문조사 업체인 퓨 인터넷 앤 아메리칸 라이프 프로젝트Pew Internet & American Life Project의 10대를 대상으로 한 설문조사를 보면 10대의 절반 이상약 60%이 콘텐츠 생산자로 파악되었는데 웹2.0은 이들에게 더 많은 참여의 기회를 부여하기 시작했다. 대부분의 웹 서비스는 이런 변화에 발맞추어 사용자를 더 쉽게 참여시키기 위한 연구를 빠르게 확대하고 있다. 기술적 변화와 참여의 환경에서 생활하고 있는 세대들은 자신의 이야기와 생활 소재들로 콘텐츠를 생산해내는 데 굉장히 적극적이다. 이들의 적극적인 참여는 온라인상에서 개인의 지위 상승으로 이어졌고 웹을 통해 기업, 정부, 언론 등의 특정 단체에 대한 발언권을 획득하면서 사회 전반에 직 · 간접적으로 관여할 수 있게 되었다. 이로써 지식층이나 특정 계층, 언론사가 가지고 있던 저널리스트라는 지위적 명칭이 '1인 미디어', '1인 저널리즘'의 형태로 웹 사용자들에게 부여되는 큰 변화가 일어났다. 또한 이들은 하나의 가치에 만족하지 않고 계속 새로운 것을 추구하는 노마디즘 성격을 지니며 새로운 서비스나 새로운 패턴에 빨리 적응하고 그 속에서 자신의 가치를 높이거나 추구하고자 한다.

이런 변화의 중심에 선 넷세대는 빠르게 성장하고 있는데, 중요한 것은 넷세대가 계층적 연령층을 지칭하는 것이 아니라는 점이다. 이전의 X세대, Y세대 같은 명칭이 주로 젊은 층의 문화를 대변하던 것에 비해 넷세대는 웹을 활용하는 모든 연령층을 포괄한다. 웹에 접속을 하고 그 속에서 정보를 찾고, 참여하고, 공유하고, 생활의 일부분으로 이용하는, 지금 이 시대를 살아가고 있는 모든 사람들이 넷세대이다. 이 넷세대가 소셜에 열광하는 큰 이유 중 하나가 바로 소셜 서비스가 뉴패러다임에 맞는 기능을 제공하고 있기 때문이다.

소셜의 가장 **기본적인 활동**

트위터나 페이스북, 마이스페이스Myspace 같은 서비스는 전제된 활동이 있고 이 활동을 기본적으로 지원하는 기능이 있다. 이것은 대부분의 소셜미디어가 가지고 있는 기능인데 어떻게 보면 가장 핵심적이라고 할 수 있다.

한 여학생이 대학교에 입학해 처음으로 소개팅을 하게 되었다. 소개팅남이 자신의 이상형에 매우 가깝다는 이야기를 들은 여학생은 소개팅 전날부터 설레는 가슴에 잠을 이루지 못했다. 소개팅 당일에는 잔뜩 힘이 들어가 점심식사도 거르고 미용실에 찾아가 자연스럽게 머리를 하고 새로 산 핑크빛 립스틱도 발랐다. 약속 장소에 도착했을 때 그녀는 떨리는 가슴을 더욱 감출 수가 없었다. 훤칠한 키에 잘생긴 외모, 그녀를 기다리며 소설책을 읽고 있는 소개팅남의 모습은 완벽 그 자체였다. 여학생은 떨리는 마음을 겨우 가라앉히며 남자와 마주 앉았다. 남자가 먼저 질문도 하고 이런 저런 말을 꺼냈지만 그녀는 겨우 '네', '아니오' 의 대답만 할 뿐이었다. 한 마디라도 더 했다가는 심장이 입 밖으로 나올 것만 같아서였다. 그렇게 한 시간이 흘러 어색하게 소개팅은 끝이 나고 둘은 각기 집으로 향했다. 이후 여학생은 소개팅남에게서 연락이 오기를 손꼽아 기다리고, 주선자에게도 조심스럽게 물었지만 이렇다 할 대답이 없었다. 그녀는 하루 하루 시간이 갈수록 소개팅이 실패로 돌아갔다는 현실 앞에 애써 눈물을 삼켜야 했다. 도대체 무엇이 이 여학생의 첫 소개팅을 한 순간 봄날의 추억으로 남기게 했을까?

성공하지 못한 소개팅을 경험한 일이 있는가? 여학생의 경우를 곰곰이 생각해보자. 상대가 마음에 드는지의 여부를 떠나 여학생이 소개팅에 실패한 원인은 무엇일까? 가장 큰 원인은 대화에 있다. 사람이

• 페이스북은 "지금 무슨 생각을 하고 계신가요?"라는 질문으로 대화를 시작한다

사람을 만나고 관계를 시작하기 위해서는 대화가 필요하다. 만남을 가졌으면 자신이 어떤 사람인지 말해야 한다. 부끄럽다고 머리를 숙인 채 앉아 있는 것이 아니라 '나 이렇게 생겼어요' 라고 얼굴이라도 보여주어야 한다.

마찬가지로 트위터, 페이스북 같은 소셜 서비스에서 전제되어야 할 활동이 바로 대화이다. 서비스 화면에서 '현재 나의 상황'을 올리는 기능이 가장 중요한 위치에 자리하고 있는 이유이다. 이를 통해 이용자들은 자신의 이야기, 자기 소개, 함께 하고 싶은 이야기, 웹에서 보았던 정보 등 다양한 삶의 이야기들을 풀어 놓는다. 메시지 박스와 버튼으로 이뤄진 이 간단한 기능을 통해 자신의 이야기를 시작하고 다른 사람들은 업데이트된 정보를 통해 나를 보게 된다. 그리고 내가 올린 이야기에 공감을 표시하며 자연스럽게 관계를 쌓아나간다. 나의 상황을 업데이트하는 가장 기본적 활동은 자신에 대한 이야기를 풀어놓는 것이기도 하지만 이 꾸밈 없는 생생한 경험은 정보로 축적된다. 어느 음식점에 방문했는데 주문한 음식이 맛있었다면 스마트폰을 이용해 '○○○에 왔어요. 여기 너무 맛있군요' 라는 간단한 상황을 페이스북에 남기게 된다. 지극히 개인적인 경험이지만 이는 다른 사람이 맛집을 찾을 때 좋은 정보로 제공될 수 있다. 간단한 작업 하나 하나가 모여서 엄청난 경험 데이터베이스가 구축되는 것이다. 이러한 경험 정보는 인터넷에 올려진 광고성 글과는 비교할 수 없다. 앤디 세르노비츠가 말한 다른 사람에게 이야기하고 싶어하는 심리가 페이스북 같은 소셜 서비스를 존재하게 하는 핵심적인 기능이다.

대화의 재미가 있는 소셜 서비스

자신의 상황을 업데이트하는 기본적인 활동은 나의 이야기를 친구들이 듣는 것으로 끝나지 않는다. 한 사람의 이야기에서 시작되지만 주제는 각자의 생각과 경험담으로 꼬리를 물며 계속 이어지게 되는 것이 일반적이다. 간혹 "왜 자신의 상황을 페이스북에 올려야 하나요?" 라는 질문을 받는데, 이런 질문은 솔직히 나를 당혹스럽게 만든다. 진지한 표정의 질문자를 보면 어느 강사의 말대로 "그럼 사용하지 마시던가" 라고 말하기 어렵다.

대화가 재미있는 활동이 되기 위해서는 기본적으로 세 가지 요건이 필요하다 친구와 대화하는 것을 연상하면 쉽게 이해가 될 것이다. 첫 번째, 나의 이야기를 들어주는 사람이 있어야 한다. 청중이 없다면 이야기는 아무 의미 없는 공허한 활동일 수밖에 없다. 두 번째, 들어주는 사람들의 반응이 있어야 한다. 자신의 이야기에 박수를 쳐주거나 호응을 받으면 대화는 더 재미있어진다. 세 번째, 자신의 이야기에 상대방의 이야기가 덧붙여져야 한다. 이야기를 들은 상대방이 본인의 경험이나 이야기를 풀어나가면 자연스럽게 대화는 발전한다. 이런 대화의 재미는 페이스북에 그대로 적용되어 있다. 자신의 상황을 올리는 것은 대화의 시작이고 그 대화를 보는 관계된 사람들이 존재한다. 그들은 친구의 이야기에 대해 "좋아요Like, 페이스북의 기본 기능 중 하나"라고 반응을 해주며 댓글을 단다.

만약 트위터나 페이스북 같은 서비스에 자신의 상황을 업데이트하는 것이 단순히 경험적 데이터로만 활용된다면 "왜 나의 경험을 굳이 그곳에 올려야 됩니까?"라는 질문이 당연하다. 하지만 SNS에서 만들어지는 경험적 데이터는 대화의 재미에서 만들어지는 또 하나의 가치 산물이다. 어떻게 보면 바로 이 대화의 재미가 소셜 서비스가 사용자들에게 주는 가장 큰 혜택이라고 할 수 있다.

콘텐츠로 발전하는 대화

페이스북에서 나누게 되는 대화들은 서버라는 공간에 축적된다는 점에서 오프라인 대화와 차이가 있다. 여전히 많은 인기를 얻고 있는 네이트온Nateon과 같은 메신저는 오프라인 대화에 가깝다. 메신저로 주고받은 대화는 단순한 일대일 대화로써, 끝나고 나면 휘발하는 성격을 가지고 있다. 물론 개개인의 노력 여하에 따라 대화 내용을 컴퓨터에 저장할 수 있지만 축적된 대화들이 다른 사람의 활동에 영향을 주거나 의사결정을 돕는 정보로 활용되지는 못한다. 그러나 소셜 서비스 내 모든 대화는 서버에 저장되어 다른 사람들에게 도움이 되는 정보로 재가공되기도 한다. 소셜 서비스 내 대화를 콘텐츠Contents라고 부르는 이유도 여기에 있다.

정보, 즉 콘텐츠는 세 가지 특징을 가지고 있다.

1. 가치성
2. 시간성
3. 가공성

정보는 데이터Data와 정보Information 두 가지 의미를 지니고 있다. 데이터는 가공되기 이전의 정보이며 가치를 지니지 않는다. 데이터를 모으거나 다른 데이터와 종합되면 가치성을 부여받게 되는데 이때 시간의 영향을 받는다. 즉, 정보의 가치는 시의적절하게 변한다는 것이다. 그러나 시간이 지나가 버린다고 해서 무조건 정보의 가치가 떨어지는 것은 아니다. 비록 시간이 흘러 당장의 가치는 떨어질지라도 그 정보들은 재가공됨으로써 새로운 가치를 창출할 수 있다. 정보를 이해할 때 날씨 관련 정보를 떠올리면 이해가 쉽다. 하늘에 구름이 모인다는 데이터는 단순한 정보일 뿐이다. 하지만 이 데이터가 지역과 수치로 연계되면 가치를 지닌 진정한 정보콘텐츠로 만들어지게 된다. 가공된 날씨 정보는 시간이 흘러가면 필요 없는 정보가 된다. 일주일 전 날씨 정보는 직장인이나 농부에게 아무런 의미 없는 콘텐츠이다. 하지만 이런 콘텐츠들이 계속 쌓이고, 이렇게 수집된 정보가 재가공되면 내년 이맘때 날씨를 예견해볼 수 있는 콘텐츠로 재탄생된다.

콘텐츠는 이런 주기를 반복하면서 가치가 떨어지기도 하고 다시 생성되기도 한다. 오프라인 대화나 메신저의 대화는 이런 콘텐츠로 활용될 수 있는 가능성이 적은 반면 소셜 서비스 내 대화는 콘텐츠로 활용할 수 있는 가능성이 높다. 개개인의 생활 속에서 나오는 경험의 이야기[자주 가는 맛집 이야기, 주말에 연인이나 가족과 함께 갔던 여행지 이야기, 어제 보았던 영화 이야기]들이 모여 또 다른 가치로 재탄생되는 것이다.

지지세력의 **확대**

소셜에서 관계되어 있는 사람들을 어떻게 지지세력으로 구축하느냐는 온라인에서 파워를 가질 수 있는 기준이 되기도 한다. 자신이 이루고자 하는 목표에 도달하기 위한 지지세력은 직접 대면하는 관계가 아니라도 상관없다. 이들은 온라인상에서 이미 서로 이야기를 나누고 공감하고 있는 세력이기 때문에 오프라인의 팬처럼 큰 파워를 가진 존재로 부상하게 된다.

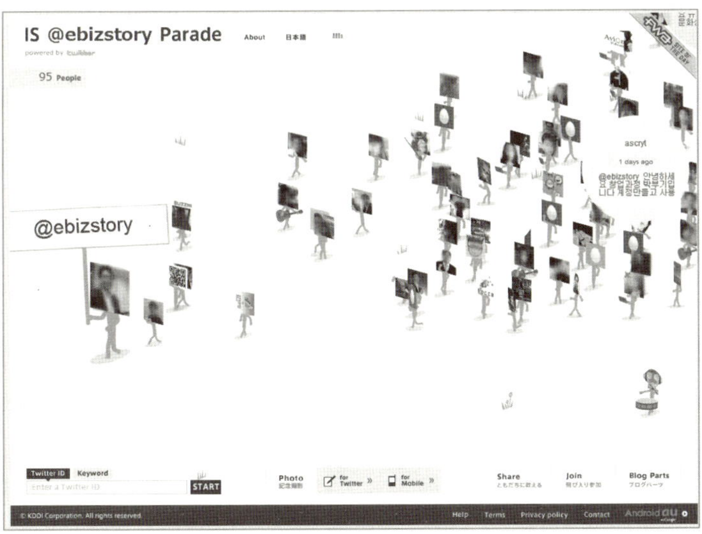

http://isparade.jp/

• 소셜에서 관계된 사람들은 지지세력으로 성장할 가능성이 높다

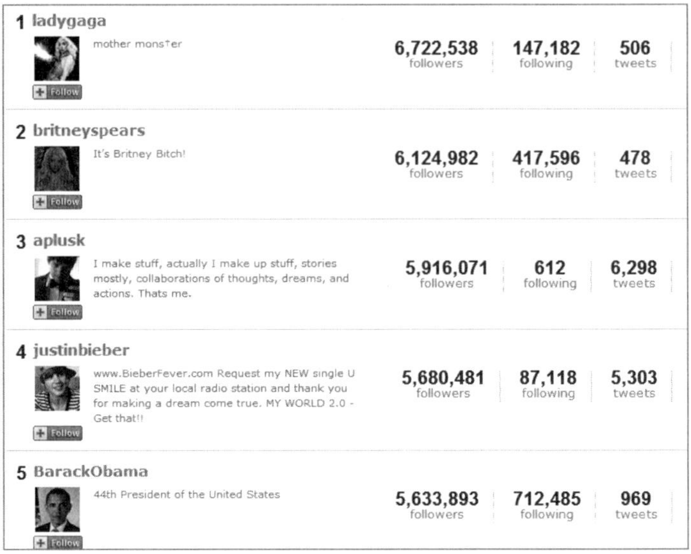

http://twittercounter.com/pages/100?ref=navigation

• 트위터 팔로어 순위

이전의 온라인 지지세력과 달리 소셜에서의 지지세력은 빠르게 확대 및 성장이 가능하며, 온라인상에서만이 아니라 오프라인까지 영향을 줄 만큼 신뢰 관계가 높다. 레이디 가가Ladygaga, 브리트니 스피어스Britney spears, 애쉬튼 커쳐Ashton Kutcher의 트위터 팔로어Twitter Followers는 기본적으로 600만 명이 넘는다. 대부분의 사람들은 이들을 직접 만날 수 없어도 그들과 이야기를 나누며 팬파워를 과시한다. 또 스타의 공연, 영화가 나오면 자연스럽게 관련 정보를 스스로 홍보하고 소셜 서비스에 퍼트리는 역할까지 수행한다. 소셜 서비스 내 지지세력은 이렇게 귀를 기울이고 홍보를 대신해주는 역할뿐만 아니라 오프라인 세계의 구조를 변경할 정도로 위력을 과시하기도 한다.

2008년 미국 대선은 말 그대로 결과를 예측하기 어려운 박빙의 승부였다. 수많은 리서치 조사 결과 지지도 차이가 5 ~ 10% 이내에 불과

http://www.facebook.com/barackobama

• 버락 오바마 페이스북 페이지

해 연일 팽팽한 승부가 이어졌다. 그런데 투표 몇 개월을 앞두고 오마바Barak Hussein Obama 진영의 지지도가 급속히 상승하기 시작하더니 대선은 오마바의 압도적인 승리로 끝이 났다. 그의 승리는 미국 최초 흑인 대통령의 탄생과 젊은 계층 공략이 성공을 거두었다는 것에 큰 의미가 있었다. 그렇다면 오바마가 젊은 층의 지지를 이끌어낼 수 있었던 비결은 무엇이었을까?

그의 전략은 소셜 서비스들을 최대한 공략하는 것이었다. 오바마 진영은 대선 초기 블로그를 통해 그의 인간됨과 비전에 대한 콘텐츠를 구축해나갔다. 그와 관련된 블로그 내 콘텐츠들은 트위터와 페이스북을 통해 재가공 및 재생산되어 확산되었다. 오바마의 유튜브 홍보 동영상과 연설 동영상은 연일 100만이 넘는 조회 수를 기록하며 계속 퍼져나갔다. 소셜 서비스를 통해 확산된 콘텐츠가 오바마의 경우 5~6억 개 정도이고 상대 후보인 맥케인John Sidney McCain III이 1~2억 개였으니, 소셜 서비스가 오마바 선거 진영을 제대로 도왔다는 분석은 틀린 것이 아니다. 오바마 진영과 맥케인 진영의 소셜 서비스 내 지지 관계 숫자는 선거 결과만큼이나 뚜렷한 차이를 보였다. 2008년 대선 당시 트위터에서의 팔로어 수는 오바마가 약 10만 명, 맥케인이 3천 명 정도였고, 페이스북은 이보다 많은 200만 명 대 50만 명 정도로 큰 격차를 보였다.

만약 이런 지지세력을 당신이나 당신의 기업이 가진다면 어떻게 될까? 그동안 수많은 비용과 노력을 투자했던 마케팅 활동들이 무색하고 공허할 수도 있다. 하지만 이런 지지세력을 확보할 수 있다는 것만으로도 소셜 서비스에 진입해야 하는 당위성은 충분히 확보된 것이 아닐까?

소셜 미디어 페이스북

소셜 미디어의 의미

앞서 소셜과 SNS는 웹에만 한정되어 있는 단어가 아니라 사람의 삶과 사회 구성원으로서 이뤄지는 모든 것을 의미한다고 했다. 웹 서비스 하나만 지칭하기에는 그 뜻이 너무 포괄적이다. 사실 단어의 의미를 따지는 것은 그리 중요하지 않다. 하지만 당신은 페이스북에 관심을 가지고 있고 페이스북을 어떻게 활용할 것인가에 대한 호기심으로 책을 보기 시작했을 것이다. 그렇다면 페이스북이 어느 그룹에 속하는지를 이해하면 앞으로 이야기를 풀어나가는데 도움이 될 것이다.

소셜이라는 단어는 넓은 의미로 사용되기 때문에 웹 서비스 입장에서 조금 더 구체화된 용어로 정의할 필요가 있다. 그래서 나온 용어가 '소셜 미디어Social Media' 이다. 소셜 미디어를 처음 이야기했던 사람은 가이드와이어 그룹Guidewire Group의 창업자이자 애널리스트인 크리스 쉬플리Chris Shipley이다. 그녀는 버클리 대학에서 있었던 소셜 컨퍼런스에서 소셜 미디어를 '자신의 생각과 의견, 경험, 관점들을 서로 공유하고 참여하기 위해 사용하는 온라인 서비스, 미디어 플랫폼' 이라고 정

http://en.wikipedia.org/wiki/Chris_Shipley

• 크리스 쉬플리

의했다. 이로써 소셜 또는 SNS, 소셜 서비스라고 지칭하던 용어에서 온라인 서비스에 대한 범위가 생겨났고 구체적인 지칭을 하게 된 것이다. 소셜 미디어 정의에서는 기술적, 환경적 관점을 포함하지 않았다. 단지 참여하고 공유하기 위해 개방화된 모든 온라인 서비스를 포괄하여 사용한다. 그런 의미에서 보면 온라인 게시판도 소셜 미디어라고 할 수 있다.

지금 웹에서 흔히 접하고 있는 대부분의 서비스들이 소셜 미디어 범주에 포함된다. 최근에 나온 트위터뿐만 아니라 네이버의 미투데이me2Day, 다음의 요즘Yozm 혹은 디그Digg나 딜리셔스Delicious, 마이픽업mypickup 같은 소셜 북마크Social Bookmark 서비스도 포함된다. 유튜브Youtube, 플리커Flickr, 마이스페이스Myspace, 링크드인Linkedin 같은 서비스들도 소셜 미디어에 속한다. 물론 이 책을 통해 알아보게 될 페이스북facebook도 소셜 미디어 중 하나이다.

소셜 미디어는 다음과 같은 특징을 가지고 있다.

1. 쉽게 이용할 수 있다.
2. 전파/확산, 즉 정보 유통 가능성이 높다.
3. 어떤 목적이든 자유롭게 사용할 수 있다.
4. 정보 리더 그룹들이 존재한다.
5. 오픈 API를 통한 연동 서비스Mashup 개발이 원활하다.
6. 스마트폰 같은 모바일 디바이스와의 호환성이 높다.
7. 미디어적 역할을 수행한다.

왜 페이스북인가?

페이스북이 등장하기 전 미국에서는 마이스페이스Myspace라는 서비스가 최고의 소셜 미디어로 각광받았다. 하지만 페이스북은 많은 대학에서 인기를 얻으며 순식간에 마이스페이스를 따돌리고 불과 1년도 채 되지

http://www.verecom.com.au/verecomblog/wordpress/facebook-may-soon-become-the-usa-number-1-social-network-website/2008/10/

• 페이스북과 마이스페이스가 순위 다툼을 하던 때(2008년)의 상황을 묘사한 그림

않은 짧은 시간 안에 전 세계 2억 명의 가입자를 확보했다. 페이스북이 이렇게 인기를 얻은 이유는 무엇일까?

1. 상대방에 대한 관심

페이스북은 상대방에 대한 '관심'에서 시작되었다. 처음 하버드 내에서 서비스가 오픈되었을 때도 '우리 학교의 명물들은 누구인가?'에 대한 호기심에서 명물과 친구가 되고 싶다는 관심의 표현으로 발전되었다. 관계의 시작은 만남에서 시작되지만 그 안에는 상대방에 대한 관심이 내포되어 있다. 관심은 그 사람의 행동 하나하나를 유심히 살피며 따라하고자 하는 열망을 불러일으킨다.

- 내가 관심 있는 친구가 무엇을 하고 있구나.
- 내가 관심 있는 친구가 어떤 그룹모임에 가입을 했구나.
- 내가 관심 있는 친구가 어디로 여행을 갔구나.

  등등 . . .

이런 관심으로부터 관계가 시작되기 때문에 빠르게 친구로 발전할 수 있고, 다른 사람에게 관심을 받고 싶어하는 자신의 욕구를 표현할 수 있다.

2. 소셜 플랫폼 F8과 다양한 어플리케이션

페이스북은 소셜 플랫폼 F8Social Platform F8이라는 오픈 APIOpen API 정책을 발표하면서 페이스북에 연동된 다양한 어플리케이션Application을 제공하고 있다. 어플리케이션은 단순한 작업에서부터 노트, 이벤트, 링크 등 확장된 웹 프로그램으로써 작동한다. 어떤 이들은 웹상의 다양한 어플리케이션을 사용할 수 있는 페이스북을 웹OS라고 칭하기도 한다.

페이스북의 소셜 플랫폼 정책은 오픈 API를 통해 다른 기업이 페이

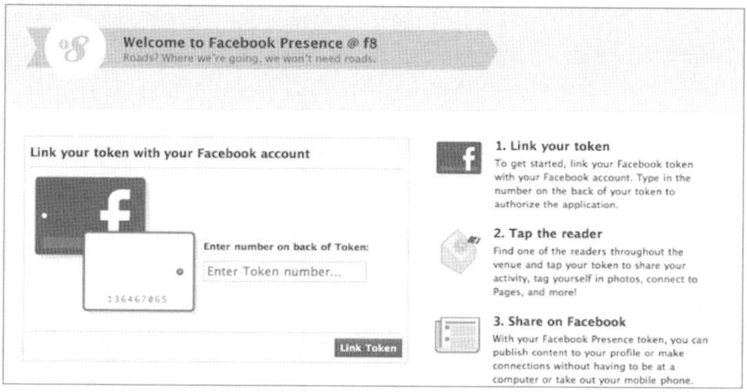

• 페이스북의 소셜 플랫폼 F8 소개 페이지

스북에서가 아닌 다른 소셜 미디어에서도 페이스북 플랫폼을 그대로 사용할 수 있도록 지원하고 있다. 이런 정책은 기업에게 페이스북 자원을 이용하여 쉽게 새로운 어플리케이션을 개발할 수 있게 하고, 만들어진 어플리케이션은 전 세계 6억 명 이상의 페이스북 회원에게 제공되어 새로운 비즈니스 기회를 창출하고 있다는 것에 큰 의미가 있다. 페이스북의 이런 오픈 정책으로 연계된 어플리케이션은 100만 개가 넘는데 또 다른 소셜 생태계를 만들었다는 평가를 받고 있다.

페이스북을 단순히 많은 회원이 사용하고 있는 소셜 미디어 중 하나로 생각한다면 주목할 필요가 없다. 소셜 미디어는 회원 수보다 서비스 안에서 회원 간의 네트워크가 얼마나 잘 형성되고 상호작용을 할 수 있는가, 자신의 생활과 연계할 수 있는 재미와 문화를 얼마나 제공할 수 있느냐가 더 중요하다. 그런데 이런 재미와 문화를 페이스북이 독식하고자 했다면 지금처럼 다양한 어플리케이션을 만들어낼 수는 없었을 것이다. 페이스북의 소셜 플랫폼은 그동안 오픈 정책을 수행해왔던 기업들에게 큰 위협이 되고 있다. 특히 페이스북을 견제하기 위해 2007년부터 오픈 소셜Open Social 플랫폼을 제공하고 있는 구글을 위협할 정도로 말이다.

페이스북의 소셜 플랫폼 F8은 크게 세 가지 의미가 있다. 첫째 소셜 생태계를 만들었다는 것, 둘째 이를 통해 다양한 어플리케이션이 쏟아져 나오고 있고 사용자들은 페이스북을 통해 더욱 많은 재미를 누릴 수 있다는 것, 셋째 다른 기업들이 페이스북의 자원을 쉽게 이용하도록 제공함으로써 기업들에게 새로운 비스니스 기회를 제공하고 있다는 것이다.

3. 함께하는 놀이

오픈 API를 통해 페이스북에 연동되는 많은 어플리케이션은 독립적 프로그램으로서의 수행도 가능하지만 페이스북 사용자들과 함께 누리고 즐길 수 있는 색다른 재미를 포함하고 있다. 만약 A가 재미있는 어플리케이션을 사용했다면 페이스북은 이 A와 연결되거나 관계되어

http://www.facebook.com/apps/application.php?id=62181482841&v=app_4949752878

• 페이스북 게임 : 친구로 맺어진 사람들과 같이 게임을 할 수 있다

있는 사람들에게 A가 어떤 어플리케이션을 사용했다고 알려준다. 단순히 같이 게임을 한다는 것 외에도 기부 활동, 사진 꾸미기, 음악 듣기 등 친구와 함께할 수 있는 놀이들이 풍부하다.

함께하는 놀이는 페이스북의 메인 문화와도 직접적인 관계가 있다. 페이스북은 함께하는 문화를 조성하기 위한 핵심 기능들을 제공하고 있다. 다양한 방식의 친구 찾기 기능, 좋아요 같은 관심 표명 기능, 알림 기능, 커뮤니티 기능 등이 그것이다.

4. 온-오프라인이 결합된 새로운 문화 생성

페이스북은 웹 속의 소셜 미디어로만 존재하는 것이 아니다. 이전의 대부분의 웹 서비스들이 온라인 속에서 즐기는 것에 만족했던 것과 달리 페이스북은 그 재미를 오프라인까지 접목시키고자 많은 고민을 해왔다. 그동안 웹상에서 진행되었던 서비스들이 길 찾기나 맛집 소개 등에 그쳤다면 페이스북에서는 더 다양한 실험과 시도들이 이루어지고 있다.

http://adland.tv/ooh/coca-cola-village-uses-real-life-buttons-fed-real-world-likes-facebook

• 페이스북의 좋아요 기능을 오프라인으로 끌어와 큰 화제가 되었던 코카콜라 빌리지

코카콜라 빌리지의 RFID태그와 좋아요[like] 기능 연동은 오프라인에서 자신의 생각을 별도의 단말장치 없이 바로 연동할 수 있다는 것으로 큰 반향을 일으켰다. 이뿐만 아니라 엔터테인먼트 결합 등의 시도는 페이스북이 온-오프라인을 연동하는 새로운 문화를 생성하고 있다는 평가를 받게 했다. 아직 풀어야 할 과제는 많이 남아 있지만 페이스북은 웹과 실생활이 결합되고 있는 미래지향적 방향을 만들어가고 있다.

페이스북을 **시작하기 전에**

지금까지 소셜이 우리에게 어떻게 다가오고 있는지에 대해 이야기했다. 앞서 살펴본 내용이 소셜인지 페이스북인지 혼란스러울지도 모른다. 하지만 페이스북라는 서비스 자체가 소셜에서 시작되었고 페이스북은 소셜이 확장될 수 있는 모습들을 가장 많이 제공하고 있기 때문에 소셜을 이해하는 것은 결국 페이스북을 이해하는 것과 같다고 할 수 있다.

강연을 하거나 컨퍼런스 장소에서 사람들을 만나면 소셜 미디어에 대한 질문을 많이 받게 된다. 특히 페이스북과 관련하여 주로 받는 질문은 다음의 세 가지 정도이다.

Q

1. 트위터와 페이스북이 어떻게 다른가?
2. 페이스북은 얼마나 오래 지속될 것인가?
3. 페이스북의 개인 정보 노출 문제를 어떻게 생각하는가?

대부분 페이스북을 접한지 오래되지 않았거나 다른 소셜 미디어를 사용하고 있는 사람들이 위와 같은 질문을 많이 한다. 사실 이 질문들

http://www.chris-moody.com/blog/tag/facebook/

• 트위터와 페이스북의 차이점

은 페이스북을 써야 하는 당위성과 연관되어 있다. 질문에 대한 답을 구하고자 이 책을 보는 것은 아니겠지만, 어느 정도 이해할 필요가 있다. 뒤에서 더 자세하게 풀어가겠지만 여기서 먼저 전체적인 이해를 도울까 한다.

1. 트위터와 페이스북이 어떻게 다른가?

트위터와 페이스북 모두 관계를 기반한 소셜 미디어 서비스이다. 하지만 관계를 보는 관점에서 차이가 있다. 두 서비스 모두 자신의 현재 상태를 업데이트하면서 시작하지만 페이스북이 상대방이 하는 행동과 이야기를 중심으로 친구 맺기를 한다면 트위터는 트윗tweets이라는 자신이 하는 이야기를 중심으로 팔로우follow, 관계를 하게 된다. 아주 사소한 차이지만 페이스북이 상대방에 대한 이해, 함께하고자 하는 분위기가 더 많이 내포되어 있다. 상대방이 어떤 어플을 사용하고 있는지, 누구와 친구를 맺었는지, 무엇을 좋아하는지, 어떤 활동을 하고 있는지 등의 '관심' 으로 서비스의 흐름을 분석한다. 정보가 이런 관심으로 연결되다 보니 페이스북의 UIUser Interface는 한국에서 익숙한 내비

게이션[메뉴] 방식이 아닌 정보 구조 방식으로 되어 있다. 결국 정보를 따라 어디쯤 왔는지 생각하지 않고 흘러다니며 서비스를 이용한다는 표현이 옳을 것이다.

어떤 서비스가 더 낫다는 결론은 없다. 각각의 분위기가 다를 뿐더러 이야기 흐름도 다르다. 물론 사용법도 다르다. 개인적으로 활용할 것인지, 기업에서 마케팅이나 브랜드를 위해 활용할 것인지에 따라 트위터와 페이스북을 구분한다면 사용이 어려워진다. 오히려 두 서비스의 성격을 이해하고 접근하여 그 속의 분위기에 따라 각각 활동하는 것이 더 효율적이다. 트위터도 훌륭한 소셜 미디어 서비스이지만 다양한 어플리케이션과 활동을 지원하는 페이스북은 익히면 익힐수록 더 많은 재미에 빠져들 수 있을 것이다.

2. 페이스북은 얼마나 오래 지속될 것인가?

이 질문은 트위터에도 해당된다. 웹에서 특정 서비스가 만들어지면 대부분의 사용자들은 이 서비스가 얼마나 유지될까라는 고민을 한 번쯤 하게 된다. 정확히 몇 년 동안 간다라고 단정짓기는 힘들다. 하지만 이런 서비스들도 e-비즈니스 모델들이다. e-비즈니스 모델들은 엄청난 호응을 얻어 큰 성공을 거둔다 하더라도 몇십 년 동안 지속될 가능성은 거의 없다. 대부분 라이프 사이클[Life cycle]을 가지게 되는데 정점을 찍고 나면 결국엔 여지 없이 하락세를 타게 된다. 모델 자체에 문제가 있어서 라이프 사이클이 생기는 것은 아니다. 이 라이프 사이클은 사회적 환경과 사용자들의 니즈 등의 변수에 영향을 받게 된다. 이런 변수들에 의해 라이프 사이클은 줄어들 수도 있고 길게 늘어날 수도 있다. 그렇기 때문에 페이스북은 회사 자체적으로 지속적인 개발과 사용자 니즈에 충족하는 기능을 선보여야 할 것이다. 지속적인 노력을 하지 않는다면 결국엔 페이스북도 후발 서비스에 추월당하고 사용자들의 관심에서 멀어지게 될 것이다.

이제는 이런 서비스가 얼마나 오래 갈 것인가 보다는 지금 우리 앞에 펼쳐져 있는 소셜 트렌드에 대해서 더 관심을 가져야 한다. 소셜은 그동안 정보를 찾기 위해 사용했던 웹을 실생활과 사람의 특성을 이해하는 웹으로 변하게 했다. 앞으로는 모바일2.0Mobile2.0, 3G/4G 같은 통신 기술과 함께 사용자 개개인의 성향에 맞게 찾아오는 웹을 경험하게 될 것이다. 소셜은 이제 시작이고, 앞으로 어떤 서비스 모델들이 어떤 변수에 의해 흥망성쇠의 길을 걷게 될지 알 수 없지만 가장 기초적인 사람의 욕구는 변하지 않을 것이다. 인간은 사회적 동물이기 때문이다.

3. 페이스북의 개인 정보 노출 문제를 어떻게 생각하는가?

개인 정보 노출의 위험도는 온라인이라는 개념이 생겨나면서부터 있어왔던 문제이다. 단지 대부분의 소셜 미디어가 사용자 본인의 상황을 중심으로 진행되고 있고 관계를 맺기 위해서는 기본적으로 개인 정보를 어느 정도 공개해야 하기 때문에 더 큰 이슈가 되고 있는 것이다.

미국의 시장조사 업체인 히트와이즈Hitwise 글로벌 리서치 총책임자 빌 탠서Bill Tancer는 "사생활을 일정 부분 노출함으로써 더 긍정적이고 친밀한 관계를 만들 수 있다면 그 정도는 응당 치러야 할 대가이다"라고 말했다. 페이스북도 온라인 서비스이기에 당연히 개인 정보 노출의 문제점이 있다. 2008년 미국에서 페이스북 개인 정보 노출을 경고하는 TV 다큐멘터리를 방영한 적이 있다. 이 방송은 국내에도 소개된 적이 있는데, 해커 한 명이 길에서 만

http://www.lora.leigh.com/speaker.asp?id=444/

• 빌 탠서

난 사람의 이름만으로 페이스북 계정을 해킹하는 사례를 보여주면서 많은 사람들에게 경고 메시지를 던졌다. 그런데 여기서 우리는 이 다큐멘터리가 페이스북 시스템 자체의 정보 노출보다 주로 비밀번호에 대한 문제점을 지적하고 있음을 간과해서는 안된다.

소셜 미디어에서 개인의 정보를 얼마만큼 노출할 것인가에 대한 수위는 개개인이 결정해야 할 사항이다. 노출하는 폭에 따라 자신이 얻을 수 있는 이득이 어느 정도인가를 고민하고 스스로 결정, 관리해야 하는 것이다. 구더기 무서워서 장 못 담근다는 속담이 있다. 개인 정보 노출 위험이라는 원천적인 문제 때문에 얻을 수 있는 것을 얻지 못한다면 그것이 더 큰 손해일 것이다. 개인 정보 노출에 대한 개인의 기준을 만들고 이를 관리하는 지혜가 필요하다.

소셜 미디어의 정점에 있는 페이스북은 사용자들에게 소셜이 줄 수 있는 다양한 혜택을 누리고 새로운 패러다임에 접속할 수 있는 기회를 제공하고 있다. 이 혜택과 기회를 개인적으로 활용하든 비즈니스에 접목하든 독자 개개인의 문제이지만 그래도 시간과 돈을 투자하고 있는 당신에게 이 책이 길잡이가 되었으면 한다.

이제 당신은 페이스북에, 소셜에 접속할 준비가 되어 있는가?

CHAPTER 02

페이스북에 주목하라

- 대학 중퇴 22세 청년, 페이스북을 창업하다
- 도대체 페이스북이 뭐길래?
- 트위터와 페이스북, 어떻게 다른가?
- 페이스북이 기록한 놀라운 수치들
- 한국판 페이스북 싸이월드의 추락과 무한도전

대학 중퇴 22세 청년, 페이스북을 창업하다

학창시절 학교에 잘 적응하지 못하고 늘 '악동', '사고뭉치'로 불리던 소년이 20대에 전 세계 청년 부호 1위에 선정되고 억만장자가 될 가능성은 얼마나 될까. 명문중·고등학교, 명문대학을 졸업하고 대기업 입사의 수순을 밟는 것을 최고라 여기는 현대사회에서 대학 중퇴의 청년이 20대에 전 세계에서 손꼽히는 억만장자가 될 가능성은 거의 희박하다. 그것도 연예인이 아닌 기업 CEO로서 말이다. 하지만 이 바늘구멍의 확률을 뚫고 22세에 창업을 해 전 세계가 주목하는 유명인사가 된 사람이 있다. 바로 페이스북facebook 창업자인 괴물같은 청년 마크 주커버그Mark Zuckerberg 이다.

페이스북 창업자 그는 누구인가

1984년 치과의사와 정신과의사인 부모 사이에서 태어난 마크 주커버그는 11살에 486DX 데스크톱 컴퓨터를 선물 받고 소프트웨어를 공부했다. 요즘은 컴퓨터 선물을 받는 어린이들이 많을 테니 여기까지는 특별한 점이

SXSWi 2008 Keynote

• 페이스북 창업자 마크 주커버그

없어 보인다. 하지만 컴퓨터학원에서 하나부터 열까지 교육을 받고도 게임에만 몰두하는 우리네 유년시절과 달리 마크 주커버그는 혼자 프로그래밍을 공부하고 커뮤니케이션 및 게임 프로그램을 만드는 것을 즐겨했다. 중학교를 마칠 무렵에는 로마 시대를 배경으로 줄리어스 시저를 형상화한 전략게임을 만들었고, 고등학교 때는 지금의 페이스북에서 CTO[Chife Technology Officer]로 일하는 애덤 댄젤로[Adam D'Angelo]와 함께 우리에게 익숙한 윈앰프[WinAmp]의 플러그인을 제작해 유포했다. 이때부터 마크 주커버그의 천재성이 세상에 드러나기 시작했다. AOL과 마이크로소프트가 일자리를 제안할 정도로 윈앰프 플러그인은 그들을 유명인사로 만들었다. 하지만 그들은 대학에 진학하기로 결심하고 애덤은 칼텍[Caltech]에, 마크는 하버드대 심리학과에 입학한다.

그런데 왜 하필 마크는 심리학과에 진학했을까? 부모의 영향으로 의대에 진학할 수도 있고, 자신의 천재성을 더욱 빛나게 하는 IT 관련 분야를 선택할 수도 있었을 텐데 말이다. 그는 "사람들이 가장 흥미로워하는 것은 바로 다른 사람들이다"라는 이유에서 심리학을 전공으로 선택했다고 한다. 페이스북의 밑그림이 이때부터 그려지고 있었던 것일까.

마크는 입학 후 자신의 재능을 전공에 접목시켜 직접 학생과 학생을 연결하는 프로그램 개발에 열중했다. 2학년 때는 학과에 어떤 학생이 있는지 알 수 있게 한 사이트를 개발했고 이 엉뚱한 사이트로 학교 내에서 일약 스타가 되었다. 전산시스템을 해킹해 재학생들의 사진을 올리고 이를 학생들이 10점 만점으로 평가하도록 한 간단한 사이트로, 원래 하버드 내 예쁜 학생 선발을 위해 만들어졌다. 그런데 오픈 4시간 만에 방문자 450명, 무려 2만 2천여 번의 노출을 기록한 것이다. 이를 알게 된 학교 당국은 마크 주커버그가 무단으로 하버드 학생들의 사진을 다운로드하여 훔치고 개인 프라이버시를 침해했다는 이유로 징계를 내렸다. 학교에서 쫓겨날 뻔했지만 사이트를 자진 폐쇄하여 경고를 받는 수준에서 일이 무마되었다.

이렇듯 하버드대 재학생, 학과 선후배들의 얼굴을 담은 앨범페이스북, face book을 이용해 페이스매시facemash 사이트를 개설하고 그에 대한 반응을 확실히 얻은 그날의 사건은 그가 미련 없이 하버드대를 박차고 나가 본격적으로 비즈니스 세계로 뛰어들게 한 계기가 되었다.

페이스북의 **가치**는 무려 **56조 원**

마크 주커버그는 2004년 친구들과의 자유로운 소통을 위해 인터넷에 사진과 프로필, 관심사항 등을 올리고 커뮤니티를 조성할 수 있는 서비스를 제공한다. 이것이 바로 페이스북의 본격적인 시작이었다. 처음에는 친구들을 위한 온라인 커뮤니티였지만 이후 페이스북은 미국 내 2천여 개 대학과 2만 5천여 고등학교 학생들이 가입하는 거대 사이트로 성장했다. 그가 예상한 페이스북의 모습이 어떠했을지 짐작할 수 없지만 페이스북의 확산은 미국 내에만 머무르지 않았다. 2005년에는 영국, 멕시코, 오스트레일리아, 뉴질랜드로 확산되었고 2006년에는 인텔, 마이크로

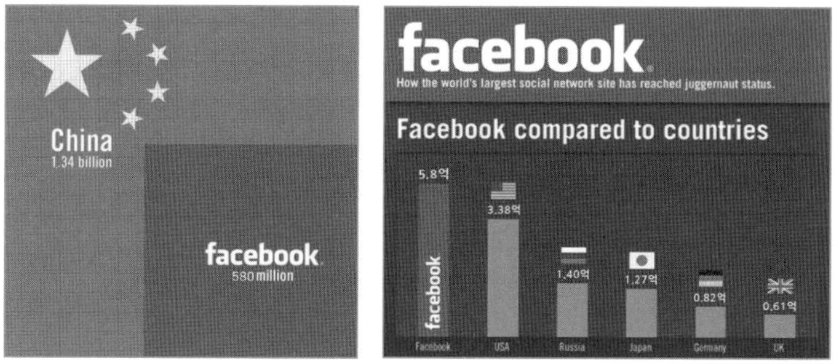

• 전 세계 인구 단위로 따지면 페이스북의 회원 수는 중국, 인도에 이어 최대이다

소프트, 애플, 아마존, 펩시 등의 기업에도 개방되었다. 현재 페이스북은 전 세계 6억여 명이 사용하는 최대 규모의 소셜 네트워트 서비스로 자리매김하고 있다.

일찍이 페이스북의 성장에 주목하는 이들도 많았다. 스타트업 기업의 프로파일링을 전문으로 하는 테크크런치TechCrunch에 따르면 2006년 야후Yahoo는 페이스북이 2010년 매출 9억 7천만 달러에 4천 800만 사용자

• 지난 2010년 7월, 페이스북 가입자 5억 명 달성을 축하하는 페이스북 직원들의 메시지

를 가질 것으로 예상, 페이스북을 10억 달러에 매수하겠다고 제안했지만 거절당했다고 한다. 결과적으로 야후의 예상을 훌쩍 뛰어넘는 6억여 명의 사용자를 확보한 페이스북의 당시 거절은 옳은 것이었지만 결코 적지 않은 금액의 매수 제안을 거절한 마크 주커버그의 당참과 확고함은 대단한 것이었다.

2010년 12월 기준 페이스북은 1천 700명의 직원을 거느리고 2조 원 이상의 매출을 올리는 거대 기업으로 성장했다. 장외주식Private 시장에서 페이스북의 기업가치시가총액는 2011년 1월 기준 약 56조 원500억 달러이라는 어마어마한 액수로 평가되고 있다. 참고로 장외 시장에서 평가하는 페이스북의 가치는 다음과 같다.

• 2004년 6월: 1천만 달러	외부 투자자들이 회사를 통째로 인수하겠다고 오퍼를 줌
• 2004년 10월: 490만 달러	Peter Thiel(The Founders Fund)이 회사 지분 10.2%에 50만 달러를 투자함
• 2005년 3월: 7천5백만 달러	Viacom이 회사를 통째로 인수하겠다는 의사를 밝힘
• 2006년 4월: 5억 5천만 달러	Greylock Partners가 275만 달러 투자
• 2006년 6월: 15억 달러	Viacom이 8억 달러 현금을 포함하여 회사를 인수하겠다는 의사를 밝힘
• 2006년 7월: 10억 달러	야후가 10억 달러를 현금으로 주고 회사를 통째로 인수하겠다는 의사를 밝힘
• 2007년 10월: 150억 달러	마이크로소프트가 회사 지분 1.6%에 2억 4천만 달러 투자
• 2008년 5월: 100억 달러	Digital Sky Technologies가 회사 지분 1.96%에 2억 달러 투자
• 2010년 4월: 240억 달러	페이스북의 주가가 장외주식 시장에서 매우 급격하게 상승함
• 2010년 12월: 412억 달러	페이스북의 기업가치는 약 47조 4천억 원. 트위터의 기업가치 37억 달러와 비교해 13배나 큰 규모
• 2011년 1월: 500억 달러	세계 최대 투자은행인 골드만삭스와 러시아 투자자 등이 5억 달러를 투자하면서 이같이 산정함

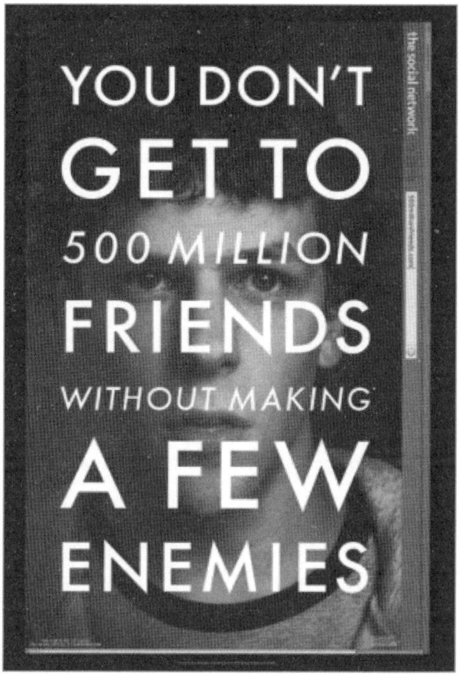

• 페이스북과 창업자 마크 주커버그를 주인공으로 한 영화 〈소셜 네트워크〉, 2010년 작품

현재 마크 주커버그의 재산은 69억 달러한화 약 7조 5천억 원, 2010년 10월 기준로, 세계 35위에 올라 42위인 애플Apple의 스티브 잡스Steve Jobs를 제쳤다. 페이스북의 현재 사용자 수와 발전 가능성을 기준으로 하여 평가하였을 때 미국 ABC방송, 포춘Fortune, 타임TIME 등은 그의 영향력을 세계 1위로 선정하고 있다. 또 2010년 10월에 개봉한 마크 주커버그를 다룬 영화 〈소셜 네트워크The Social Network〉는 개봉하자마자 박스오피스 1위에 등극해 전 세계 많은 사람들이 그의 이야기를 영화로도 접할 수 있게 되었다. 천재 청년이 세계 최대 소셜 서비스의 창업자가 되기까지의 에피소드를 다룬 이 영화는 개봉 2주 만에 1천550만 달러의 흥행 수익을 거두었고 국내에서도 뜨거운 관심을 끌었다.

도대체 페이스북이 **뭐길래?**

싸이월드와 아이러브스쿨을 버무린 **글로벌 서비스**

방명록에서 서로의 안부를 묻고, 사진첩에 업데이트된 사진을 통해 친인척과 선후배의 일상을 엿볼 수 있는 싸이월드[cyworld]와 출신학교를 등록하면 동창을 찾아주고 추억을 되새기게 했던 아이러브스쿨[Iloveschool]을 떠올려보자. 싸이월드야 현재 2천100만 명의 회원을 자랑하고 있는 국내 최대의 관계형 소셜 미디어로 건재하지만 아이러브스쿨은 점차 활동 회원 수가 줄어들면서 우리에게 잊혀진 서비스가 되고 있다. 하지만 아이러브스쿨은 2000년대 초 많은 사람들에게 '추억'을 선사하며 혜성처럼 나타났다. 어린 시절 동네를 함께 뛰어다녔던 코흘리개 친구부터 중 · 고등학교, 대학 동창을 찾아주고 그들과 새로운 만남을 갖게 한 아이러브스쿨은 당시 많은 사람들에게 '친구찾기'라는 새로운 경험을 선사했다. 출신 학교 검색으로 온라인에서 친구를 찾아 다양한 추억을 공유하고 대화를 나누는 동시에 오프라인에서도 활발한 모임이 이루어져 옛 인연과 재회하거나 심지어 결혼에 골인하는 등의 이슈를 남겼고, 아직까지 많은 이들에게 회자되는 서비스로 남아 있다.

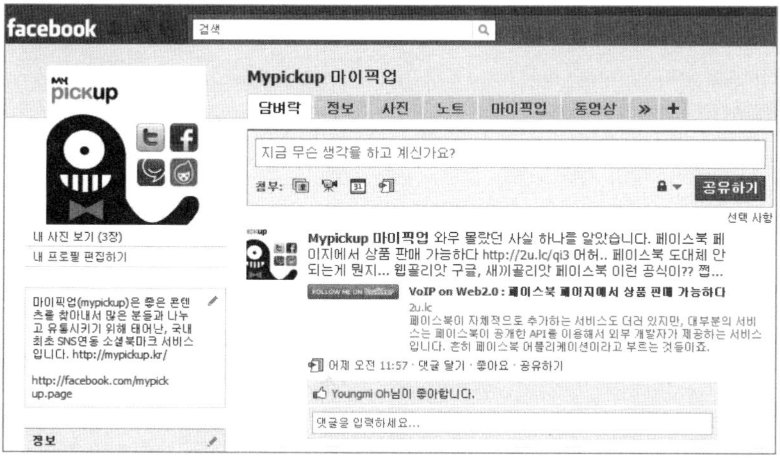

• 페이스북의 팬페이지

국내에서 '미국판 싸이월드'로 불리는 페이스북은 이 두 서비스와 매우 흡사한 모습을 하고 있다. 자신의 출신 학교, 근무하는 회사, 사는 지역, 자주 쓰는 이메일 등을 등록하면 나와 관련된 친구를 자동으로 찾아주고 친구 관계를 맺도록 권장한다. 페이스북은 담벼락이라는 메시지 창에 글, 사진, 동영상 등을 업데이트하면 나와 연결된 친구들과 대화, 자료 공유 등을 자유롭게 할 수 있는 소셜 네트워크 서비스이다. 여기까지 본다면 페이스북의 모습은 우리에게 익숙한 아이러브스쿨이나 싸이월드와 매우 흡사하여 전혀 낯설지 않게 다가온다.

하지만 페이스북의 기능은 이것이 전부가 아니다. 별도의 서비스로 존재했던 채팅 기능을 페이스북 내에서 손쉽게 사용하거나 카페와 유사한 기능의 그룹Group도 제공한다. 일정 또는 이벤트를 등록할 수 있는 이벤트 서비스, 일기나 글 등을 적고 쉽게 공유할 수 있는 노트, 주제를 올리면 나와 연결된 친구들과 생각을 공유하고 토론할 수 있는 토론 서비스, 사진을 올리면 스크랩을 하지 않고도 '좋아요' 버튼이나 태그 삽입만으로 사진을 공유하는 등 사용자들이 페이스북에 접속하면 쉽게 자리를 뜨지 못할 만큼 다양한 기능을 갖추고 있다. 또 여러 어플리케이션 지원으로 내가 원하는 외부 서비스를 설치하거나 연동이 가능하다.

페이스북에 **빠지다**

국내 일부 사용자들에게 페이스북은 쉽지 않은 서비스로 인식되고 있다. 페이스북은 싸이월드처럼 친근한 서비스의 모습을 하고 있지 않기 때문이다. 아기자기하거나 혹은 세련된 디자인으로 UI[User Interface]를 구성하고 누구나 쉽게 사용할 수 있게끔 완벽한 기능을 갖추어 사용자를 맞이하던 국내 서비스와는 확연히 다르다. 파란색 일색의 간단한 디자인과 달랑 담벼락이라는 창 하나가 전부인 페이스북에 국내 이용자들은 선뜻 맘

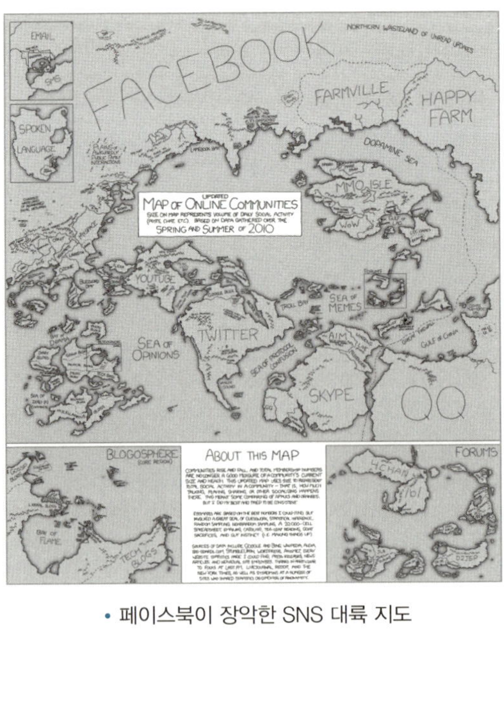

http://xkcd.com/802_large/

• 페이스북이 장악한 SNS 대륙 지도

을 내어줄 수 없을지도 모른다. 거기다 해외 서비스이니 접근에 대한 선입견이 있는 것도 사실이다. 하지만 미국에서는 많은 이들이 페이스북을 생활의 일부로 여기고 있다. 인간관계를 유지하는 하나의 수단으로, 최근에는 중독성이 강한 서비스로 불리기도 한다.

케이블 채널인 옥시즌미디어Oxygen Media의 설문조사에 따르면 미국의 18~34세 여성 페이스북 이용자들 가운데 34%가 아침에 일어나자마자 페이스북에 접속한다고 한다. 심지어 20%는 페이스북을 확인하려고 자다가 깨는 경우도 있다고 응답했고, 아예 휴대전화를 손에 쥐고 잠든다는 응답자도 37%나 됐다. 이 현상은 영어권 나라에만 그치고 있지 않다. 페이스북은 이미 한국어, 일본어, 스페인어, 독일어, 루마니아어 등 70개 이상의 언어로 서비스를 제공하고 있고 눈에 띄는 성과를 거두고 있어 전 세계 사용자의 페이스북 생활화는 확대될 전망이다.

그렇다면 IT 분야에서 타의 추종을 불허하는 우리나라에서 페이스북 사용자 전망은 어떨까? 소셜 네트워크 서비스와 트위터에 대해 많은 사람들이 호기심을 가지고 사용하면서 페이스북 이용자 역시 점차 늘어나고 있다. 특히 2010년은 국내 페이스북 사용자가 급격히 증가하기 시작하여 최단시간 안에 가장 많은 가입자를 배출한 대표 국가로 대한민국이 손꼽히고 있다. 페이스북 통계에 따르면 현재 페이스북 이용자의 70% 이상은 미국이 아닌 다른 나라에 거주하는 것으로 집계되었다. 국내 페이스북 사용자는 2010년 12월에 250만 명, 2011년 1월에는 한 달 만에

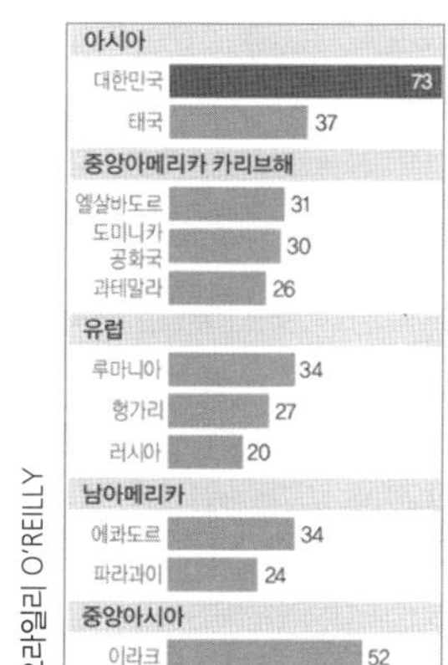

• 최근 페이스북 이용자 급증 국가들 (2010.06~08, 단위 %)

무려 100만 명이 증가해 350만 명을 넘어섰다. 특히 2010년 10월에는 한국 법인 '페이스북코리아' 가 설립되면서 한국 내 행보가 심상치 않다. 국내 3대 통신사 중 하나인 LG U+가 페이스북과의 전략적 제휴를 맺고 스마트폰뿐만 아니라 일반 휴대폰에서도 페이스북 이용이 가능토록 해 페이스북의 국내 활동은 더욱 활발해질 것으로 예상된다.

새로운 관계에 호기심을 갖다

트위터와 페이스북을 비롯한 소셜 네트워크 서비스는 인간관계를 맺는 방식에 큰 영향을 미치고 있다. 특히 정보 공유에 중점을 두고 있는 트위터(트위터 사는 실제로 지사의 서비스를 실시간 정보 네트워크(real-time information network)로 규정하고 있다)와 달리 페이스북은 쌍방향 관계를 중심으로 인맥 관리가 가능해 '친구' 의 의미를 더욱 강하게 내포하고 있다.

그간 우리는 이메일과 메신저 등을 이용해 커뮤니케이션 활동을 해왔다. 하지만 페이스북은 이 모든 서비스를 통합해 쉽고 간편하게 사용자들이 관계를 형성할 수 있도록 적극적인 도움을 주고 있다. 가깝게는 동창이나 직장동료, 나와 이메일을 주고받는 지인, 내 활동 영역의 친구까지 쉽고 간편하게 찾아 추천하는 페이스북의 친구찾기 알고리즘에 사람들은 빠져들고 있다. 더불어 연예인, 스포츠 스타, 심지어 대통령과도 친구가 될 수 있다는 점은 페이스북의 또 다른 매력이다.

페이스북 관련 통계자료를 제공하는 소셜베이커스(Socialbakers)의 통계에 따르면 페이스북 사용자는 매일 55분씩 페이스북을 사용하고 있으며, 평균 친구 수는 130명으로 월 평균 8명에게 친구 요청을 보낸다고 한다. 이들은 페이스북이 기본적으로 제공하는 '친구 찾기' 알고리즘을 통해 지속적으로 '관계' 를 확장해가며 매일 자신의 이야기 혹은 사회적 이슈, 사소한 문제들에 대해 대화하고 정보를 공유하는 등 페이스북에 일상을 남기고 있다.

이렇듯 페이스북 사용자들은 관계 형성에 무척 개방적이고 긍정적인 모습을 보인다. 또 대부분의 사용자가 프로필을 성실히 작성한 경우 특별한 문제가 없다면 '친구'로 적극 환영한다. 이렇게 친구 사이가 되면 본격적으로 관계 쌓기가 시작되는데 여기서 사용자끼리 주고받는 대화는 페이스북에서 가장 중요한 활동이다.

내가 페이스북 담벼락에 궁금한 질문을 던지면 나를 잘 알고 있는 친구들, 즉 나와 관계를 갖고 있는 친구들이 내 현재 상황이나 환경에 맞게 여러 가지 답변을 달아준다. 이것이 바로 네이버 지식인이나 구글 검색과 견줄 수 없는 개인 맞춤형 답변이다. 이 때문에 페이스북 사용자들은 궁금한 점이나 빠른 답변을 얻어야 하는 상황이 오면 구글의 검색보다 페이스북 친구들에게 도움을 요청할 때가 많이 있다. 놀라운 점은 대부분의 페이스북 사용자들은 실업자나 미취업자가 아닌 각자의 직업이 있는 성인들이란 것이다. 이들은 단순히 낯선 이들에게 자신의 상태를 알리는 것이 아니라 친구들로부터 필요한 정보를 제공받고 자신이 가진 유익한 콘텐츠를 나누는 등의 가치 있는 일을 하고 있다.

좋아요 기능을 기억하라

대부분의 사람들은 좋은 정보를 발견했을 때 친구나 지인들과 나누고 싶어 한다. 페이스북에서는 손쉽게 나의 관심을 친구와 나눌 수 있는데 소셜 친구가 알려준 정보의 링크나 소식, 이미지, 동영상 등이 유익하거나 재미있다면 해당 콘텐츠 하단에 위치한 '좋아요Like' 버튼을 눌러 다른 친구들과 공유할 수 있다. 이 기능은 오프라인에서의 입소문, 트위터의 RT[Retweet] 기능과 비슷해서 많은 사람들에게 좋아요를 받았을 경우 나와 연결되어 있는 친구의 친구들, 그 이상의 친구들에게도 전달이 가능하다.

페이스북에서 유통되고 있는 모든 콘텐츠에는 좋아요 버튼이 연결되어 있다. 어플리케이션이나 동영상, 이미지는 물론 내가 남긴 사소한 글조차도 말이다. 특히 기업이나 유명인 등이 홍보나 마케팅을 목적으로 페이스북에서 활동할 때는 좋아요 버튼을 활용한 이벤트를 진행하거나 캠페인을 벌이기도 한다.

페이스북의 소셜 플러그인 기능을 이용해 좋아요 버튼을 외부 홈페이지에 업로드된 제품이나 콘텐츠에 설치할 수도 있는데, 페이스북 사용자가 이 버튼을 누를 경우 해당 콘텐츠가 페이스북 친구들에게도 공유된다.

실제로 해외 워싱턴포스트[The Wasington Post]나 뉴욕타임즈[The New York Times] 등의 언론사는 물론 다양한 기업들이 자신의 콘텐츠에 좋아요 버

• 페이스북 소셜 플러그인을 적용한 미국의 뉴욕타임지와 포춘지

#	Name	Fans	Growth
1.	Texas Hold'em Poker	31 441 473	+8.02%
2.	Facebook	31 193 734	+6.96%
3.	FarmVille	26 227 306	+2.88%
4.	Michael Jackson	26 075 835	+5.05%
5.	Lady Gaga	25 545 403	+6.13%
6.	YouTube	25 425 770	+7.03%
7.	Eminem	24 751 113	+8.40%
8.	Family Guy	23 401 306	+6.20%
9.	Coca-Cola	21 460 443	+7.56%
10.	Rihanna	20 143 545	+12.34%
11.	South Park	20 024 964	+7.04%
12.	Megan Fox	20 021 422	+5.71%
13.	Linkin Park	19 872 844	+8.35%
14.	Vin Diesel	19 832 135	+3.90%
15.	Starbucks	19 002 675	+2.48%

Socialbakers

• 팬 수로 본 페이스북 페이지 상위 Top 15

튼을 연동하고 있다. 유아용품 기업 P&G의 경우 페이스북에 팸퍼스Pampers 크루저 페이지를 개설하고 좋아요 버튼을 이용한 이벤트를 진행해 1시간 만에 기저귀팩 1천 개를 판매하는 성과를 올렸다.

이러한 페이스북의 좋아요 버튼 활용은 신뢰관계가 형성된 사용자들이 공유하는 콘텐츠야말로 무엇보다도 빠르고 넓게 확산된다는, 소셜 네트워크 서비스의 특징이라고 할 수 있다. 소셜 기반의 정보 유통은 사용자가 기업이나 제품 정보를 일방적으로 받아들여야 했던 이전의 정보 수용 방식과 차원이 다르다. 모르는 사람이 하는 말보다 친구나 가족의 이야기를 더 믿고 신뢰하는 것과 마찬가지이다. 이 때문에 기업이나 유명인의 경우 페이스북에 페이지page를 개설해 팬fan을 모으고, 이 팬들을 기업의 제2 마케터로 활용하기 위해 다양한 캠페인이나 이벤트 등을 펼치며 좋아요 버튼의 활성화에 집중한다. 좋아요 버튼을 많이 받을수록 팬 수가 늘어나는 것은 물론, 기업 페이지가 자동으로 노출되고 브랜드 홍보 역시 자연스럽게 이루어지기 때문이다.

디지털 마케팅 에이전시 이그잭트 타겟Exact Target의 발표에 따르면 대부분의 사람들이 할인을 받거나 샘플, 쿠폰 등을 얻기 위해 기업 페이스북의 좋아요 버튼을 누른다고 한다. 물론 제품 홍보나 상호 소통, 의견 제안 등 기업이 페이스북을 운영하는 목적에 부합되는 사용자들도 있지만 기업이 제공하는 다양한 할인이나 경품 등을 이유로 좋아요 버튼을 누르는 사용자들도 많다는 것이다.

페이스북에는 현재 매월 350만 건 이상의 이벤트가 열리고, 300만 개 이상의 기업, 비즈니스, 캠페인 페이지가 개설되어 있으며 매일 2천만 명 이상이 페이스북 페이지 중 한곳의 팬이 되고 있다. 이 말은 곧 매일 페이지를 통해 2천만 번의 '좋아요' 가 페이스북에 쌓이고 있다는 뜻이다.

다양한 어플리케이션으로 가득한 놀이동산

싸이월드와는 달리 한곳에서 채팅, 이벤트, 토론, 일정관리, 사진, 동영상 등을 쉽게 업로드하고 공유할 수 있는 페이스북은 간단하고 편리한 인터페이스를 갖추고 있어 더욱 매력적인 서비스로 손꼽힌다. 페이스북의 가장 큰 핵심은 바로 '개방' 과 '공유' 에 있다. 페이스북이 자체적으로 서비스를 기획하고 만들어 추가하는 것이 아니라 누구나 페이스북에 맞는 어플리케이션을 개발하고 적용할 수 있도록 API를 개방한 것이다. 그 덕분에 수많은 사용자들이 공개된 API를 이용해 어플리케이션을 제작, 배포하고 개발 전문 업체들은 자신들이 만든 어플리케이션을 판매하며 마켓을 형성하기도 한다. 특히

#	App	Developer	Category	MAU	Growth
1.	Static FBML	Facebook	Utilities	91 876 386	+5.01%
2.	CityVille	Zynga	Games	75 009 550	+82.75%
3.	Facebook for iPhone	Facebook		58 102 666	+8.28%
4.	FarmVille	Zynga	Games	57 515 224	+5.78%
5.	Discussion Boards	Facebook	Utilities	50 941 770	-4.01%
6.	Phrases	Unknown	Just For Fun	45 028 840	-18.12%
7.	Static FBML 2	Facebook		43 231 458	-2.16%
8.	Texas HoldEm Poker	Zynga	Games	35 156 286	+1.90%
9.	FrontierVille	Zynga	Games	30 389 612	+3.68%
10.	Facebook® for BlackBerry® smartphones	Research In Motion, Ltd.	Utilities	27 114 166	+7.26%
11.	Bing		Business	25 165 054	+3.30%
12.	Video	Facebook	Utilities	25 081 833	-340.79%
13.	Causes	Causes	Education	23 158 291	+16.24%
14.	Facebook for Android	Facebook		21 204 943	+7.44%
15.	Mafia Wars	Zynga	Games	19 292 038	-5.17%

Socialbakers

• 페이스북 인기 어플리케이션 Top 15

2007년까지는 페이스북 안에서 구현 가능한 어플리케이션에 대해서만 오픈 API를 제공해왔지만 이후 페이스북에서 사용하는 어플리케이션을 타 SNS에서도 사용이 가능하도록 플랫폼[F8]을 개방했다. 이로 인해 페이스북 어플리케이션이나 위젯을 개발해 재미를 보는 회사가 늘고 있다. 소셜 게임 업체인 징가[Zynga]의 경우 페이스북에서 돈을 벌고 가입자를 모아주고 있다. 소셜베이커스의 페이스북 어플리케이션 랭킹 순위에 따르면 징가에서 제작한 소셜 게임인 '팜빌[FarmVille]'은 페이스북 사용자[2010년 10월 기준] 중 약 15% 이상이 즐기고 있는 것으로 나

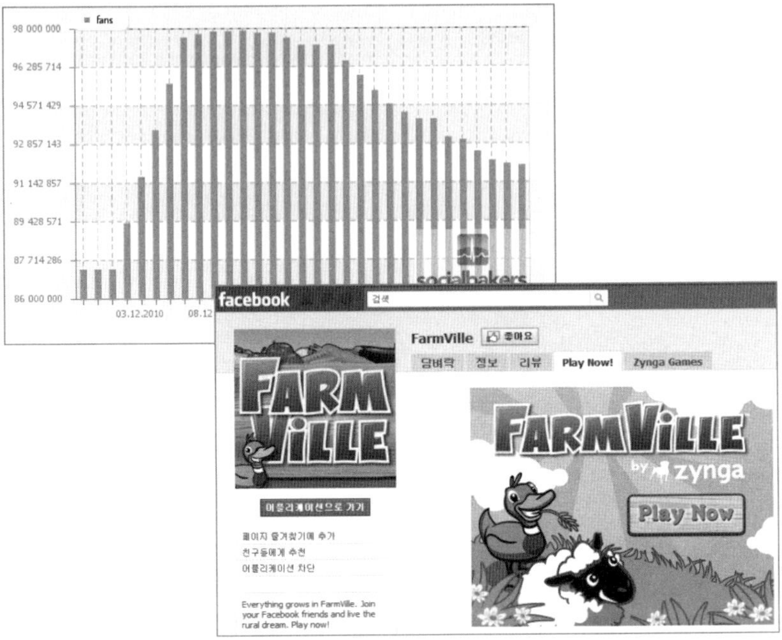

• 페이스북 인기 어플리케이션 1위인 정적FBML 사용자 증가 추이와
FarmVille 어플리케이션

타났으며, 매일 평균 1천 800만 명 이상의 사용자가 게임에 참여하고 있다.

소셜 게임 이외에도 페이스북에는 친구에게 멋진 카드를 만들어 보낸다거나 예쁜 이미지, 혹은 자신을 소개할 수 있는 어플리케이션들이 다양하게 존재한다. 현재 페이스북에 등록된 개발자 수만 해도 100만 명이 넘는데 이는 연구개발에 수억 달러를 투입하는 것과 같은 효과를 나타내고 있다. 페이스북에는 현재까지 약 100만 개 이상의 어플리케이션이 개발된 상태이다.

트위터와 페이스북, **어떻게 다른가?**

트위터? 페이스북?

트위터twitter와 페이스북facebook은 어떻게 다르고, 어떻게 사용하면 좋은가에 대한 질문을 여러 차례 받는다. 그만큼 두 채널에 대해 많은 관심을 가지고 있고 비교 분석을 원하는 사람들이 많다. 하지만 직접 사용해보지 않고 말로만 해서는 아무 의미가 없다.

트위터와 페이스북은 소셜 네트워크 서비스에 포함되어 짝을 이루듯 항상 함께 거론되고 있지만 그 성격은 전혀 다르다. 관계를 중심으로 메시지가 전달되고 콘텐츠를 공유하는 기능은 비슷하지만 이를 제외하면 여러 면에서 전혀 다른 서비스이다. 국내에서는 피겨스케이트 선수 김연아의 트위터 사용이 언론을 통해 보도되고 이후 연예인, 정치인들의 트위터 활동이 증가하면서 트위터 사용자들이 급증하기 시작했다. 또 2008년 미 대선 당시 오바마 대통령이 페이스북과 트위터를 이용해 지지세력을 확보한 사례가 알려지면서 이 두 서비스는 소셜 네트워크 서비스의 대표주자로 인식되었다. 때문에 국내는 물론 전 세계를 휩쓸고 있는 이 두 서비스에 대해 호기심을 갖는 이들이 많다.

• 트위터와 페이스북 페이지

SNS 관련 정보에 목말라하고 이를 활용하는 방법이나 사용법에 대해 문의하는 사람들을 비롯해 SNS에 대해 잘 알지 못하거나 경험이 없는 사람들까지 말이다.

두 서비스 모두 관계를 중시하는 소셜 네트워크 서비스이지만 페이스북이 콘텐츠를 차곡차곡 모으며 다양한 서비스를 즐길 수 있는 오픈형의 홈페이지 형식이라면 트위터는 실시간 콘텐츠 유통에 더 큰 목적을 두는 미디어의 성격을 가지고 있다. 또 트위터가 대화를 원하는 이와 팔로잉을 하며 자유롭게 소통이 가능하다는 점에서 라디오에 비견된다면 페이스북은 아이러브스쿨, 싸이월드, 트위터, 카페, 블로그 등의 특징이 모두 결합된 종합 서비스라 할 수 있다. 그렇다면 트위터와 페이스북은 과연 어떤 점에서 다르고 어떻게 이용하면 좋을까?

간단하지만 강력한 **파워**를 지닌 트위터

"너 요즘 트위터 하니? 난 스마트폰으로 매일 하고 있는데 엄청 재미있어"

회사 동료들과 삼겹살 몇 점을 사이에 두고 이런저런 이야기를 나누고 있는데 옆 테이블의 대학생쯤 돼 보이는 몇 명의 친구들이 한창 트위터에 대해 이야기를 하고 있었다. 한 친구가 최근 시작한 트위터에 대한 재미, 팔로어 수 모으는 방법, 스마트폰의 기능 등에 대해 풀어놓자 같이 모인 두 명의 친구들이 그의 말에 귀 기울이며 집중했다. 이렇듯 트위터와 페이스북 그리고 스마트폰, 태블릿 PC 등은 최근 핫이슈로 떠오르고 있는 아이템임에 틀림없다. 그러나 아직은 트위터와 페이스북에 대해 갸우뚱하는 이들이 많고, 소셜 네트워크 서비스에 대한 이해가 부족한 이들도 많다.

트위터는 140자의 단문 메시지를 주로 사용하는데, 글을 올리는 사람이나 읽는 사람 모두 빠르게 접근하고 대화할 수 있다. 국내 최초 관계 기반형 SNS인 싸이월드의 일촌과는 달리 상대방의 수락이나 허락 없이도 수많은 사람들과 관계follow를 맺고 간단한 메시지부터 텍스트형 정보, 동영상, 이미지 등 다양한 콘텐츠를 공유할 수 있는 것이 특징이다.

미국의 유명 방송인 오프라 윈프리나 영화배우 애쉬튼 커처 등이 대표 트위터 사용자로 알려지고, 버락 오바마 미 대통령이 선거에서 승리하는데 트위터가 큰 영향을 끼쳤다는 사례가 알려지면서 국내에도 사용자들이 조금씩 증가하기 시작했다. 하지만 트위터는 미국에서부터 시작한 서비스로, 한글 지원이 되지 않아 초기에는 국내 사용자에게 큰 호응을 얻지 못했다. 국내 서비스에 비해 가입이나 사용 방법이 무척 쉽고 간단하지만 언어의 장벽은 높았다. 그러나 세계적인 피겨 스케이트 선수인 김연아 선수의 트위터 사용이 언론을 통해 알려지면서 정

• 오프라 윈프리와 애쉬튼 커처의 트위터 페이지

치인, 연예인은 물론, 기업과 개인 등 분야를 막론하고 트위터 사용자가 대폭 증가했다. 개인이 정치인이나 기업의 회장, 연예인과 이야기를 나누고 의견을 주고받는 것이 가능하고, 모두가 동등한 입장에서 대화할 수 있다는 점에서 트위터는 많은 이들에게 큰 매력으로 다가왔다. 하지만 트위터를 사용하지 않거나 트위터 초보자라면 살짝 의문이 들 수 있다. 자신의 생각을 모두 표현할 수도, 설명할 수도 없는 140자의 글자 제한이 있는 서비스에 왜 그토록 열광하는 것인가에 대해 말이다.

트위터는 '실시간 정보의 꽃'이라 정의해도 과언이 아니다. 140자의 수많은 이야기와 콘텐츠를 만들어내고 이러한 정보는 거미줄처럼 연결된 팔로어follower, 싸이월드에서의 일촌 개념들을 통해 전달된다. 또한 컴퓨터뿐만 아니라 휴대폰, 스마트폰 등 모바일기기를 통해 실시간 사용이 가능하기 때문에 언제, 어디서나, 무엇을 하든 메시지를 간단히 보내고 볼 수 있는 접근성을 가지고 있다. 겉보기에는 채팅의 형식과 같아 대화나 메시지가 그냥 흘러가는 듯 보이지만 구독이나 검색이 가능하다. 또 트위터의 오픈 API 정책으로 다양한 서드파티third party 서비스들이 트위터 사용을 더욱 즐겁고 다채롭게 이끌어주고 있다.

트위터가 가진 최대 강점은 확산과 파급력에 있다. 정보의 빠른 흐름을 통해 소위 속보성 기사를 쓰는 기자보다 더 빠른 정보 전달력을 보여줌으로써 해외는 물론 국내에서도 크고 작은 화제거리들을 만들어냈다. 2010년 초, 진도 7.0의 강진으로 참사가 발생한 아이티의 재난민 구호를 위해 현장에 있던 구조원과 봉사자들이 트위터를 통해 올린 지진 피해와 현장 모습이 전 세계에 알려지면서 순식간에 기부금이 모였다. 2009년 5월 중국 북서부 위구르 자치구에서 일어난 유혈 시위를 가장 먼저 세계에 알린 것도 트위터였다. 또 2009년 6월 이란 대통령 선거 직후 야당 후보인 무사비 지지자들의 시위로 인해 테헤란 거리가 혼란스러워지고 외신 기자들이 이란에서 모두 쫓겨나자 현지인들이 트위터를 통해 이란의 모습을 가감 없이 전달하기도 했다.

트위터의 파급력에 대한 사례는 국내에서도 찾아볼 수 있다. 2010년 9월 우리나라를 휩쓸고 간 태풍 곤파스의 피해에 대한 보도가 트위터를 통해 실시간 전해졌다. 이는 국내 포털이나 미디어 보도보다 더 빠른 것이었다. 또한 사회적 기업인 굿네이버스GoodNeighbors와 아름다운재단이 진행한 '1원의 행복' 캠페인에서는 트위터 사용자들이 올린 트윗 메시지를 회당 1원, 10원, 100원으로 기부할 수 있는 프로그램을 만들었다. 이 캠페인에는 2009년 12월까지 약 940여 명이 참여하였는데 오프라인 경매까지 합해 약 2천 900만원의 성금이 모아졌다. 2010년 초에는 백혈병에 걸린 19개월 된 아기를 살리기 위해 희귀 혈액 RH-O형 수혈이 급히 필요하다는 메시지가 트위터상에 급속히 퍼지면서 귀중한 생명을 살리는 기적을 만들어내기도 했다.

기존의 블로그와 홈페이지, 카페 등에 비해 쉽고 가볍지만 강력한 파워를 지닌 트위터는 개인 혹은 기업, 기관 등 사용자의 목적에 따라

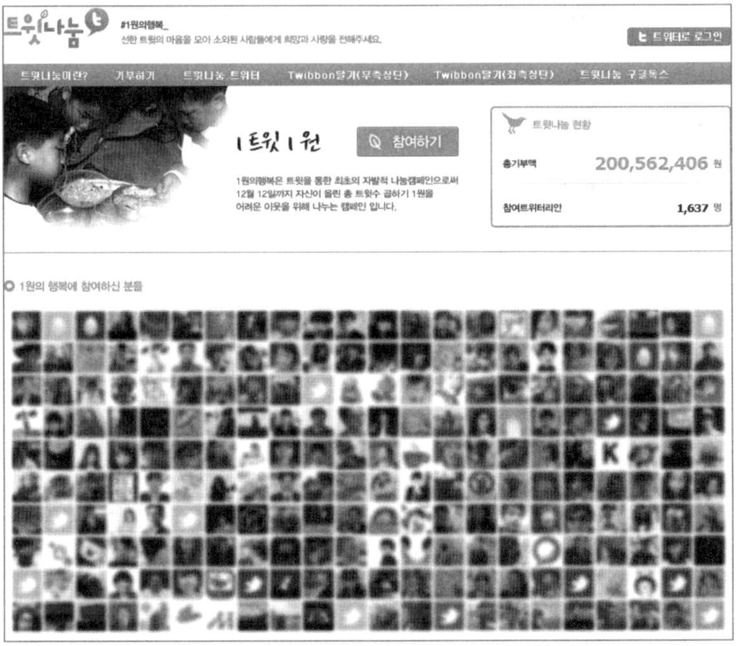

http://www.twitnanum.org/

• 소셜을 통한 기부 : 트윗나눔 1원의 행복

그 성격이 조금씩 달라진다. 하지만 빠른 콘텐츠 전파와 확산 기능을 가지고 있어 많은 사용자들이 트위터의 위력을 실감하고 있다. 팔로우 버튼으로 간단하게 다른 사용자와 연결되고 관심 있는 내용을 주고받으며 친밀한 소통을 할 수 있어 트위터는 매력적인 채널로 인식되고 있다. 또한 공유와 확산, 유통과 소통이 가능한 실시간 채널이라는 특징은 지금껏 국내 서비스에서는 경험하지 못한 특별한 장점임에 분명하다. 2010년 10월 미국의 일간지 샌프란시스코 크로니클San Francisco Chronicle은 대표적 소셜 네트워크 서비스인 트위터의 2010년 상반기 가입자 수가 큰 폭으로 증가해 전체 가입자 수가 1억 5천만 명에 달했다고 보도했다. 국내 사용자 수 또한 급증해 2011년 1월 기준 250만 명을 넘었다.

트위터보다 여유로운 **공감 공간** 페이스북

트위터에 비해 사용이 어렵고 복잡해 보이는 것이 바로 페이스북이다. 아니, 아직 페이스북에 대해 잘 알지 못하거나 사용 경험이 없는 이들에게 어렵게 느껴지는 것이 페이스북이다.

2006년부터 급성장한 페이스북은 미국, 영국, 프랑스, 캐나다 등 영어권 나라를 중심으로 활성화되면서 빠른 속도로 사용자를 늘려 갔다. 여기에 아시아의 영어권 나라인 필리핀, 인도, 인도네시아 등이 페이스북 사용에 합류하면서 전 세계와의 소통을 즐기고 있는 중이다. 하지만 국내의 경우 이전에는 유학생이나 교민들의 사용만이 활발했을 뿐이다. 그러나 최근 국내 사용자들이 증가하고 활동이 활발해지면서 페이스북에 주목하는 이들이 늘고 있다.

페이스북은 싸이월드보다 더 쉽고 사용이 간단함에도 불구하고 해외 서비스라는 이유로 '어렵다' 는 낙인이 찍혀 있다. 하지만 페이스북의 간편한 가입 절차와 너무나 단순한 첫 페이지를 보면 그간의 선입견은 금방 사라질 듯하다. 이름과 비밀번호, 이메일 주소만 입력하면 자동으로 친구를 찾아주고 바로 그들과 편하게 대화할 수도 있다. 앞에서도 언급했듯이 페이스북의 특징은 친구를 연결해주는 친구 찾기 기능과 '좋아요' 버튼의 활용이라 할 수 있다. 아이러브스쿨의 경우 출신 학교를 이용해 동문과 스승을 찾아주었지만 페이스북은 이메일, 지역, 학교를 기본으로 입력하면 나와 직접 관계가 있는 친구뿐만 아니라 친구가 알고 있는 친구, 내가 알 수도 있는 친구까지 찾아내는 독특하고 정교한 알고리즘을 갖추고 있다. 이렇게 형성된 친구들과의 교류는 '담벼락' 이라는 창을 통해 이루어지는데 사진이나 동영상, 텍스트, 이벤트 등을 쉽게 업로드하고 친구들과 대화를 이어나갈 수 있다. 트위터나 미투데이 등의 메시지 창과 비슷하다. 성격이 다른 콘텐츠를 업데이트할 때마다 각각의 섹션으로 이동해야 하는 싸이월드와는 달리 담벼락에서 이미지, 동영상, 링크, 메시지 등의 업데이트가 한번에 가능하다. 뿐만 아니라 팬페이지의 경우 상단의 탭을 이용하면 채팅, 게임, 자료 공유, 노트 작성, 일정 관리 등 다양한 기능 추가가 가능하다.

더불어 페이스북의 강점은 월 평균 20억 개씩 업데이트되는 사진 앨범에 있다. 개수에 상관 없이 업데이트되는 사진들은 싸이월드와 같이 '퍼가기' 기능이 아닌 태그 기능을 이용해 쉽게 공유되는데, 태그는 사진에서 원하는 영역을 박스로 선택하고 이름표를 붙이면 나의 프로필에 공유되어 함께 즐길 수 있는 기능이다. 태그 기능은 단체 사진을 올렸을 경우 자주 사용되며, 이벤트나 캠페인 진행 시 참여 방법으로 이용되기도 한다. 만약 태그 기능을 사용하지 않고 사진을 내 프로필로 이동시켜 친구들에게 보여주고 싶다면 좋아요 버튼을 눌러 공유할 수 있다. 좋아요 버튼을 많이 받을수록 많은 친구들에게 공유될 수 있다. 기업이나 제품의 홍보 채널로써 페이스북을 활용하고자 한다면 페이스북의 페이지 기능을 적극 활용하면 된다.

프로필의 경우 최대 5천 명까지 친구를 맺을 수 있지만 페이지에서는 숫자에 상관 없이 팬을 확보하고 단체 활동이 가능하다. 이 특징 때문에 연예인, 정치인, 기업에서는 팬페이지 활성화를 꾀하고 있으며 페이스북 팬페이지를 통해 다양한 마케팅 활동을 진행하고 있다. 버락 오바마 미 대통령의 경우 대선 당시 페이스북에 팬페이지를 개설하고 자신의 정책과 비전을 공유, 당시 약 350만 명의 팬을 확보했고 현재는 약 1천700만여 명의 팬이 그의 페이지를 좋아하고 있다. 또한 미국의 팝스타인 레이디 가가는 오바마 대통령의 팬 수를 앞질러 약 2천400만여 명의 페이스북 팬을 기록하고 있다. 레이디 가가의 팬페이지는 그녀의 음악을 사랑하는 팬들이 그녀의 곡을 들을 수 있도록 뮤직박스를

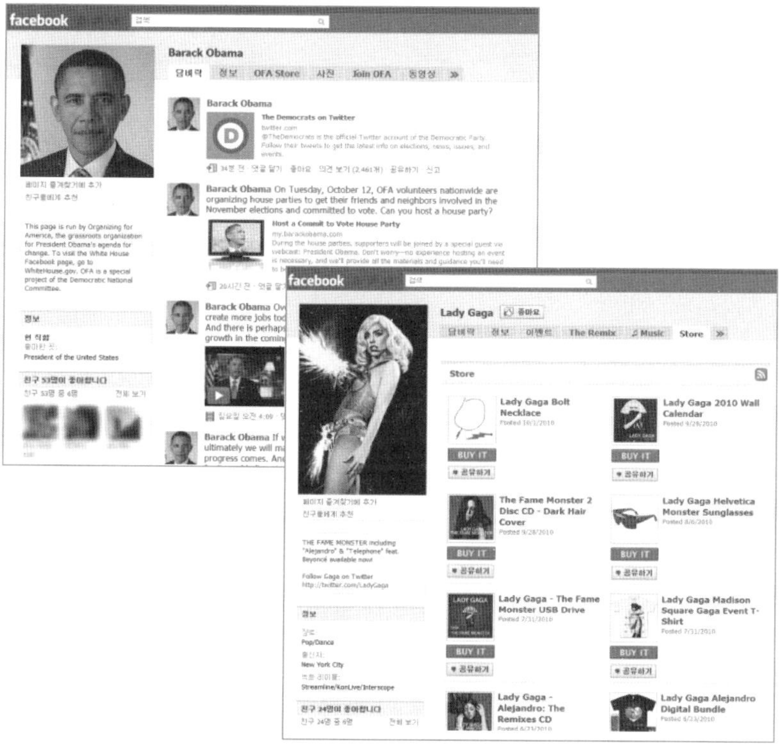

• 버락 오바마 미 대통령과 레이디 가가의 페이스북 페이지

운영하고 있으며, 결제를 통해 다운로드도 가능하다.

일반적으로 페이스북에 가입하면 생성되는 프로필은 개인 영역에 속하고, 페이지는 친구 수의 제한이 없는 커뮤니티 영역에 속한다. 각각의 페이지에 달려 있는 좋아요 버튼을 클릭하면 브랜드 페이지의 정식 팬이 되어 활동이 가능해진다. 이렇게 모아진 팬을 기업 브랜드나 이벤트, 제품 관련 콘텐츠를 홍보하는 바이럴 마케터로 활용할 수 있지만 그렇다고 해서 팬을 단순히 마케터로 보는 것은 절대 금물이다. 팬은 기업의 제품이나 서비스를 함께 평가하고 만들어가는 조력자이자 동반자임을 꼭 명심해야 한다.

최근 국내 사용자가 하루가 다르게 급증하고 있어 페이스북을 활용한 국내 사례가 차곡차곡 쌓일 것으로 예상된다. 잘만 활용하면 개인 또는 기업의 마케팅 툴로, 친구들과의 커뮤니케이션 장으로 이용될 수 있어 페이스북의 다양한 활용이 기대된다.

페이스북이 기록한 **놀라운 수치**들

페이스북의 **성장**

소셜 플랫폼 시장이 빠르게 변화를 거듭하며 가파른 성장세를 보이고 있다. 전 세계 소셜 네트워크 서비스 사용자는 약 10억 명 이상으로 2010년에는 전년 대비 50% 이상의 성장을 보이고 있는데 그 성장의 중심에 페이스북이 있다. 전체 인터넷 이용자의 약 25%가 접속하고 있는 세계 최대의 소셜 네트워크 서비스인 페이스북은 전 세계 70개 이상의 언어로 이용 가능하고 스마트폰용 앱 스토어에서도 독보적인 인기를 얻으며 매출이 매년 2배씩 증가하고 있다.

다양한 소셜 네트워크 서비스 중에서도 가장 빠른 성장을 하며 영향력을 행사하고 있는 페이스북은 지난 2010년 7월, 5억 명의 사용자를 확보하면서 전 세계를 놀라게 했다. 중국이 페이스북 사용을 금지하고 있는 시점에 회원이 5억 명이라는 것 자체가 경이로울 수 밖에 없다. 페이스북은 2004년 문을 연 뒤 4년 4개월 만에 1억 명의 회원을 확보했고, 그 뒤 8개월 후 2배인 2억 명을 달성했다. 하지만 이것이 끝이 아니

숫자로 본 페이스북의 놀라운 수치(2010년 10월)

페이스북 이용자

- 회원 수는 6억여 명
- 회원의 50% 이상이 매일 로그온
- 사용자는 평균 130명의 친구를 보유함
- 매월 7천억 분의 시간이 페이스북에 소비됨

페이스북에서 활동

- 약 9억 개의 오브젝트 존재(페이지, 그룹, 이벤트 및 커뮤니티 페이지)
- 사용자는 평균 80여 개의 커뮤니티, 페이지, 그룹 및 이벤트에 연결됨
- 사용자는 월 평균 90여 개의 콘텐츠를 생산
- 매월 300억 개의 콘텐츠(웹 링크, 뉴스 기사, 게시물, 노트, 사진 앨범, 블로그 등)가 공유됨

글로벌

- 70개 이상의 언어로 번역
- 사용자의 약 70%가 미국 외에 거주
- 30만 명 이상이 번역 응용 프로그램을 통해 번역을 도움

플랫폼

- 180개국에 100만 명 이상의 개발자와 기업 존재
- 매월 페이스북 사용자의 70% 이상이 플랫폼 어플리케이션 이용
- 페이스북 플랫폼에 현재 100만 개 이상의 어플리케이션이 활성화됨
- 1억 5천만 명 이상의 사람이 외부 웹사이트 연동을 통해 페이스북에 접속
- 미국의 100대 웹사이트의 2/3는 페이스북에 연동, 전 세계 100대 웹사이트의 절반은 페이스북과 연동

모바일

- 1억 5천만 명이 모바일 장치를 통해 접속
- 일반 접속자보다 모바일 접속자 수가 2배
- 60여 개국 200명의 통신사업자가 페이스북 모바일 제품을 홍보 및 배포

페이스북 프레스 센터 페이스북 관련 통계자료

었다. 2009년 9월에 3억 명, 2010년 2월 4억 명을 달성하더니 비로소 7월에 5억 명이라는 경이로운 숫자를 달성했다. 특히 오픈된 이래 평균적으로 1년에 1억 명씩 회원이 늘어나고 있어 페이스북의 회원 수가 앞으로도 매년 1억 명씩 증가할 경우 2014년에는 10억 명을 달성할 것이라는 예견들이 여기저기서 나오고 있다.

2007년 5월 'F8' 이라는 소셜 플랫폼을 개방한 이후 페이스북의 성장은 급물살을 타기 시작했다. 페이스북의 F8 소셜 플랫폼은 SNS를 하나의 플랫폼처럼 사용할 수 있도록 확대한다는 전략으로, 페이스북의 단기적 성장뿐만 아니라 SNS 시장에 엄청난 영향을 준 계기가 되었다. 이후 페이스북에는 약 180개국에서 100만 명 이상의 개발자와 기업이 페이스북의 오픈 API를 바탕으로 어플리케이션을 개발해 선보이고 있으며, 현재 약 100만 개 이상의 어플리케이션이 활성화되고 있다. 또한 미국의 100대 웹사이트 2/3와 전 세계 100대 사이트의 절반이 페이스북과 연동 중이다.

국내외 페이스북 **사용자 통계**

현재 페이스북 국가별 사용자는 미국이 1위를 차지하고 있으며 그 뒤를 이어 인도네시아, 영국, 터키, 필리핀 등이 차례로 순위를 지키고 있다. 특히 전 세계 페이스북 이용자 순위 10위권 안에 랭크되어 있는 미국[47.32%]이나 영국[46.41%], 캐나다[51.90%]의 경우 전체 인구 중 2명에 1명 꼴로 페이스북을 이용 중이며 인도네시아[13.08%]와 멕시코[16.22%]는 10명 중 1명, 인도[1.44%]는 100명 중 1명이 페이스북을 사용하는 것으로 나타나고 있다. 만약 인도네시아, 멕시코, 인도 등 페이스북이 활성화되지 않은 나라에서 페이스북 열풍이 거세진다면 현재 1위를 고수하고 있는

#	Country	Users	Growth		Pen.
1.	United States	146 591 880	-213 120	-0.15% ⬇	47.25%
2.	Indonesia	33 920 020	+2 135 940	+6.30% ⬆	13.96%
3.	United Kingdom	27 545 920	-1 389 460	-5.04% ⬇	44.18%
4.	Turkey	24 788 400	+467 000	+1.88% ⬆	31.86%
5.	Philippines	20 802 540	+1 900 640	+9.14% ⬆	20.82%
6.	France	20 271 860	-197 560	-0.97% ⬇	31.30%
7.	Mexico	18 830 960	+587 880	+3.12% ⬆	16.74%
8.	India	18 818 720	+1 902 820	+10.11% ⬆	1.60%
9.	Italy	17 753 040	-59 760	-0.34% ⬇	30.56%
10.	Canada	16 636 880	-885 900	-5.32% ⬇	49.28%
27.	Hong Kong	3 678 960	-24 320	-0.66% ⬇	51.89%
28.	Pakistan	3 514 760	+368 800	+10.49% ⬆	1.98%
29.	South Korea	3 462 660	+968 160	+27.96% ⬆	7.12%
30.	Netherlands	3 438 840	+29 340	+0.85% ⬆	20.49%
43.	South Korea	2 321 840	+538 960	+23.21% ⬆	4.77%
44.	Austria	2 258 020	+80 160	+3.55% ⬆	27.49%
45.	Serbia	2 228 140	+76 020	+3.41% ⬆	30.34%
46.	Nigeria	2 176 620	+74 500	+3.42% ⬆	1.43%
47.	Romania	2 130 580	+232 660	+10.92% ⬆	9.70%
48.	United Arab Emirates	2 114 640	+75 060	+3.55% ⬆	42.50%
49.	Ecuador	1 982 640	+180 180	+9.09% ⬆	13.40%
50.	Finland	1 867 540	+36 620	+1.96% ⬆	35.53%
51.	Japan	1 809 960	+113 400	+6.27% ⬆	1.43%

socialbakers

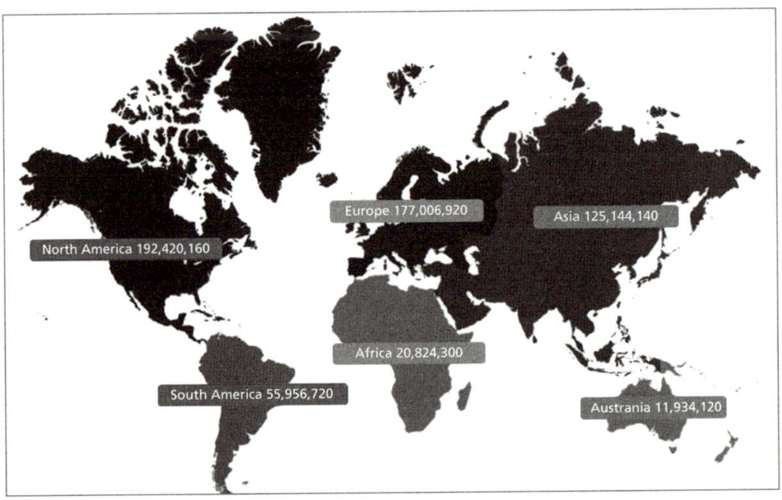

• 전 세계 페이스북 현황(2010년 12월)

미국은 앞으로 점점 그 순위가 뒤로 밀려날 것으로 예상된다. 우리나라7.12%는 29위이고 일본1.43%은 53위로 일본 사용자에 비해 국내 페이스북 사용자가 2배 이상 더 많다.

페이스북에 관련 통계자료를 제공하는 소셜베이커스Socialbakers에 따르면 국내 페이스북 사용자 수는 350만 명2011년 1월이며, 전 세계 사용자 수는 6억 명으로 집계되고 있다. 국내의 경우 2010년 9월 초 170만 명 정도에서 정점을 찍은 후 한 달여 동안 하락세를 보여, 아무리 강력한 페이스북이라 할지라도 한국 시장에서는 힘을 쓰지 못하고 좌초하는 것이 아닌가라는 우려 섞인 목소리가 있었다. 솔직히 야후나 마이스페이스 등 세계에서 인정받고 인기를 얻고 있는 글로벌 서비스들이 그동안 국내에서 기를 펴지 못하고 철수하거나 주춤한 모습을 보였기 때문에 페이스북 역시 장담할 수는 없는 상황이다. 하지만 2010년 10월부터 다시 상승세로 접어들면서 페이스북의 국내 사용자 증가는 계속되고 있다.

현재 국내 페이스북 사용자의 연령을 살펴보면 전 세계 추이와 비슷하게 나타나고 있다. 25~44세의 연령층이 전체의 56%를 차지해 청장년층의 참여율이 높은 것으로 나타났다. 트렌드에 대한 빠른 적응과 반응을 보이는 10대 사용자의 참여가 낮은 것 역시 전 세계 특징과 다르지 않다. 아마도 10대들에게는 밋밋하고 재미없어 보이는 페이스북

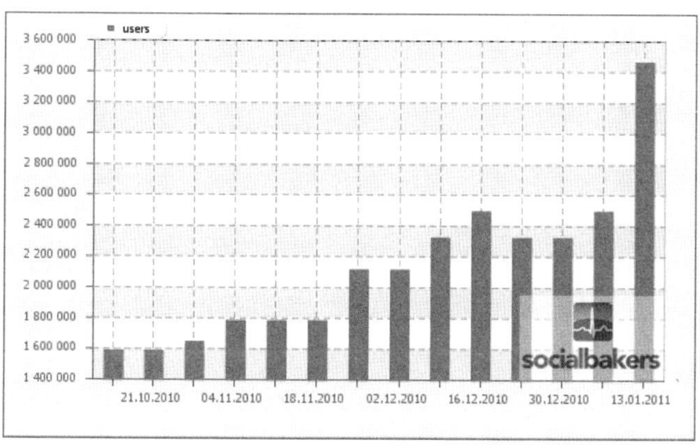

socialbakers

• 국내 페이스북 이용자 통계(2011년 1월)

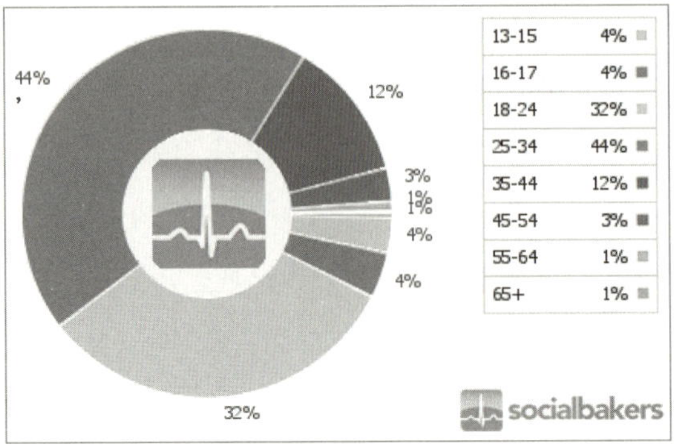

socialbakers

• 국내 페이스북 이용자 연령 비율

보다는 아기자기하고 감성적인 국내의 싸이월드나 미투데이가 더 그들의 성향과 맞아 떨어지는 것으로 보인다. 하지만 국내에서도 페이스북 사용자는 증가 추세여서 10~20대 이용자의 추이는 좀 더 지켜봐야 할 듯 하다. 현재는 소셜 미디어에 가장 많은 호기심을 보이고, 개방적이며 타인과의 접촉에 거리낌이 없는 20대 중반에서 40대까지의 남녀가 페이스북과 SNS에서 적극적인 활동을 하고 있다.

구글을 이긴 페이스북 **구글**과 **적**이 되다

페이스북의 성장은 기존 소셜 네트워크 서비스뿐만 아니라 전혀 다른 성향을 가진 웹 서비스까지도 위협하고 있다. 2008년 2월쯤 전 세계 최대 회원을 거느리고 있는 마이스페이스를 가뿐히 추월하고, 2009년 말부터 검색서비스로 전 세계 1위를 고수하던 구글의 월 방문자 수를 추월하기 시작하더니 2010년 3월에는 급기야 구글의 페이지뷰를 넘어섰다.

구분	설립 연도	사용자 수(백만 명)	성장률(%)	인기 지역
facebook	2004	600	137	전 세계
Myspace	2003	66	−14	전 세계
Twitter	2006	150	1,238	전 세계
Orkut	2004	100	20	남미
QQ	2009	640	138	중국
cyworld	1999	21	4	한국
Mixi	2000	22	4	일본
Vkontakte	2006	91	22	러시아
Skrock	2007	21	10	유럽

Morgan Stanley, 2010년

• 세계 주요 SNS 사용자 수

이미 오래 전부터 웹을 지배하는 거대 기업으로 성장한 구글과 페이스북은 경쟁 구도를 유지하며 발전하고 있다. 하지만 구글은 검색서비스로, 페이스북은 커뮤니티 기반의 소셜 네트워크 서비스로 각각 서로 다른 사회 관계망을 가진 서비스이기 때문에 경쟁 관계가 성립될 수 있을까라는 의문을 갖게 된다. 어쩌면 무섭게 질주하는 페이스북과 비교할 수 있는 대상이 분야를 막론하고 구글뿐이냐고 생각할 수도 있지만 이 두 서비스의 경쟁 구도에는 분명 이유가 있다.

현재도 1위와 2위를 번갈아하며 앞서거니 뒤서거니 하고 있는 두 업체가 싸우는 이유는 두 가지이다.

첫째, 구글이 페이스북처럼 사회적 관계를 기반한 서비스를 선보이거나 아니면 페이스북이 구글의 영역인 검색사업에 진입할 때 경쟁 구도가 형성되는데 바로 이 후자가 현재 진행되고 있다. 지난 2009년 5월 페이스북은 전체 직원 규모가 달랑 12명인 신생 벤처 기업 프렌드피드FriendFeed를 5천만 달러라는 거액을 들여 인수했다. 이로써 페이스북은 메타데이터에 기초한 '실시간 웹realtime web' 검색기술을 소유하게 되었다. 프렌드피드가 보유하고 있는 실시간 웹 검색기술은 구글을 떨게 하는 이유가 될 수 있다.

페이스북이 구글과 적이 될 수 있는 두 번째 이유는 바로 '좋아요' 버튼이다. 지난 2010년 4월에 공개된 소셜 플러그인Social Plugins과 오픈 그래프 정책OpenGraph 중 하나인 페이스북의 좋아요는 사용자가 블로그 포스트를 읽은 후 맘에 들면 버튼을 클릭하는, 어찌보면 매우 간단한 기능이다. 하지만 이 버튼의 위력은 상상을 초월한다. 사용자는 온라인에서 음악이나 영화를 감상한 후 그 음악 또는 영화가 맘에 들면 좋아요 버튼을 클릭한다. 이를 통해 페이스북 사용자와 페이스북 외부에 있는 웹사이트 또는 콘텐츠 사이에 사회적 관계망이 형성된다. 바로 좋아요 버튼을 클릭한 사용자는 동일한 취향을 가진 사람이 누구인지를 알 수 있는 것이다. 한마디로 구글이 '링크Link' 에 기초한 웹 질서를 만들어가고 있다면, 페이스북은 '선호도Like' 를 매개로 웹을 지배하려 하고 있다. 페이스북은 좋아요 버튼을 개인 맞춤형 검색뿐만 아니라 소셜 커머스Social Commerce에 연동시켜 이른바 시멘틱semantic 검색을 노리고 있기도 하다. 사용자는 그저 해당 콘텐츠를 공감한다는 의미에서 쉽고 간단하게 좋아요를 클릭했을 뿐이지만 이 기능은 엄청난 위력을 보이는 것이다. 예를 들면 리바이스의 제품마다 달려 있는 좋아요 버튼을 누를 경우 사용자가 어떤 스타일의 디자인을 선호하는지 그 데이터를 기반으로 사용자가 좋아할 만한 음악, 영화, 여행지, 과일 등을 연관 대상으로 연결시켜 관계를 확장시킬 수 있다. 이렇게 되면 페이스북은 좋아요 버튼 하나로 개인화 검색뿐 아니라 사용자의 선호도에 따른 맞춤형 광고도 가능해진다.

웹을 기반으로 하는 비즈니스 세계에서 광고의 영역은 절대 놓칠 수 없는, 놓쳐서도 안 되는 가장 중요한 영역이다. 구글이나 페이스북도 예외일 수 없어서 이 둘의 경쟁 구도는 더욱 치열해질 것이다. 인터넷 광고 시장은 방송 광고 시장이나 지면 광고에 비해 무척 좁다. 점점 그 영역이 확대되어 시장의 규모가 커진다고 해도 개인화 광고, 맞춤형 광고를 통해 밥그릇 싸움이 시작된다면 페이스북과 구글의 시장 점유율 싸움은 총성 없는 전쟁으로 이어질 가능성이 크다. 그러나 구글 역시 페이스북의 질주를 보고만 있을 수는 없는 일이다. 구글은 유튜브와 메타웹Meta web을 구입해 미래 음성 검색 및 영상 검색, 스마트 TV를 준비하고 있다. 이를 기반으로 구글은 거대 영상 광고에 뛰어들어 인터넷 광고까지 아우르는 도전을 펼칠 것으로 보인다. 앞으로 페이스북과 구글의 도전, 비즈니스 영역 전쟁은 모두가 기대하고 지켜볼 만한 싸움이 될 것이다.

한국판 페이스북 **싸이월드**의 **추락**과 **무한도전**

'소셜 네트워크 서비스? SNS가 뭔가요?' 라는 질문을 받으면 어김없이 '미니홈피, 블로그, 카페를 해보셨나요?' 라고 역으로 질문을 던진다. 페이스북이나 트위터가 국내에 알려지기 이전부터 우리는 한국형 소셜 네트워크 서비스를 무척 잘 이용하고 있었다. 그 중 대표적인 것이 바로 싸이월드cyworld이다. 온라인, 오프라인에서의 친분 관계를 중심으로 1인 미디어 열풍을 몰고 온 싸이월드는 쉽고 간편하게 개인의 일상을 홈페이지에 소박하게 담고 네티즌을 네트워크로 엮어가며 전 국민을 '싸이질' 열풍에 빠져들게 했다. 그러나 국내 최대의 소셜 네트워크 서비스인 싸이월드의 시장점유율은 2~3년 전부터 점차 하락하기 시작하면서 그 힘을 잃어갔다. 싸이월드에 비해 개방적이고 공적인 공간인 블로그로 눈을 돌리는 사용자들이 늘고 도토리를 이용한 지나친 아이템 사업, 사생활 침해 논란, 콘텐츠의 식상함 등을 이유로 사용자들은 더 이상 미니홈피 업데이트에 목을 매지 않았다. 엎친데 덮친 격으로 싸이월드가 시들해지면서부터 소위 '미국판 싸이월드' 라는 페이스북이 등장해 싸이월드의 상처를 더 깊이 파고들었다.

• 싸이월드 미니홈피와 페이스북 페이지

2006년부터 전 세계 영어권을 휩쓸며 혜성처럼 나타난 페이스북은 싸이월드의 장점을 초기 서비스에 적용했다는 소문이 나면서부터 비교 대상이 되기 시작했다. 하지만 '글로벌 싸이월드'인 페이스북과 SK커뮤니케이션즈의 싸이월드는 비교 대상이 될 수 없었다. 페이스북이 초기 싸이월드의 모습을 하고 있었다고는 하나 현재의 페이스북은 싸이월드와 전혀 다른 길을 걷고 있기 때문이다.

국내 최대 SNS 싸이월드의 **추락**

1999년 9월 첫 선을 보인 SK커뮤니케이션즈의 싸이월드는 부모와 자식만이 맺을 수 있는 '일촌'의 의미를 사이버상에 새롭게 부여하고 온라인, 오프라인에서의 친분관계를 더욱 돈독하게 하는 '관계' 중심의 한국형 소셜 네트워크 서비스로 자리매김했다. 더불어 유무선 통합 서비스와 네이트온 메신저를 제공하고, 디지털 아이템인 스킨이나 배경음악 등을 구입할 수 있는 '도토리' 라는 사이버머니를 통해 월 100억여 원을 벌어들이며 국내 최대의 커뮤니티 서비스 손꼽혔다.

하지만 모든 트렌드가 유행이 있듯 싸이월드도 예외는 아니었다. 몇 년 전부터 콘텐츠의 공유 및 흐름이 빠른 블로그에 밀리기 시작하더니 최근에는 소셜 네트워크 서비스인 트위터와 페이스북이 국내에서 인기를 얻으면서 그 행보에 급제동이 걸렸다. 2006년 자신감을 가지고 뛰어든 미국과 중국 시장에서 고배를 마시고, 국내 사용자를 점점 블로그에 빼앗기며 사용자 감소, 이익 하락이라는 부담을 안고 있던 싸이월드는 트위터와 페이스북을 만나 사면초가에 빠지게 된 것이다.

만약 최근 2~3년간 전 세계를 강타했던 웹2.0과 같은 새로운 트렌드와 변화에 빠르게 대응하고 좀 더 큰 시장성을 예견했다면 지금의 몰락은 없었을지도 모른다. 그러나 IT 강국인 대한민국의 최대 커뮤니티 사이트로 성공하고 도토리라는 사이버 경제 시스템으로 전 세계의 주목을 받던 싸이월드는 해외 시장에서 '한국형 서비스' 라는 꼬리표를 단 채 돌아왔고 웹2.0의 강력한 바람에 맞서 공유와 오픈에서 해답을 찾은 구글, 마이스페이스, 믹시, 페이스북 등의 새로운 트렌드 서비스와는 전혀 다른, 어쩌면 역주행일지도 모르는 행보를 걷기 시작했다.

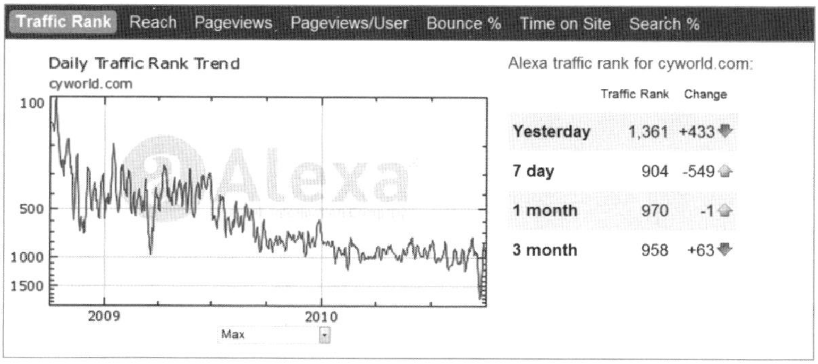

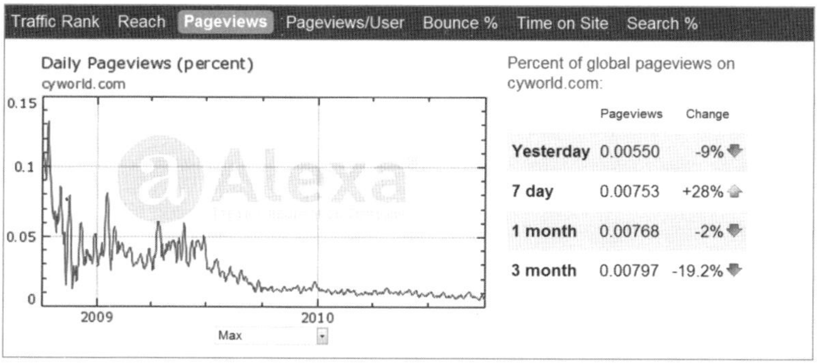

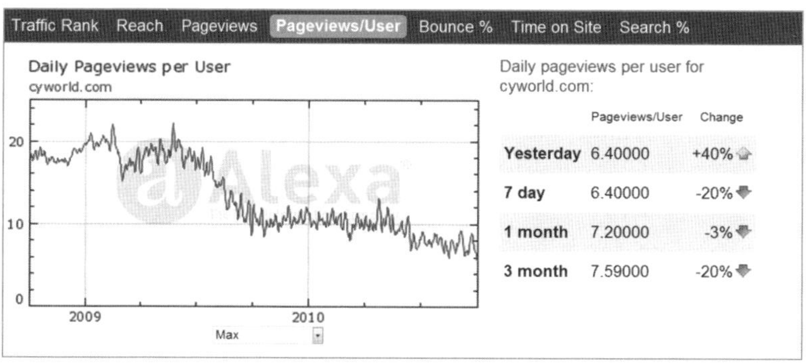

http://www.alexa.com/

• 싸이월드의 2009~2010년 10월 트래픽, 페이지뷰, 방문자 수 추이

싸이월드의 **변화**와 **기대**

관계를 중심으로, 소통을 중시하는 소셜 네트워크 서비스의 출현은 싸이월드의 서비스에 찬물을 끼얹었다. 누구나 사용하고 애용하던 미니홈피를 닫힌 공간으로 인식하게 만들었고, 일촌이라는 친근감 있는 특수한 관계를 비확장성 특정 관계로 지칭하게 되었다. 대한민국 소셜 미디어 1세대이자 최대의 사용자를 자랑하는 싸이월드에 대한 인식이 점차 부정적으로 변해갔다. 뒤늦게 싸이월드는 미니홈피에 일촌 이외에 트위터의 팔로어follower나 페이스북의 좋아요like의 개념인 '팬Fan'을 등장시켜 기존 일촌 관계 시스템에 변화를 주었다. 기존의 일촌은 상호간의 수락이 필요했지만 단순히 '당신이 좋습니다' 라는 의미의 팬은 트위터의 팔로우와 팔로잉과 같이 좀 더 쉬운 접근이라 할 수 있다. 하지만 기존의 일촌 개념이 싸이월드 사용자들에게 깊게 뿌리 박혀 있어 팬의 영역이 얼마나 더 커질지는 의문이다.

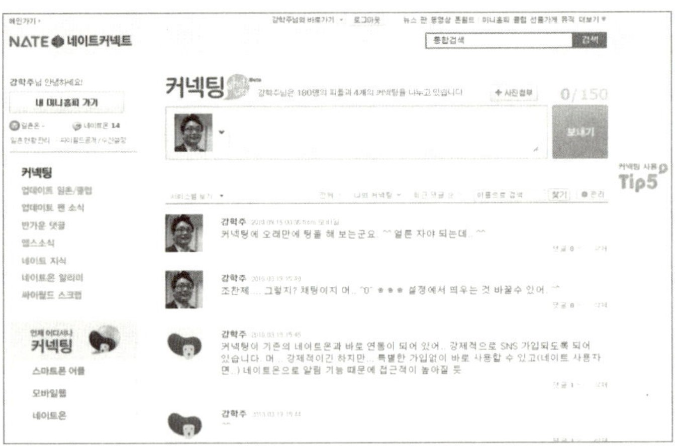

• 싸이월드 커넥팅

또한 싸이월드는 지난 2010년 3월부터 마이크로블로그Microblog 서비스인 네이트 커넥팅nate connecting을 선보이고 있는데 150자 단문으로 일촌 또는 네이트온 메신저 친구, 팬 등 약 3천만 명싸이월드 전체 사용자 수과 쉽고 빠르게 대화가 가능하다. 하지만 미투데이를 제치고 국내 대표 마이크로블로그로 자리매김할 것이라는 당초 네이트 커넥팅의 계획이 지금으로선 그다지 와 닿지 않는다. 네이트 커넥팅의 파급 효과와 전파력은 국내 최대의 회원 수라는 점에서 인정되지만 활성화는 아직이다. 하지만 싸이월드의 변화는 여기서 멈추지 않는다. 2010년 9월 싸이월드는 비장의 카드를 꺼내 들고 소셜 미디어에 도전장을 던졌다. 바로 넥스트 싸이월드인 'C로그'가 그것이다. 페이스북과 유사한 모양을 하고 있는 C로그는 나의 일촌들이 미니홈피에 업데이트한 내용을 한 번에 모아볼 수 있고 업데이트된 내용에 댓글을 쓰면 미니홈피에도 연동 가능하다. 하지만 페이스북의 담벼락과 유사한 메시지 창에 이미지 또는 동영상을 첨부하거나 메시지 등을 남기면 미니홈피와는 연

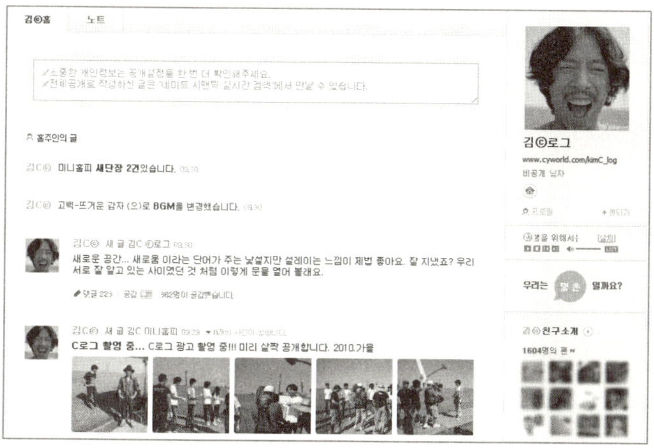

• 싸이월드 C로그

동되지 않고 C로그에만 남는 점이 아쉽다. 현재 베타서비스를 선보이고 있고 앞으로 더 많은 기능들이 추가될 예정이라고 하니 좀 더 지켜볼만하다. 미투데이와 요즘yozm과의 경쟁도 진행 중이다.

3~4년 전부터 닫힌 미니홈피, 소셜 네트워크에 밀리는, 침체된 싸이월드라는 암울한 수식어가 따라다니고 있지만 국내 토종 SNS으로 아직 자존심을 지키며 새로운 시도를 만들어가고 있는 싸이월드는 2011년에 두 번째 미국 시장 진출을 준비하고 있다고 선언했다. '소셜 네트워크', '오픈 플랫폼' 이라는 웹2.0에 걸맞는 싸이월드의 변화된 모습과 서비스를 기대해본다.

국내 소셜 시장의 **맹추격전**

페이스북의 무서운 질주가 국내 소셜 네트워크 시장을 위협하고 있다. IT 강국이라는 위상은 어디 가고 현재 페이스북이나 트위터에 대항하기 급급한 국내 SNS의 노력은 안쓰럽기까지 하다. 네이버는 페이스북을 벤치마킹한 미투데이와 소셜 홈페이지인 네이버미를 선보였고, 소셜 커뮤니케이터 네이버톡을 준비 중이다. 또 싸이월드는 미니홈피에 관계를 확장하고 형성할 수 있는 서비스를 지속적으로 업데이트하고, 실시간 커뮤니티를 위해 네이트 커넥팅이나 C로그 등의 서비스를 계속해서 업데이트하고 있다. 하지만 사용자의 반응은 아직 차갑기만 하다.

네이버는 미투데이를 인수해 운영하면서 서비스의 질과 마케팅 전략에 힘을 쏟고 있다. 그런데 미투데이는 트위터와는 다르게 개인적인 소통에 초점을 두고 있어 싸이월드에 가깝다는 평을 받고 있다. 한마디로 트위터가 구독과 전파 기능이 있는, 어떤 의견이나 콘텐츠를 퍼트리는 데 최적의 서비스라면 미투데이는 오히려 친구들과 편하게 이야기를 나눈다는 측면에서 페이스북 플랫폼과 유사하고 싸이월드와 좀 더 가깝다는 이야기다. 하지만 미투데이가 커뮤니케이션을 강화하고 개인적 소통을 중시한다고 해도 트위터나 페이스북처럼 오픈 API 정책을 따르지 않는다면 그들만의 리그로 전락해버릴 가능성이 크다. 외부 서비스와의 연동이나 사용자에 의해 만들어지는 오픈 정책을 개방하지 않는다면 미투데이의 단독 질주는 큰 성과를 올리지 못할 것으로 예측된다. 2010년 말 네이버가 야심차게 선보인 소셜 홈페이지 네이버미의 경우 구독하기, 미투하기 등의 소셜 버튼을 오픈해 외부 사이트와의 연동이 가능하도록 했는데 이 두 가지 버튼의 위력은 아직 두고 봐야 할 듯하다.

다음Daum이 선보이고 있는 요즘yozm 서비스 역시 소셜 네트워크 서비스이지만 미투데이에 비해 회원 수는 적다. 아기자기하고 국내 사

• 네이버의 미투데이와 다음의 요즘

용자가 쉽게 다가갈 수 있는 UI를 구성하고 있지만 트위터의 위력 앞에 고전하고 있는 중이다. 그러나 국내에서는 처음으로 SNS 기반 '소셜웹' 검색서비스를 오픈해 SNS 아이디나 특정 키워드를 입력하면 트위터, 요즘, 미투데이, 페이스북, 포스퀘어foursquare 등이 공개한 데이터를 검색결과로 제공한다.

국내 포털과 인터넷 이용자 조사 업체인 코리안클릭은 최근 국내 주요 SNS가 정체를 거듭하고 있는 반면 해외 SNS는 빠르게 성장하고 있다고 발표했다. 미투데이의 경우 월간 순 방문자 수회원 수 아님는 지난 2010년 11월 473만 명이었지만 페이스북은 668만 명, 트위터는 739만 명으로 조사되었다. 트위터와 페이스북의 월간 방문자 수 비율을 비교했을 때 트위터가 전달 대비 10% 감소한 반면 페이스북은 35% 증가해 페이스북을 이용하는 사람들은 갈수록 늘어나고 있는 추세다. 아직 집계조차 되지 않은 모바일웹을 추가할 경우 페이스북 사용자 수는 더욱 많을 것으로 예상된다.

국내 **SNS**, 소셜 게임으로 **날개**를 달다

페이스북에서 소셜 게임 업체 징가의 활약이 두드러지게 나타나면서 소셜 게임에 대한 관심이 급증하고 있다. 네이버, 다음, 네이트 등도 소셜 게임을 접목한 차별화 전략에 힘을 쏟고 있다.

페이스북의 경우 퍼즐 소셜 게임인 '비쥬얼드 블리츠Bejeweled Blitz' 로 수많은 '폐인' 을 양산하기도 했다. 워낙 중독성이 강해 이 게임을 하기 위해 페이스북을 찾는 이용자들이 급증했을 정도이다. 이같은 인기에 힘입어 네이트 앱 스토어에서도 싸이월드를 기반으로 이 게임을 내놓기도 했다.

• 네이버가 제공하는 소셜앱스

네이버는 소셜 어플리케이션을 다운로드받을 수 있는 '소셜앱스'를 오픈했는데 이 소셜앱스에서는 2010년 12월 68종의 앱을 판매하였고 이 중 절반 이상이 게임 어플리케이션이다. 다음도 소셜 기능을 강화한 개방형 플랫폼으로 개편하여 네이버에 맞섰다. 이슈를 실시간으로 보여주는 등 검색 기능 강화를 중심으로 사이트를 전면 개편했으며 소셜 게임과 소셜 쇼핑을 진행 중이다. 다음의 경우 앱 스토어를 따로 가지고 있진 않지만 게임 개발사와 제휴를 맺고 게임을 서비스 중이다. 현재 7개의 게임을 출시했으며 올해 안으로 게임 서비스를 더 확장할 계획이다. 한편 네이트 앱 스토어에서 판매 중인 125개의 앱 가운데 60% 이상이 게임 앱 또는 게임 성격을 가진 앱인 것으로 나타났다. 네이트의 게임 앱은 주로 싸이월드 이용자를 중심으로 미니홈피 등과 연동해 활용되고 있으며, 포털 3사 중 소셜 게임이 가장 활발히 유통되고 있다. 이처럼 한동안 SNS와 소셜 게임은 상생 관계를 유지할 것으로 보인다. 페이스북과 비쥬얼드 블리츠 같은 소셜 게임이 시너지 효과를 누린 것처럼 소셜 게임으로 형성된 인맥이 해당 SNS로 고객을 끌어오는 효과를 낼 것으로 예상된다.

CHAPTER 03

소셜, 페이스북으로 리드하자

- 페이스북 마케팅과 소통
- 이제는 소셜 쇼핑 시대
- 고객의 마음을 움직이는 관계 마케팅
- 페이스북이 가져온 변화

페이스북 **마케팅**과 **소통**

인터넷 검색을 이용해 얻고 있는 정보에 대해 사람들은 얼마나 신뢰하고 있을까? 각종 포털의 검색서비스를 이용할 때, 필터링 없이 검색되는 결과들은 나에게 100% 맞는 형태가 아닐 수도, 신뢰감 있는 정보가 아닐 수도 있다. 특히 인위적으로 만들어진 지식인의 몇몇 답변들은 정보의 식상함을 가중시키고 있다. 소비자들은 이제 검색서비스를 신뢰하지 않으며 한 가지 정보만을 믿지 않는다. 기업이나 전문 마케터의 일방적 마케팅을 통해 쏟아져 나오는 정보로 인해 그 외의 정보까지도 신뢰하지 않게 되었다. 이러한 현상은 소비자의 정보 수집이나 공유의 행동 패턴에도 큰 영향을 주고 있다.

페이스북 **마케팅** **성공**이 보인다

이전에는 기업이나 전문가 집단을 통해 생산된 콘텐츠를 소비자가 일방적으로 수용해야 하는 프로세스를 따랐다. 하지만 현재는 블로그나 카페, 트위터, 페이스북 등 소셜 미디어의 출현과 성장으로 소비자가 직접 콘텐츠를 생산하고 수집, 배포하는 전 과정에 직접 참여하고 있다.

• Radar DDS UK의 소셜 미디어 브랜드 도시 풍경

우리는 마트나 의류매장에서 물건을 고를 때 종종 망설이는 경우가 있다. 혹시 이곳 말고 다른 곳의 가격이 더 저렴하지는 않은지, 인터넷 쇼핑몰에서 가격 할인 혜택을 주지 않는지 다시 한번 생각해본다. 이런 경우 보통 손해를 보는 느낌이 들어도 그냥 물건을 구입하거나 아니면 나중에 인터넷으로 검색하여 며칠이 지난 후 구매를 했다. 반면 소셜 미디어를 사용하는 소비자는 나와 직접 관계를 맺고 있는 소셜 친구들에게 즉석 질문을 던지고 그들의 경험을 바탕으로 한 신뢰감 있는 정보를 취득한다. 점차 소셜 미디어는 특정인이 아닌 일반적 소비자, 즉 소비를 하고 있는 모든 사람들의 생활 속으로 들어오고 있다.

또 최근 소비자의 요구는 소셜 미디어를 통해 빠르게 확산되고 있어 기업의 마케팅 활동에도 큰 영향력을 행사하고 있다. 이 때문에 기업의 마케팅 활동 역시 소셜 미디어 채널로 빠르게 이동 중이다. 일반적으로 기업 마케팅 활동에 있어 가장 중요한 요소인 '소비자의 신뢰'는 페이스북을 이용한 마케팅에서도 예외가 아니다.

기존의 기업 온라인 마케팅 형태는 일방적이고 주입식이며, 인위적인 부분이 많았다. 유명 연예인을 내세워 뛰어난 시각 효과를 만들어 내고, 이를 소비자에게 긍정적으로 보이도록 포장하는 것은 물론 일방적인 정보 제공에 초점을 맞추고 있다. 또 기업이나 제품의 브랜드 사이트 유입을 위해 값비싼 배너 광고를 게재하고, 갖가지 경품을 내세운 이벤트를 진행해 소비자를 불러모으는 마케팅 기획을 진행했다. 하지만 고객을 배려하지 않는, 인위적으로 포장된 마케팅 활동은 더 이상 고객에게 신뢰를 주지 못하고 있어 식상해진지 오래다. 이제는 기업이 소비자를 찾아가고 그들과 소통할 수 있는 쌍방향 커뮤니티 창구를 마련해야 한다. 이런 연결 선상에서 소셜 미디어는 기업에게 최적의 마케팅 도구가 아닐 수 없다.

최근 전 세계 다양한 기업들이 고객을 직접 찾아가는 트렌드에 발맞춰 페이스북에 페이지를 개설하고 톡톡 튀는 아이디어로 소비자의 관심을 끌고 있다. 수많은 소비자가, 아니 전 세계 6억 명 이상의 소비자가 페이스북을 통해 다양한 사람들과 소통하고 개인에게 맞는 정보를 습득하며 삶을 영위하고 있기 때문에 기업의 입장에서 페이스북은 결코 놓칠 수 없는 시장임이 분명하다. 특히 스마트폰의 보급이 확대되면서 장소나 시간에 구애받지 않고 소셜 미디어를 사용하는 소비자들이 늘고 있어 기업의 페이스북 마케팅 활동은 크게 증가하고 있다. 그러므로 기업의 소셜 미디어를 통한 마케팅은 고객을 배려하는, 섬세한 전략적 접근이 필요하다.

주목할 만한 페이스북 **마케팅 1.**
태그 기능을 이용한 마케팅으로 핫 이슈를 남긴 이케아

소셜 미디어를 활용한 이벤트나 프로모션 등이 늘어나면서 페이스북에서도 월 350만 건에 달하는 다양한 이벤트가 진행되고 있다. 페이스북 사용자를 해당 기업의 팬으로 확보하고 기업의 제품이나 서비스

• 이케아의 페이스북 페이지

• 이케아의 페이스북 쇼룸

관련 콘텐츠가 잠재고객에게 전파되도록 반짝이는 아이디어 마케팅을 펼치고 있는 것이다. 하지만 페이스북에서 진행되는 모든 이벤트가 성공하고 호응을 얻는 것은 아니다. 특화된 아이템이나 차별화 없이는 다른 모든 마케팅에서와 마찬가지로 소셜 미디어 내에서도 성공할 수 없다.

그런데 페이스북의 손쉬운 기능을 활용하여 전 세계 이목을 집중시킨 이벤트가 있다. 별도의 프로모션 비용이나 수많은 인력 리소스 없이 그저 사진 몇 장으로 이벤트를 성공적으로 이끌었는데 바로 가구, 침구류, 주방용품, 액세서리 등을 판매하는 글로벌 기업 이케아IKEA이다.

호주, 독일, 미국, 캐나다, 중국, 일본 등 전 세계 35개 국, 250여 개의 매장을 운영하고 있는 이케아는 포장, 운송, 창고 운영 비용 절감에 성공하여 질 좋고 값싼 조립식 가구를 판매하기 시작하면서 유명해졌다. 그런 이케아가 스웨덴의 말뫼Malmö라는 지역에 새로운 매장을 런

칭했는데 페이스북을 통해 가상의 쇼룸 이벤트를 진행해 대박을 터트렸다. 원래 쇼룸은 고객들에게 재미를 주고 필요한 물품을 찾도록 돕기 위한 전시공간으로, 신문, 방송 등의 전통적인 언론매체가 아닌 페이스북 홍보를 통해 사람들의 매장 방문을 유도하고자 기획되었다. 그런데 매장 관리자가 매장 모습들을 촬영해 2주 동안 페이스북 사진첩photo album에 12장의 사진을 업로드하고 여기에 한 가지 아이디어를 추가했는데, 이것으로 캠페인에 대한 소문은 일파만파 퍼져나갔다. 업로드된 매장 사진에 맨 처음 자신의 이름을 태그Tag한 사람에게 해당 상품을 무료로 보내준다는 것이다. 이 캠페인을 통해 이케아는 새로운 매장은 물론 이케아 제품, 브랜드 전체에 대한 인지도 및 판매 수입까지 상승했을 뿐만 아니라 소셜 미디어와 소셜 네트워크 서비스 관련 마케팅 및 PR의 대표적 사례가 되었다.

기업이 제공하는 제품은 단연 질적으로 우수하고 소비자들에게 만족을 줄 수 있어야 한다. 여기에 최근에는 고객이 해당 제품으로 인해 즐거움을 만끽하고 제품을 통해 다양한 응용 사례를 이어나갈 수 있도록 기회까지 부여하고 있어 기업이 고민해야 할 몫은 더욱 확대되었다. 이러한 면에서 이케아의 페이스북 캠페인은 제품 판매에 앞서 고객에게 즐거움을 주고 그와 동시에 기업 브랜드 인지도 상승에 긍정적 효과를 주었다는 평가를 받고 있다. 더불어 소셜 미디어 채널 안에서 사람들이 함께 공유하고 즐기며, 어떠한 방식으로 상호작용할 것인지에 대한 좋은 본보기가 되었다. 현재 이케아 페이스북 페이지에는 20만여 명이 팬으로 활동 중이며 자신들이 구입한 이케아 제품 사진을 매일 업로드하고 있다.

주목할 만한 페이스북 **마케팅 2.**
BMW코리아, 김중만 작가와 페이스북 사진 공모전을 열다

기업의 직접적인 홍보 마케팅도 좋지만 기업 브랜드나 제품을 전면에 배치하지 않고 고객이 함께 만들어가고 참여한다는 의미만으로 성공을 거두는 마케팅이 있다. 그 대표적인 예가 BMW코리아에서 진행한 'GT on the road'이다. 본래 이 캠페인은 BMW의 신차 그란투리스모를 홍보하기 위한 마케팅이다. 하지만 전면에 사진작가 김중만을 내세워 제품에 대한 홍보보다는 팬들과 함께하는 사진 공모전을 더욱 부각시키고 있다. 그렇다고 제품에 대한 언급을 전혀 하지 않고 사진 공모전만 강조한 것은 아니다. 김중만 작가가 BMW의 신차 그란투리

• BMW코리아의 'GT on the road' 페이지

스모를 타고 제주도 등에서 찍은 사진을 페이스북에 공개하는 형식을 취하고 있는데, 페이스북 메인에 보여지는 감성적 카피와 그가 촬영한 사진이 신차의 느낌과 오묘하게 오버랩되는 듯한 인상을 준다. 한마디로 페이지가 풍기고 있는 차분하고 자유롭고 부드러운 느낌이 신차의 기능, 형태, 공간 등의 장점을 적절히 표현하고 있다. 또 팬들이 특별한 순간을 담은 사진과 이야기를 담벼락에 올리면 이를 김중만 작가가 직접 평가해 선정된 팬에게 자필 사인이 들어간 '김중만의 GT on the road' 사진첩을 제공하는 이벤트도 함께 진행했는데, 참여자의 사진 촬영 수준이 가히 전문가와 맞먹을 정도로 수준급이었다. 사진 한 장과 사연을 올리는 것만으로 참여가 가능했던 BMW코리아의 페이지에는 약 1만 8천 명의 팬들이 모였고, 1천 500여장에 가까운 팬들의 사진이 업데이트되었다.

주목할 만한 페이스북 **마케팅 3.**
틸라무크 치즈, 페이스북 팬들과 TV 광고 만들기

만약 기업이 당신에게 제품에 대한 평가를 함께 하고 의견을 나누고, TV 광고의 주인공으로 출연해달라고 한다면 어떻게 하겠는가? 소셜 미디어가 등장하기 이전에는 소비자 평가단 또는 고객 기자단 등으로 선발되는 경우가 아니라면 고객이 기업과 대화할 수 있는 채널은 흔치 않았다. 그러나 소셜 미디어의 등장은 기업과 고객과의 거리를 매우 가깝게 만들었다. 고객이 언제든 기업에게 쓴소리를 할 수도 있고 제품에 대한 조언이나 아이디어를 전하는 것도 손쉬워졌다. 특히 페이스북에서는 기업 페이지의 활동이 활발한데 그 중 페이스북의 팬들에게 제품에 대한 느낌을 물어보고 그 이야기를 TV 광고로 제작해 화

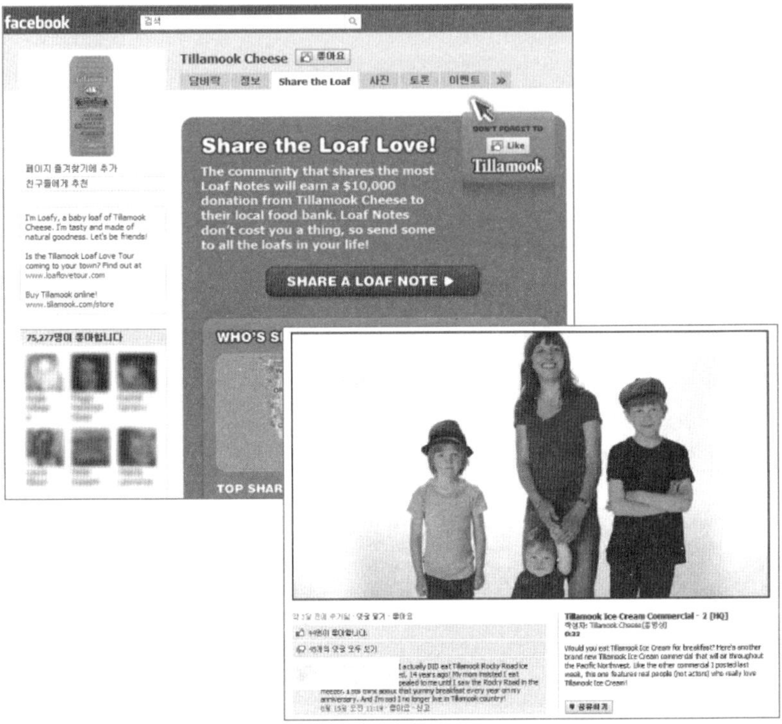

• 틸라무크 치즈 페이지와 팬이 모델이 된 TV 광고

제가 된 곳이 있다. 바로 치즈와 버터, 아이스크림 등의 유제품을 생산 및 판매하는 틸라무크 치즈Tillamook cheese이다.

틸라무크는 페이스북 페이지와 어플리케이션, 이벤트 홈페이지 등을 이용해 자사의 제품이나 소식 등을 알려왔다. 그 한 예로 제품의 TV 광고를 위해 페이스북에서 사전에 팬들과 아이스크림에 대해 진지하게 대화를 나누는 캠페인을 진행했다. 이 캠페인은 단순히 의견을 듣는 것으로만 끝나지 않았다. 틸라무크는 가장 좋은 의견을 주거나 활동이 왕성한 팬을 TV 광고 모델로 캐스팅하여 고객과 함께 하는 기업 이미지를 심어줬다. 또한 2010년 8월부터 페이스북 팬을 대상으로 매월 2회씩 함께 여행을 하는 '틸라무크의 사랑 여행Tillamook of Love Tour' 을 진행하고 있다. 선정된 팬들은 여행 사진을 틸라무크 사진첩에 업로드하여 더 많은 팬들과 공유하고 있으며, 틸라무크 관련 제품 이미지도 지속적으로 업그레이드하고 있다.

페이스북 마케팅에 주목해야 하는 **네 가지 이유**

그렇다면 기업은 왜 페이스북 마케팅에 주목해야 하는 것일까?

첫째, 페이스북은 기업이 선택적으로 이용해야 하는 채널이 아니라 이미 소비자의 대부분이 관계를 기반으로 다양한 소통을 하고 있는 소비자 중심의 채널이기 때문이다.

페이스북은 잠깐 반짝하고 지나가는 단순 트렌드가 아니라 이미 전 세계 6억 명이 선택해 사용하고 있는 최대 규모의 소셜 플랫폼이다. 사용자들은 직접 경험, 또는 간접 경험을 바탕으로 다양한 정보를 주고받으며 콘텐츠를 확산시키고 자신의 삶을 그대로 페이스북에 녹여내고 있다. 한마디로 페이스북이 생활의 일부로 자리잡고 있다는 뜻이다. 결과적으로 기업은 고객과 소통하기 위한 채널이 필요한데 페이스북은 세계에서 가장 많은 회원 수를 보유하고 있고, 사용자 역시 적극적으로 활동하고 있어 마케팅 채널로써 최적이 아닐 수 없다. 이제는 더 이상 기업의 활동이나 영역에 소비자가 직접 찾아가 참여하는 시대가 아니다. 장사를 하려면 사람들이 많이 모여있는 곳에서 해야 하듯 성공적인 마케팅을 위해서는 소비자가 가장 많이 모여 있는, 그들의 니즈를 쉽게 파악할 수 있는 채널로의 접근이 무엇보다 중요하다.

둘째, 페이스북은 친구 관계 구축에 자유롭기 때문이다.

기업과 소비자가 '친구 관계'를 형성하는 것은 어려운 일이다. 카페나 특정 커뮤니티를 이용해 소비자를 한곳에 모으더라도 기업이 그들과 쉽게 소통하거나 자유롭게 이야기를 나눌 수 있는 방법은 극히 드물다. 소비자는 커뮤니티 담당자나 운영자를 기업에 속한 고객지원 직원으로 생각할 뿐 '친구'로 인정하지 않고, 직원 역시 소비자를 고객으로 받아들일 뿐 함께 대화하고 공통의 관심을 공유하기 위해 모인 친구로 받아들이기는 쉽지 않다.

그러나 페이스북이나 트위터 등의 소셜 미디어가 등장하면서 기업과 고객의 의미는 크게 달라지고 있다. 고객은 기업 페이스북 운영자 또는 트위터 운영자를 홍보 담당자나 C/S 고객센터 직원으로서가 아니라 친구 또는 나와 같은 직장인, 동료, 누나, 오빠 등 친근한 관계로 인식하게 되었고 열린 마음으로 서로의 고민과 고충을 나누는 관계로 발전하고 있다. 이로써 기업은 친구 관계 구축에 있어서 그 어느 때보다 자유로워졌고 고객 역시 기업과 활발히 소통하고 있다.

셋째, 온라인 마케팅 비용을 최소화할 수 있다.

기업이 온라인에서 커뮤니티를 구축하고 마케팅을 펼칠 경우 예상 비용을 생각해보자. 소셜 미디어가 등장하기 이전에는 화려한 디자인에 여러 가지 흥미로운 섹션, 다양한 이벤트를 만들어 사람들에게 '이곳에서 놀아주세요', '여기서 이야기하세요'라며 호소 아닌 호소를 했다. 커뮤니티 구축을 위한 비용은 비용대로 들고 고객을 끌어 모으기 위한 프로모션 비용 역시 만만치 않다.

그렇다면 페이스북의 여러 기능을 이용할 경우 커뮤니티 구축에 드는 비용은 얼마나 될까. 기업의 홍보 담당자나 마케팅 담당자가 페이스북에 기업 계정을 개설하여 페이지를 만들고 이를 페이스북 사용자들에게 알리고 팬을 모으는 일련의 과정에서 드는 비용은 인력에 대한 리소스와 필요한 어플리케이션 개발에 대한 비용 정도일 것이다.

그만큼 기존 커뮤니티 구축이나 운영과 비교해보았을 때 최소의 비용으로 최대의 효과를 낼 수 있다는 뜻이다. 하지만 비용 대비 팬의 확보율이 높고 운영이 쉽다고 해서 페이스북을 무조건 하라는 이야기는 아니다. 페이스북을 비롯해 소셜 미디어 채널 선택 시에는 운영 목적과 방향성, 타당성을 충분히 검토하고 진출할 것을 권장한다.

넷째, 소셜 미디어의 힘, 네트워크를 바탕으로 한 확산력에 주목해야 한다.

트위터나 페이스북의 강점은 정보나 이슈의 빠른 전파와 확산에 있다. 국내에서는 특히 트위터를 이용한 마케팅 사례가 돋보이는데, 소셜 미디어의 전파력을 이용해 그 효과를 톡톡히 본 기업들이 등장하면서 다양한 사례를 만들어내고 있다. '도토리속 참나무' 라는 중소기업은 감성마케팅을 기획해 트위터에서 국내산 삼겹살을 판매, 단 며칠만에 큰 수익을 올렸고, '올레KT' 는 매일 2시마다 올레타임을 진행해 국내 트위터 사용자들 사이에서는 모르는 사람이 없을 정도로 이벤트 참여율을 높였다. 페이스북 역시 좋아요 버튼을 이용한 콘텐츠의 확산이 엄청난 효과를 보이고 있다.

하지만 무엇보다 중요한 것은 소셜 미디어가 가지고 있는 전파와 확산력을 기업 마케팅과 어떻게 연관, 접목시키느냐이다. 단순히 팬을 모으고 기업의 홍보성 콘텐츠를 확산시키는 것에만 집중할 것인지 아니면 여론 형성과 더불어 제품에 대한 시장조사도 함께 진행하며 위험요소를 체크할 것인지 등 그 목적과 활용 방법은 분명해야 한다.

기업의 페이스북 페이지에 참여하는 사용자는 기업에 대한 충성도를 어느 정도 내포하고 있어 팬들을 이용한 기업의 활동 체크가 가능하다. 한마디로 팬들이 곧 고객이기 때문에 그들을 통해 우리 제품을 어떻게 사용하고 있는지, 만족도는 어느 정도인지, 문제점이 있다면 어떤 것인지 바로바로 체크가 가능하다. 반대로 생각하면 기존의 이미지가 그리 좋지 않은 기업도 소셜 미디어를 활용한 마케팅을 잘 기획하고 운영한다면 새로운 이미지 창출과 브랜드 확산에 긍정적 작용을 할 수 있다. 다만, 소셜 미디어의 핵심인 '소통'을 가슴에 새기고 일방적인 커뮤니케이션이 아닌 쌍방향 대화를 통해 자연스러운 소통 문화를 만들어가는 것이 기업 마케팅의 가장 기본이라는 것을 잊지 말아야 한다.

이제는
소셜 쇼핑 시대

쇼핑과 소셜 네트워크의 **만남**

한국능률협회컨설팅KMAC이 국내 25~54세 직장인 688명을 대상으로 한 조사에서 '앞으로 가장 힘을 가질 것으로 예상되는 미디어 채널'로 응답자의 53.9%가 트위터를 꼽았다. 또한 미국 시장조사 업체 이마케터eMarketer는 2014년 미국 인터넷 이용자의 3분의 2에 해당하는 65.8%1억 6천500만 명가 트위터와 페이스북 등의 SNS를 이용할 것이라고 예측한 바 있다. 이러한 결과라면 트위터와 페이스북 등을 이용한 소셜 마케팅의 성장 역시 불 보듯 뻔한 일이다. 사람들은 일반 PC는 물론 스마트폰이나 스마트 디바이스아이패드, 갤럭시탭 등 등으로 지금보다 더욱 활발하게 소셜 미디어를 이용하게 되고 소셜 미디어는 일상의 대화를 주고받는 기본적인 활용이 아닌 더 많은 생활을 가능케 하는 통합 미디어로 성장하게 될 것이다.

그 안에서 쇼핑도 예외는 아니다. 내가 고른 제품에 대해 동행한 친구가 조언을 해주고, 많은 사람들이 나의 구매에 영향을 끼치는 등 소셜의 영향을 가장 많이 받는 분야는 단연 쇼핑이다. 그렇다면 소셜 미디어 채널과 쇼핑이 만나면 어떻게 될까? 지인 또는 친구, 가족들과 주고받는 제품에 대한 평가나 의견, 구매 후 만족도, 제품의 사용 후기 등이 소셜 미디어 채널을 통해 이야기되고 확산된다면 제품을 생산하고 제공하는 기업의 입장에서 소셜 미디어는 엄청난 파워와 매력을 가진 홍보 채널일 수 있다.

우리는 이전부터 애써 발품을 팔지 않고도 인터넷을 통해 다양한 쇼핑 활동을 해왔고 제품의 구매 평가 기준인 댓글이나 리뷰 등을 이용해 상품을 비교하고 물건을 구입했다. 하지만 구매 후기나 제품의 리뷰만으로 상품을 구입하기에는 부족한 부분이 많았던 것이 사실이다. 다른 사용자의 주관적 리뷰를 전적으로 신뢰할 수 있는지, 과연 상품이 나에게 어울릴지를 수차례 고민하고 구매를 결정하기까지 망설임이 뒤따랐다. 그러나 이제는 소셜 네트워크 서비스인 트위터나 페이스북을 이용해 실시간으로 내가 찜한 상품이나 제품에 대한 평가를 듣거나 더 좋은 제품을 소개받을 수 있게 되었다. 실제로 미국의 한 리서치 기관의 조사에 따르면 SNS 이용자의 42%가 제품이나 서비스에 대해 알기 위해, 41%는 제품과 서비스에 대한 의견을 제공하기 위해, 31%가 그러한 의견을 보기 위해 SNS를 이용한다고 답했다. 또한 세일 정보를 얻기 위해28%, 제품 및 서비스를 구매하기 위해21%, 고객 서비스를 받기 위해19% 이용한다는 응답자도 상당수를 차지했다.

고객 맞춤형 쇼핑인 **소셜 커머스**가 뜬다

최근 커머스와 소셜 미디어가 결합한 소셜 커머스Social Commerce가 빠르게 진화하고 있다. 소셜 커머스에는 소셜 네트워크를 통해 제품을 홍보하거나 혹은 직접적인 판매를 하는, 오프라인과 소셜 미디어를 연계한 쇼핑 등이 모두 해당되는데 소셜 링크형Social Link,

소셜 웹형Social Web, 공동구매형Social Crowd, 오프라인 연동형Social OffLine 네 가지 유형으로 나뉜다.

소셜 링크형은 말 그대로 쇼핑사이트에 소셜 미디어 채널 버튼을 달아 제품의 링크를 해당 서비스에 알릴 수 있는 방식이다. 이는 소셜 커머스의 가장 기본적인 유형으로, 현재 국내 언론사, 인터넷 쇼핑몰, 블로그나 카페 등 많은 웹사이트에서 소셜 서비스 버튼Share This, mypickup 등이 대표적을 설치하고 있다. 사이트 방문자 중 해당 소셜 미디어 계정이 있는 사람이면 누구나 콘텐츠를 공유하고 싶을 때 이용할 수 있다. 하지만 대부분의 링크형 버튼을 클릭하면 현재 내가 머물고 있는 사이트에서 벗어나 해당 소셜 미디어 채널 페이지로 이동하게 되므로 지속적인 쇼핑에 제약을 주는 문제점이 있다.

소셜 웹형은 소셜 링크형에 비해 더 적극적으로 소셜 네트워크를 결합한 방식으로, 쇼핑이 이루어지는 커머스 사이트에서의 나의 활동이 해당 소셜 미디어 채널에도 자동 공유된다. 소셜 웹형의 대표적인 사례는 바로 페이스북의 소셜 플러그인 방식을 채택한 리바이스Levi's이다. 리바이스는 홈페이지에 업로드된 제품마다 페이스북의 좋아요 버튼을 달아 페이스북 사용자인 소비자가 제품의 디자인이 마음에 들 경우 좋아요 버튼을 클릭하도록 해놓았다. 좋아요 버튼을 누르면 클릭

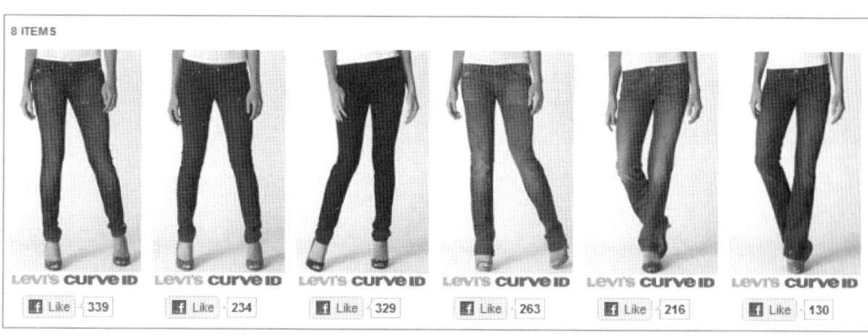

• 페이스북 좋아요 버튼을 연동한 리바이스 홈페이지

• 국내 공동구매형 소셜 커머스인 티켓몬스터와 쿠팡

수는 물론, 나 이외에 누가 해당 제품을 좋아하는지 확인이 가능하고 댓글, 평가, 리뷰 등의 활동이 리바이스 홈페이지와 소비자의 페이스북 페이지에도 동시 업데이트된다. 소셜 미디어와 커머스 홈페이지의 연동을 이용하면 제품의 바이럴은 물론, 제품의 구매에도 영향을 미치기 때문에 소셜 커머스 활동에 최적이라 할 수 있으며 다양한 분야로의 확대가 가능하다.

최근 지름신을 강림하게 하는 서비스라 불리기도 하는 공동구매형 모델은 기존의 공동구매와 소셜 네트워크 서비스가 결합한 형태이다. 제품별로 정한 최소 구매 수량이 달성되면 최대 50~60%의 할인 혜택을 받을 수 있도록 하여 소비자로 하여금 구매는 물론 적극적인 소셜 네트워크 홍보 활동을 유도하고 있다. 국내에서 위폰Wipon이나 티켓몬스터Tiketmonster, 쿠팡coupang 등 현재 100여 개 이상의 공동구매형 소셜 커머스 서비스가 적극적으로 활동하고 있고 2011년에는 그 규모가 3천억 원에 육박할 것으로 보여 앞으로 뜨거운 시장이 되리라 전망된다. 해외에서는 '리빙소셜livingsocial'이 수천만 달러의 펀딩에 성공하고 창업한 지 1년만에 3억 5천만 달러의 매출을 기록한 그루폰groupon은 유럽까지 진출했다. 더불어 국내는 물론 해외 언론 역시 새로운 소셜 커머스 서비스가 등장할 때마다 앞다투어 소개를 하고 있다.

오프라인 연동형 소셜 커머스는 오프라인 상점을 네트워킹이 가능한 단말기로 소셜 네트워크와 연결시키는 유형이다. 스마트폰이나 무선인터넷 접속이 가능한 단말기를 이용해 포스퀘어foursquare, 고왈라Gowalla, 런파이프runpipe 등 위치기반 서비스로 내가 방문한 오프라인 상점을 소셜

• 위치기반 서비스 포스퀘어와 아임인

미디어 채널에 알리는 방식이다. 의류 브랜드인 디젤Diesel이 이를 활용해 좋은 사례를 보여주었다. 스페인의 한 디젤 매장은 고객이 즉석에서 옷을 입어보고 매장에 설치한 키오스크kiosk로 사진을 찍어 페이스북에 전송하도록 했다. 이 프로모션은 고객에게 즐거움을 주는 것은 물론 브랜드 및 제품 홍보, 판매 등의 다양한 효과를 거둔 좋은 사례로 손꼽히고 있다. 이러한 오프라인 연동형 소셜 커머스는 특히 고객의 페이스북에 업데이트된 사진을 보고 소셜 친구들이 긍정적인 평가를 할 경우 구매로 이어지는 경우가 높고, 친구들을 통해 홍보 효과를 낼 수 있어 발전 가능성이 높다. 최근 국내에서도 아임인I'M IN이나 안드로이드 버전 시온SeeOn 등의 위치기반 서비스를 선보이고 있어 시장의 성장은 가파른 상승세를 이어갈 전망이다.

소셜 커머스의 표본이 된 리바이스

오랜만에 옷을 사기 위해 친구와 백화점을 찾았다. 당신은 쇼핑을 할 때 동행한 친구의 의견을 어느 정도 반영하고 구입하는가? 만약 인터넷 쇼핑몰을 이용해 제품을 구입하게 될 경우 제품에 대한 리뷰나 댓글을 꼼꼼히 체크하고 구입하는 편인가?

많은 사람들이 자신에게 필요한 상품을 구입하거나 구매를 결정할 때 다른 사람의 의견을 듣거나 이미 그 제품을 구입한 사람에게 조언을 듣는 것에 익숙해져 있다. 특히 그 사람이 내 주변에 있는 친구이거나 가까운 지인일 경우에는 더욱 그러할 것이다.

최근 다양한 사이트들이 제품이나 콘텐츠 각각에 트위터, 페이스북 등 소셜 미디어 채널의 아이콘을 간단하게 설치하고 이를 사용자의 각 계정을 통해 쉽게 알릴 수 있도록 유도하고 있다. 소셜 플러그인을 사

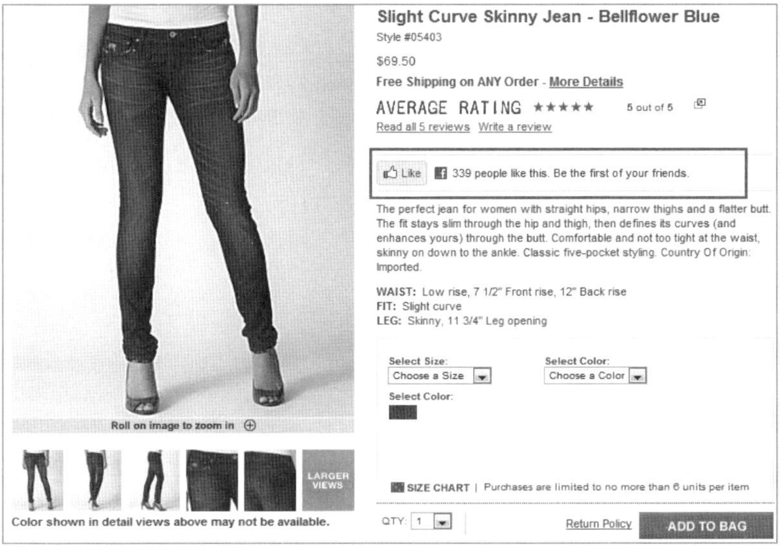

• 리바이스 제품 상세 페이지

용해 이전 쇼핑과는 완전히 다른 획기적인 '소셜 쇼핑'을 보여주는 대표적인 사례로 앞서 언급한 리바이스와 디젤을 들 수 있다. 단순히 소셜 친구들에게 제품을 알리는 것은 물론, 제품의 평가 점수, 코멘트, 랭킹, 출처까지 확인이 가능해 좀 더 확실하고 신뢰감 있는 제품이라는 인식을 심어주었기 때문이다.

리바이스는 이러한 고객 욕구를 페이스북의 소셜 플러그인을 이용해 홈페이지에 그대로 적용했다. 홈페이지에 업로드되어 있는 각 상품마다 페이스북의 '좋아요' 버튼을 달아 고객이 해당 상품의 디자인이나 가격 등에 만족하면 버튼을 눌러 홍보 및 신뢰성 높은 콘텐츠로 인식하게 한 것이다. 당초 리바이스는 홈페이지에 이미 추천 기능을 만들어놓은 상태였지만 상품 추천을 위해서는 고객이 자사의 사이트에 가입해야 하는 별도의 절차가 필요해 사용자에게 부담을 안겨주고 있었다. 추천 기능 활성화에 한계를 느낀 리바이스는 페이스북이 제공하는 소셜 플러그인을 이용해 간단한 HTML만으로 각 상품에 좋아요 버튼을 삽입했다. 또 페이스북 회원이라면 누구나 로그인 없이 서비스를 이용하도록 함으로써 고객 참여율을 높였다. 리바이스 홈페이지를 방문한 고객이 마음에 드는 디자인의 제품을 '좋아요' 할 경우 그 활동이 리바이스 홈페이지 내에서 공유되는 것은 물론 페이스북에도 자동으로 업로드된다. 게다가 친구 초대 기능도 포함함으로써 자연스럽게 입소문을 내는 효과까지 기대할 수 있기 때문에 더 많은 잠재고객 확보에 도움을 주고 있다.

이처럼 연예인이 등장하는 화려한 카달로그나 오로지 자신의 선택에 의해 구매를 결정해야 했던 기존의 소비 형태와 전혀 다른 소셜 쇼핑은 소비자가 상품에 대해 꼼꼼히 따지거나 의심하지 않고 구매 결정을 할 수 있어 최근 가장 떠오르는 획기적 마케팅으로 부각되고 있다. 특히 음식점, 관공서, 마트 등 소비가 이루어지고 있는 시장을 기반으로 소셜 쇼핑, 즉 소셜 커머스를 적용한다면 그 영향력은 가히 폭발적이라 예상된다. 여기에 오프라인에서 사용하고 있는 기존의 바코드나 QR 코드를 이용해 스마트폰으로도 제품 추천이나 정보 확인이 가능해진다면 매출의 증대는 상당할 것으로 보인다.

고객의 **마음**을 움직이는 **관계 마케팅**

소셜 네트워크 서비스를 논할 때 '관계'는 중요한 키워드가 된다. 특히 쌍방향 커뮤니케이션을 바탕으로 신뢰를 형성하는 페이스북에서 관계는 큰 의미를 가진다. 트위터와 같이 '내가 원하면 당신을 친구로 설정할 수 있다'가 아니라 서로의 합의 하에 친구가 되는 만큼 좀 더 돈독하고 의미 있는 관계 형성이 가능하다. 특히 학교, 지역, 회사는 물론 내 친구가 알고 있는 사람들과 친구 관계를 이어나가는 페이스북의 특징은 사람과 사람의 연결고리를 더욱 단단하게 하고 있다.

기업, 고객과 **소통**하는 **방법**을 **연구**하라

보통 발빠른 바이럴 마케팅이나 확산을 위해서는 트위터를 사용하고, 좀 더 끈끈한 관계를 기반으로 돈독한 커뮤니티를 전개할 경우에는 페이스북을 활용해야 한다고들 한다. 최근에는 물 흐르듯 이어지는 트위터에서의 일반적인 이야기가 아닌, 담아두고 서로 조언을 할 수 있는 공간적 커뮤니티인 페이스북을 선택하는 경우가 늘고 있다. 기업의 페이스북을 이용한 마케팅 활동은 어찌 보면 당연한 것일 수 있다. 그러나 기존의 카페나 커뮤니티 운영과 같이 기업의 서포터즈나 기자단, 운영자, 홍보 대행사에 의해 인위적으로 만들어지는 콘텐츠, 다양한 경품을 내세운 이벤트 등으로 페이스북 페이지를 운영하고자 한다면 큰 오류를 범할 수 있다. 소셜의 핵심이 관계인만큼 얼마나 고객의 마음을 움직이고 그들과 소통하느냐가 페이스북 관계 마케팅의 포인트이다. 하지만 오프라인에서도 고객의 마음을 움직이고 이해하는데 큰 어려움과 오랜 시간이 걸리는데 온라인인 페이스북에서 가능할까? 라는 의문이 들지 모른다. 그러나 페이스북을 통해 고객과 하나되는 기업이 있는가 하면 고객의 마음을 움직여 함께 기부를 이어가는 기업도 있다. 단순히 트위터에서 팔로어가 많다는 기준, 페이스북에서 친구 수가 많다는 것은 별 의미가 없다. 그들과 얼마만큼 소통하고 공감하느냐가 더 중요한 것이다.

2009년부터 국내에 스마트폰 보급이 확대되고 트위터 열풍이 불기 시작하면서 실시간으로 자신의 생각을 이야기하고 일상을 공유하는 등 '쉬운 커뮤니케이션' 에 합류하는 사람들이 늘고 있다. 간단한 문장으로도 충분히 대화를 이어나갈 수 있는 소셜 미디어의 등장은 블로그나 카페, 커뮤니티 등에 글을 올리고 다시 해당 글을 찾아가 사람들의 댓글이나 의견에 답을 달아주는 등의 일련의 작업들이 복잡하고 번거롭게 인식되게끔 만들었다. 그야말로 인터넷 환경에서의 대화와 소통이 더욱 간결하고 간소화되고 있는 것이다. 이런 간결한 소통의 열풍에 비즈니스 기업 역시 적극적으로 참여하고 있는 추세다. 이전에는 커뮤니티나 게시판을 통해 기업과 고객이 소통을 하거나때론 언성을 높이며 싸울 경우도 있지만 대화를 주고받는 형태를 취했지만 최근 트위터와 미투데이, 페이스북 등 SNS의 등장으로 인해 기업과 고객 간 대화의 창이 훨씬 크고 활짝 열리게 되었다. 누구나 쉽게 기업과 이야기하고, 기업 입장에서는 실시간으로 고객의 문제나 대화에 바로 대응할 수 있는 채널이 생긴 셈이다. 하지만 기업이 SNS 계정을 개설하고 활동한다고 해서 모든 고객이 기업에게 긍정적 발언을 하는 것도, 호의적인 것도 아니다. 고객과 충분히 기업의 SNS 활동 목적을 공유하고 그 목적에 맞게 운영할 경우 좀 더 확실한 고객과의 소통이 진행될 수 있다. 때론 기업 페이지 팬들과 함께 소셜 게임을 즐기거나 이벤트를 진행하고, 토론을 통해 자유롭게 이야기를 이끌어가는 것도 소통을 극대화하는 방법이 될 수 있다.

고객과 효율적 소통을 위한 네 가지 **포인트**

그렇다면 고객과의 효율적인 소통을 위한 페이스북 운영 방법에는 어떤 것들이 있을까?

우선, 소통에서 가장 중요한 것은 진실성이다. 페이스북의 경우 사용자들은 자신의 이름, 나이, 사는 지역, 출신 학교 등 실제 정보를 제공해야 하는(물론 페이스북 내에서 본인의 개인 정보 공개 여부는 취사선택할 수 있다) 특수성을 가지고 있는 서비스다. 이미 사용자들이 자신을 있는 그대로 노출하고 보여주는 만큼 기업 역시 그들에게 진실성 있는 대응을 해야 하는 것이 마땅하다. 해외의 경우 기업의 페이스북 페이지의 운영자 정보를 그대로 노출하며 대화형 문체로 팬들과 소통하고 있다. 팬들은 실제 운영자와 대화를 하면서 인간적 관계를 구축하고 신뢰를 쌓고 있는데 이러한 일련의 과정들이 자연스럽게 브랜드 이미지 상승으로 이어지고 있다. 하지만 해외 기업들의 페이스북 활동이 그러하다고 해서 국내 기업 페이스북 운영자 역시 자신의 정보를 노출하고 고객과 대화하라는 것은 아니다. 페이스북의 성향이 자신의 정보 공개를 기본으로 하고 있기 때문에 기업도 진실성을 잊지 말아야 한다는 뜻이다.

두 번째는 기업 관련 콘텐츠를 너무 많이 노출하지 말라는 것이다. 기업 SNS 계정을 운영하는 동안 가장 크게 범하는 오류가 바로 기업의 이야기를 너무 많이 하는 것이다. 보통 기업들은 자사의 페이지를 통해 마케팅 메시지를 활발하게 공유하고 싶은 유혹에 빠진다. 한 명의 팬이 기업의 페이지에 글을 남기면 그 메시지는 해당 팬의 네트워크를 통해 평균 130명에게 공유되기 때문이다. 그런데 기업의 페이지 담벼락이 비슷비슷한 기업 관련 이야기로 채워진다고 가정해보자. 이는 팬의 뉴스피드에도 고스란히 공개된다. 반복되는 기업 이야기는 팬을 지치게 만들거나 심지어 기업을 외면하게 만드는 사태를 초래할 수 있다. 기업은 자신의 페이스북 페이지에 신선한 콘텐츠를 지속적으로 업데이트하면서 기존 또는 새로운 팬들의 정보 공유 욕구를 채워나가야 한다. 보통 콘텐츠와 기업의 제품 및 서비스에 대한 정보성 콘텐츠를 80:20 정도의 비율로 공유하면 가장 이상적인데, 정보나 교육 및 엔터테인먼트 성격의 콘텐츠에 대한 주목도가 가장 높은 것으로 나타났다. 디지털리서치 업체 알티미터그룹Altimeter Group이 분석한 30개 브랜드 페이지의 2010년 6월 한 달간 평균 공유 콘텐츠의 수를 살펴보면 기업은 월 평균 27.1개의 포스트를 공유했고 포드Ford의 경우에는 86개, AXE는 67개, BMW USA는 63개의 포스트를 공유했다.

세 번째, 기업이 페이스북을 통해 고객과 소통하기 위한 효율적인 방법은 바로 '대화'에 있다. 팬들과 어떤 방법으로 대화하느냐가 중요한데 기업이 무조건 대화를 주도하고 이끌어나가는 것이 아니라 쌍방향 커뮤니케이션을 할 때 정보 공유와 흐름 역시 빨라진다. 쌍방향 대화를 이어가기 위해서는 각 콘텐츠에 대한 팬들의 반응에 적극 응대하고, 팬들 사이에 오가는 대화에 활발히 참여하는 한편, 기업이 리드하는 '토론페이스북의 기능 중 하나'을 만들어야 한다. 브랜드가 창출한 토론에 참여하는 팬들에게는 대화 참여 부분에 대한 리워드reward를 제공하고 공개적으로 감사의 뜻을 전해야 한다. 모두가 공감할 수 있는 이야기를 할 때 대화의 참여율이 높다는 것은 누구나 아는 사실이다. 하지만 기업의 이야기만을 일방적으로 전달할 때 고객과의 원활한 대화는 이루어지지 않는다. 대화는 홀로 할 수 있는 것이 아님을 기억하자.

네 번째로, **기업과 고객의 대화도 중요하지만 개인과 개인의 대화가 가능한 공간을 만들어가야 한다.** 즉, 기업의 브랜드나 제품을 홍보하겠다고 해서 무조건 개인과 기업간의 대화만을 이어가서는 안된다는 것이다. 여론 형성은 개인과 개인의 의견이 맞아 떨어지고 그들이 비슷한 생각을 공유할 때 나타난다. 페이스북 페이지에서도 역시 비슷한 생각을 팬들끼리 공유하고 나눌 수 있도록 기업이 리드하는 것이 매우 중요하다. 이렇게 하면 군중의 에너지를 효율적으로 활용하고, 팬들의 경험을 향상시키고, 비용을 절감할 수 있는 1석 3조의 효과를 낼 수 있다. 팬들끼리 서로 질문과 대답을 주고받거나 페이스북 페이지 담벼락에 가장 많은 글을 올려 대화를 이끄는 팬의 노고를 인정하는 등 브랜드 페이지의 대화 공간 내에 개인과 개인 간의 인터랙션interaction이 가능한 문화를 조성해야 한다.

초기 문화 조성이 성공하면 페이스북 토론 게시판 기능을 활용하는 단계로 넘어갈 수 있다. 더불어 질문과 답변이 잘 진행되면 이를 정리하고 운영할 수 있는 어플리케이션 및 커뮤니티로 발전 가능하다. 유아용품 전문기업 P&G의 브랜드 팸퍼스Pampers의 경우 팬들 스스로가 토론 게시판에 참여하도록 권장하고 있으며, 토론 게시판에 있었던 질문 내용을 담벼락에도 게시하고 팬들끼리 추가 대화가 활발히 이루어지도록 분위기를 조성하고 있다. 더불어 새로 나온 기저귀에 대한 부정적 견해도 기꺼이 받아들이고 토론 게시판을 통해 추가 대화가 이루어지도록 노력하고 있다.

끝으로 기업의 제품이나 브랜드를 신뢰하고 있는 기업의 팬그룹을 조성하는 것이 필수다. 잠재고객은 기업의 브랜드보다는 그 브랜드를 믿고 신뢰하는 고객을 더 신뢰하기 마련이다. 특히 입소문 효과가 뛰어난 소셜 미디어에서는 기업의 제2 마케터인 전도사 그룹의 활동이 매우 중요하다. 이 그룹은 기업 페이지에서의 활동을 통해 자신의 네트워크 친구들에게 입소문을 내고, 좋아요 버튼 클릭으로 잠재고객에게 기업의 팬이 될 것을 직간접적으로 요청하게 된다. 더불어 기업을 신뢰하는 팬그룹은 자신의 친구들과 함께 사진, 동영상, 정보 등을 공유하면서 기업의 페이지 활동을 독려하거나 기업의 이벤트, 캠페인 등의 참여를 유도한다. 이 대표적인 사례가 바로 코카콜라Coca-Cola이다. 코카콜라의 기업 페이스북 페이지는 기업이 아닌 코카콜라를 신뢰하는 두 명의 청년에 의해 개설, 운영되고 있다. 현재 기업의 전폭적인 지지를 받고 있는 이 페이지의 회원 수는 무려 2천180여만 명에 이르고 있다.

기업 대신 **고객**이 먼저 **소통 마케팅**을 시작하다

투자 대비 큰 효과를 낼 때 마케팅은 성과를 거두었다는 평가를 받는다. 소셜 네트워크 서비스가 바이럴 마케팅의 최적으로 평가되면서부터 기업의 마케팅 활동에도 변화의 바람이 불고 있다. 기업은 소셜 미디어 채널에 대해 다각도로 살펴보고 목적에 맞는 채널을 선택하는 등 다양한 시도를 펼치며 진행 중이다. 효과적인 채널을 선택하고 마케팅 목적이나 운영 방안 등에 대한 검토를 맡고 있는 기업의 홍보 담당자에게 소셜 미디어는 큰 과제가 아닐 수 없다. 그러나 이 모든 과정을 기업의 홍보 담당자가 아닌 고객이 직접 하게 된다면 어떤 일이 벌어질까. 아니 그런 일이 가능하긴 한 것일까?

기업의 브랜드 마케팅이나 제품을 홍보하는 주체 및 시작은 항상 기업의 몫이라고 사람들은 믿고 있다. 기업은 목적이나 방향에 맞게 마케팅을 펼치고 고객은 기업이 진행하는 전략이나 시나리오에 따라 움직이거나 응용을 통해 2차 결과물을 생산해내는 정도 등의 활동을 할 뿐이라는 것이다. 제품 홍보 및 기업 브랜드 홍보의 최초 단계부터 고객이 직접 개입하고 활동하기는 어려운 것이 사실이다. 그러나 만약 기업과 상관없이 고객이 단독으로 기업의 브랜드나 제품 마케팅을 시작한다면? 아마도 운영자는 기업으로부터 명예훼손이나 도용 등으로 고소 또는 그에 해당하는 조치를 받을지도 모른다. 하지만 대표 글로벌 기업인 코카콜라는 기업이 움켜쥐고 있는 홍보의 역할을 어느 페이스북 팬에게 과감히 풀어버렸다. 전통적으로 회사 중역들과 수많은 전문 인력들에 의해 로고 색깔이나 메시지의 토씨 하나까지 철저히 관리되던 코카콜라가 말이다.

2008년 11월 코카콜라 홍보팀에 한 통의 전화가 걸려왔다. 페이스북에 만들어진 코카콜라의 페이지가 버락 오바마 대통령 다음으로 많은 팬을 보유하고 있는데 그 페이지를 운영하는 담당자가 누구냐는 질문이었다. 하지만 코카콜라에는 페이스북 페이지를 개설한 직원도 페이스북 페이지가 있다는 사실을 알고 있는 직원도 전혀 없었다. 결국 코카콜라의 직원이 아닌 그 누군가가 기업의 이름으로 페이스북에서 기업 활동을 하고 있다는 뜻이었다. 기업으로서는 가히 충격적인 사실이 아닐 수 없었다.

그러나 코카콜라는 페이스북에 코카콜라 페이지를 개설한 두 명의 운영자를 처벌하는 대신 그들을 본사가 있는 애틀란타로 초대해 극진히 대접했다. 더불어 그들이 페이지를 잘 운영할 수 있도록 도와주겠다며 의견을 물었다. 현재도 코카콜라의 전폭적인 지원을 받으며 운

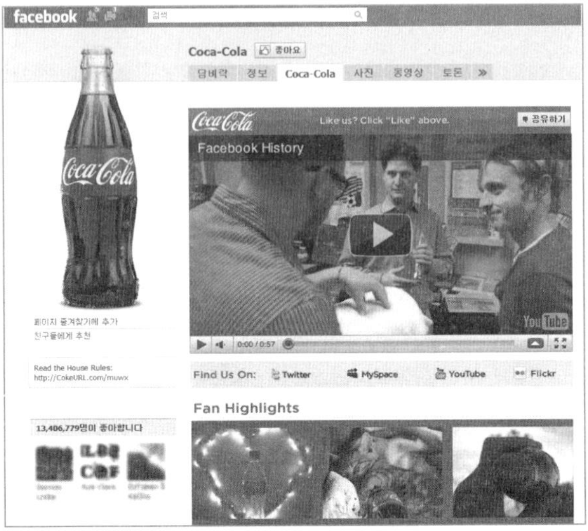

• 코카콜라 페이스북 페이지

영되고 있는 페이스북 페이지에는 자그마치 2천180여만 명의 팬들이 활동하고 있다. 여전히 기존 운영자에 의해 운영되고 있는 것은 물론, 팬들이 제작한 콘텐츠가 끊임없이 업데이트되고 있다. 대부분의 기업 페이지의 경우 자신들이 보여주고 싶은 이미지를 담은 사진들을 올리기 마련이지만 코카콜라 페이지에는 팬들의 사진, 전 세계 제품 사진, 오래된 코카콜라 제품 사진 등 코카콜라와 나눈 추억들을 누구든지 올릴 수 있다. 이렇게 업데이트되고 있는 코카콜라 페이지의 사진첩은 단순히 기업의 홍보 이미지를 모아놓은 것이 아니라 하나의 문화 아이콘으로 인식되고 있다. 시작부터 특별한 에피소드를 담고 있는 코카콜라의 페이스북 페이지는 팬들에 의해 제작된 다양한 콘텐츠들을 통해 매우 실험적이고 획기적인, 가장 참신한 페이지로 전 세계에 소개되고 있다. 또 두 운영자 더스티Dusty와 마이클Michael이 코카콜라

• 코카콜라 페이스북 페이지 운영자인 더스티와
마이클의 코카콜라 본사 방문 동영상

로부터 어떻게 대접받았는지를 소개하는 동영상은 조회 수가 여전히 늘고 있다.

얼마 전 코카콜라는 페이스북의 '좋아요Like' 기능으로 또 하나의 새로운 이슈를 만들어냈다. 바로 현실세계와 페이스북 좋아요 버튼의 만남이 그것이다. 일반적으로 PC나 모바일로 페이스북을 이용하고 좋아요 기능을 사용한다. 그런데 코카콜라는 10~20대를 타깃으로 하는 이스라엘의 코카콜라 빌리지 워터파크Coca-Cola Village Waterpark, 수영, 일광욕, 놀이, 게임 등을 마음껏 즐길 수 있다 곳곳에 페이스북의 좋아요 기능을 설치했다. 입장하는 고객들은 자신의 페이스북 아이디와 비밀번호가 입력된 RFID 태그를 차게 되는데, 좋아요 아이콘이 있는 RFID리더기에 태그를 가져다 대면 자동으로 페이스북과 연동되어 좋아요 버튼을 클릭한 것과 같은 효과가 나타난다. 또한 코카콜라 빌리지에서 놀다보면 몇몇의 사람들이 사진 촬영을 하는데 이때 자신이 찍힌 사진을 페이스북에 공유하고 싶으면 사진기 옆에서 팔찌를 흔들기만 하면 된다. 그러면 페이

• 코카콜라가 진행한 오프라인에서의 페이스북 '좋아요' 활용 동영상

스북 코카콜라 빌리지 페이지에 자신이 '좋아요'를 했다는 글이 업데이트된다.

코카콜라가 진행한 오프라인에서의 페이스북 연동 서비스는 무척 놀라운 이벤트로 회자되고 있다. 일반적으로 웹에서의 기능은 웹 안에서만 기획되고 확장되기 마련이어서 쉽게 오프라인과 접목될 수 없는 것이 사실이다. 하지만 코카콜라는 좋아요 기능을 웹이 아닌 현실로 가져와 활용함으로써 새로운 시도를 했다는 평가를 받고 있다.

착한 기업과 착한 고객이 만나다

착하면 바보같이 보인다는 말을 많이 한다. 경쟁에서 이겨야 생존하는 현대인들에게 '착하다'는 말은 왠지 '어리숙하다' 또는 '속아 넘어가기 쉽다'라는 식의 부정적인 뜻으로 해석되기도 한다. 하지만 사람이든 기업이든 착함이 경쟁력이 되는 시대가 오고 있다. 책임 경영이나 친환경 소비, 녹색 성장 등 환경과 사회적 책임을 공유하는 기업들과 이를 적극 지지하는 소비자들이 늘고 있기 때문이다. 페이스북에서도 착한 기업들의 행보는 더욱 활발해지고 있다. 자사 제품이나 브랜드를 홍보하고 마케팅에 주력하면서 이익의 일부를 환원하고 나눔을 실천하는 기업이 고객에게 더 큰 신뢰를 얻고 있다는 것이다.

페이스북 페이지 내에서 이루어지는 기부 캠페인들은 대부분 성공적인 결과를 얻고 있다. 이 활동은 단순히 기부의 의미가 아니라 기업을 신뢰하는 팬과의 유대관계를 확장할 수 있는 캠페인 성향이 강해 페이스북 사용자들 사이에서 가장 많은 바이럴을 낼 수 있는 수단이기도 하다. 야후의 경우 자사의 페이스북 페이지를 좋아요할 때마다 1달러씩 기부되는 캠페인을 진행했는데, 9일 만에 11만 2천명으로부터 좋아요를 받았고 약 10만 달러가 암 투병 환자들을 위한 모금으로 기부되었다. 또한 체이스은행Chase Bank의 경우 기부하고 싶은 지역의 자선단체를 선택하고 투표를 하면, 표를 가장 많이 받은 지역의 단체에게 지원을 해주는 캠페인을 진행했다. 지역 단체 활동의 활성화를 위해 진행된 이 캠페인으로 체이스은행은 무려 250만 개의 좋아요를 이

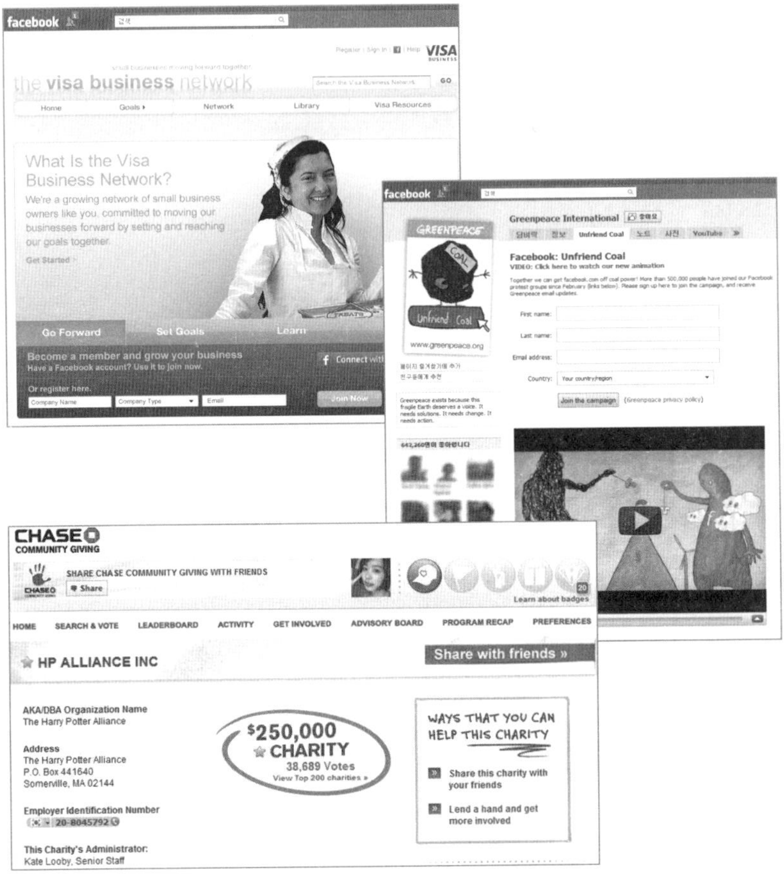

• 착한 기업들의 페이지(시계 방향으로 비자카드, 그린피스, 체이스은행)

끌어냈다. 이렇게 기부 캠페인은 단순히 착한 일을 하는 것에서 끝나는 것이 아니다. 기업은 기부와 동시에 기업 페이지에 팬들을 확보하게 되고 좋아요 버튼을 통해 자연스러운 홍보를 유도할 수 있다. 더불어 브랜드 이미지 상승 효과까지 가져올 수도 있다.

기부 이외에 다른 방법으로 착한 일을 하는 기업들도 있다. 비자카드Visa Card는 중소기업이 마케팅 또는 홍보 활동을 할 수 있도록 광고

비와 네트워크 지원을 하고 있다. 중소기업이 페이스북의 비자 비즈니스 네트워크The Visa Bussiness Network 어플리케이션을 설치하고 회사명, 직종, 이메일 등을 남기면 비자카드가 무료로 광고를 지원하고 트위터를 이용해 고객을 연결해주는 등의 지원 활동을 하는 것이다. 더불어 어려움을 겪고 있는 중소기업의 고충을 들어주고 이를 해결하기 위한 프로그램도 마련되어 있다. 현재 비자 비즈니스 네트워크 어플리케이션 페이지에는 기업 및 사업 내용을 알리는 리뷰가 지속적으로 업데이트되고 있으며 중소기업 종사자들의 질문과 답변, 동영상 등이 올라오고 있다. 더불어 비자카드의 중소기업 지원 목적과 목표를 명시하여 페이스북 사용자들에게도 인기를 얻고 있다.

환경 운동을 진행 중인 그린피스Greenpeace 역시 페이스북에서 팬들의 무한한 지지를 받으며 활동을 이어가고 있다. 그린피스는 기업이 일반적으로 진행하고 있는 브랜드 홍보에 초점을 맞추는 것이 아닌 자신들의 착한 활동에 대한 지지와 지원을 요청하고 있다. 인간에 의해 파괴되거나 기후 변화에 의해 사라져가는 지구촌 곳곳의 동생물을 알리고 보호하는 그린피스는 기후 변화에 악영향을 끼치는 기업과 국가의 행위를 고발하고 이를 더 많은 사람들에게 인지시키기 위해 다양한 홍보 활동을 펼치고 있다. 이들은 페이스북에 국제그린피스를 비롯해 인도네시아, 이탈리아, 터키, 그리스 등 각국의 페이지를 개설하고 페이스북 사용자들에게 지지를 요청하고 있다. 더불어 페이스북을 통해 그린피스 회원을 모집하거나 환경 파괴를 개선하기 위한 서명 운동을 전개하는 등 페이스북 사용자의 참여를 유도하고 있다. 최근에는 미국 오리건 주에 석탄 연료로 가동하는 데이터센터를 세우기로 결정한 페이스북을 고발하기도 했다. 아이러니한 것은 그린피스가 자신의 지지자들에게 페이스북의 기업 페이지에 대한 '좋아요'를 철회하라는 캠페인을 페이스북에서 진행하고 있다는 점이다.

페이스북이 가져온 **변화**

페이스북으로 **인맥**의 폭을 넓히다

페이스북과의 첫 대면은 생각보다 어렵거나 복잡하지 않다. 페이스북이 한국어를 지원하고 있어서이기도 하지만 국내 모든 웹 서비스가 최초 사용자에게 주문하는 주민등록 번호, 주소, 휴대폰 번호, 복잡한 인증도 필요 없이 그저 이름과 비밀번호, 이메일만으로도 가입이 가능하기 때문이다. 또 페이스북에서 친구 맺기는 의외로 쉽다. 관계를 중시하는 모든 소셜 미디어가 그렇듯 적극적인 친구 맺기 활동은 페이스북에서도 이어진다. 친구 없이는 소통도, 공유도, 참여도 불가능하기 때문이다. 페이스북은 가입하자마자 텅 빈 공간에 덩그러니 서 있는 듯한 느낌을 주는 트위터와 달리 이메일 입력만으로도 쉽게 지인들을 찾을 수 있고 나의 지역, 학교 등을 입력하면 나와 알 수도 있는, 연관된 친구들을 추천해준다. 지극히 개인적이고 사적인 관계였던 싸이월드에서의 일촌과 달리 페이스북에서의 친구 범위는 전 세계이며, 친구 가능한 수는 최소 6억 명에 달한다. 그야말로 성별과 나이를 초월하고, 지역과 국가를 넘나들며 친구 관계를 형성할 수 있다는

• 페이스북 친구 목록과 친구 찾기 검색서비스

것이다. 하지만 페이스북에서의 친구 맺기는 단순히 형식적인 행동들이 아니다. 실제 오프라인의 친구에 비해 사적인 관계나 친밀도는 다소 떨어질지 모르나 충분히 열린 마음으로 서로를 대하고 나눔에 매우 관대한 편이다. 같은 생각 또는 비슷한 분야의 일을 하고 있는 것을 알게 되면 친밀도가 더욱 커져 친구 관계는 오프라인으로까지 이어질 가능성이 크다. 실제로 페이스북에서 우연히 알게 된 관계임에도 불구하고 조언이나 응원, 필요한 정보나 자료 등을 제공했을 경우 감사의 표시로 선물을 보낸다거나 식사 대접을 하는 경우를 자주 볼 수 있다. 소위 번개모임을 갖거나 TV에서 보아오던 정치인과 막걸리 모임을 갖기도 하고 출장길에 들른 지역의 페이스북 친구들 또는 트위터 친구들을 만나 아무 거리낌 없이 저녁식사를 한다. 이제 친구, 지인의 영역이 오프라인과 온라인을 넘나들며 이어진다. 친구의 폭이 넓어지는 동시에 신뢰 관계가 재정립되고 있다.

이렇게 형성된 친구들은 지역과 성별, 나이, 관심사 등을 넘어 공통된 이슈를 이야기하고, 각자의 생활이나 환경, 정보들을 나누며 지극히 사소한 사건들에 반응하게 된다. 이러한 반응은 공감하기, 좋아요,

공유하기 등의 행동들로 이어져 2차 바이럴로 자연스럽게 연결되고 있다. 단순히 친구 맺기를 통해 폭넓은 인간관계를 형성하는 것에서 끝나는 것이 아니라 나도 모르는 사이 내가 가진 유익한 콘텐츠나 정보들이 끊임없이 공유되고 구독되고 있다는 뜻이다. 요리나 인테리어, 여행 등의 사소한 이야기부터 전문적이고 해박한 지식의 공유까지, 지금 페이스북에선 수많은 콘텐츠를 바탕으로 새로운 인간관계가 재정립 중이다.

콘텐츠 생산 및 유통의 **주체**를 바꾸다

여행지에서의 추억을 사진으로 담아 페이스북이나 트위터에 올리고, 사건 사고 현장에서의 긴박한 모습을 스마트폰을 통해 실시간으로 전달하는 등의 활동이 전혀 어색하지 않은 요즘이다. 자신의 블로그에 이슈나 사건에 관한 견해, 평소 생각들을 적고 이를 소셜 미디어 채널에 알려 사용자들과 토론하고 논의하는 것이 너무나 평범하게 비쳐지기도 한다. 또 어떤 정보에 대한 신뢰나 검증을 위해 트위터나 페이스북에 질문을 올리고 답변을 얻는 일 또한 자연스러워졌다. 무엇보다 확실한, 자신의 경험을 바탕으로 답을 알려주는 소셜 친구들이 있기 때문이다.

불과 몇 년 전만 해도 우리는 포털이나 검색서비스를 통해 해답을 찾으려 애썼고 전문 콘텐츠 생산자나 포털서비스에서 제공하는 콘텐츠를 일방적으로 받아들이는 수요자에 불과했다. 콘텐츠의 생산이나 유통은 특정 집단이나 단체, 기업의 몫이었고 소비자는 콘텐츠를 받아들이는 최종 단계의 사용자End User였다. 하지만 소셜 네트워크의 출현은 정보의 생산과 유통, 확산, 재가공 등의 전문적 단계에 최종 단계의 사용자를 포함시키는 큰 공헌을 했다. 사용자는 블로그와 미니홈피, 카페 활동 등을 통해 기존 콘텐츠의 재생산이나 신규 콘텐츠의 생산, 유통 등에 참여하게 되었고, 콘텐츠의 평가 또한 일반 사용자들에 의해 진행되었다. 특히 트위터, 마이스페이스, 페이스북 등의 서비스는 사용자의 콘텐츠 생산 및 유통 참여를 더욱 가속화시키며 정보산업 구조의 변화를 가져왔다.

게다가 소셜 미디어의 특징인 신뢰를 기반으로 한 관계 형성은 콘텐츠 신뢰도에 영향을 주었는데, 나의 소셜 이웃과 소셜 친구가 전달해주는 콘텐츠에 대한 신뢰도는 기존의 일반 정보에 대해 2~3배 높은 조회율과 유통률을 자랑한다. 포털서비스가 제공하는 어떤 영화에 대한 정보보다 친구나 소셜 이웃의 "그 영화 진짜 재미있어"라는 말 한마디가 더 신뢰감을 주는 것처럼 소셜 서비스 사용자들끼리의 신뢰감 형성이 콘텐츠 선택 시에도 큰 영향을 미치고 있다.

최근 소셜 미디어 사용자들은 유용한 콘텐츠를 알리고 전달하는 입소문 활동에서도 많은 역할을 담당하고 있다. 이미지나 동영상, 정보 등이 포함된 URL을 메시지와 함께 전달하며 소개 또는 공유하고 있는데 최근 이러한 URL을 포함한 콘텐츠는 전체 콘텐츠의 약 30~40% 이상을 차지할만큼 그 수가 어마어마해졌다. 특히 트위터가 약 26%, 페이스북이 36% 이상을 점유하며 다양한 정보들을 쏟아내고 있다. 이렇게 단축주소Shorten URL 형태로 유통되는 콘텐츠는 실제 클릭률이 상당히 높고 제2, 제3의 바이럴로 이어질 가능성이 높다. 트위터에서는 콘텐츠가 가지는 정보력, 신뢰도에 따라 자연스럽게 RTRetweet가 진행되고, 페이스북에서는 좋아요를 많이 받으면 더 넓고, 멀리 전파될 가능성이 높아진다. 특히 기업의 제품이나 서비스에 대한 긍정적인 콘텐츠가 자연스럽게 회자되어 공유될 경우 효과는 상상 그 이상의 혜택으로 돌아올 수 있다. 기업이 직접 제품이나 서비스의 긍정적인 부분을 부각시키려고 일부러 애쓰지 않아도 사용자의 순수한 정보 전달이나 유용한 콘텐츠 소개 등을 계기로 자연스러운 마케팅 효과를 가져오고 있다는 것이다.

이제 기업 또는 제품 홍보 및 마케팅의 역할을 기업 자체에서 진행하는 것이 무의미해지고 있다. 직접 사용해보고, 가 보고, 확인해본 것에 대해 이야기하고 관련 콘텐츠를 소개하며 알려주는 소셜 이웃들의 행동은 분명 콘텐츠 시장에 큰 획을 긋는 사건이다. 소셜 미디어는 콘텐츠 유통 시장은 물론 생산 및 마케팅 시장 등 정보산업 전반에 변화를 가져오고 있다.

페이스북 미디어 채널이 되다

인터넷 광고 시장이나 지면 광고 시장에 비해 TV, 라디오 등의 미디어 광고 시장이 압도적 규모를 자랑하며 여전히 홍보의 절대 강자로 군림하고 있지만 소셜 네트워크 서비스를 이용해 미디어 광고 못지 않게 큰 효과를 나타내는 경우가 늘고 있다. 그 중 2010년 제58회 칸 국제광고제 필름 부문에서 영예의 대상을 차지한 남성 화장품 기업 올드 스파이스Old Spice의 독특한 소셜 마케팅이 눈길을 끌고 있다. 미국 풋볼리그 선수 출신인 배우 이사이아 무스타파Isaiah Mustafa를 모델로 기용한 이 화장품 광고는 패러디의 욕망을 불러일으킬 만큼 보는 이들에게 즐거움과 재미를 주었다. 그 결과 유튜브와 구글에는 광고를 패러디한 다양한 UCCUser Created Contents가 셀 수 없이 올라왔고, 트위터와 페이스북에서 진행한 재미있는 이벤트 덕분에 올드 스파이스의 인기는 크게 상승했다. 이벤트는 거창한 것이 아니다. 페이스북이나 트위터에 고객이 질문을 하면 광고 모델인 무스타파가 동영상으로 답변을 주는

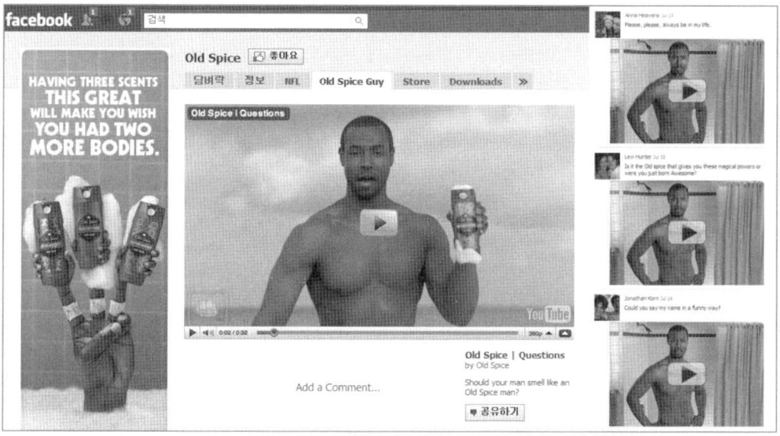

• 올드 스파이스의 페이스북 페이지

것이다. 어느 날은 스타벅스Starbucks가 올드 스파이스에게 "You look cold. Need some coffee?"라고 하자 그 뒤 무스타파는 여전히 웃통을 훌러덩 벗은 상태로 "맛있는 해산물 요리를 위해 물을 끓이고 있다"는 재치 있는 리플 동영상을 만들어 업데이트시켰다. 원래 올드 스파이스는 과거 남성들이 많이 쓰던 구식 화장품의 이미지가 강했던 기업이었지만 소셜 미디어를 활용한 다양한 이벤트를 통해 젊은 층으로부터 다시 사랑받는 남성 화장품 브랜드로 거듭나고 있다. 후문이지만 2010년 칸 국제광고제에서 올드 스파이스가 대상을 수상한 이유도 소셜 네트워크를 잘 이용했다는 점을 높이 평가했기 때문이라고 한다. 올드 스파이스의 현재 팬 수는 126만여 명이며, 어플리케이션을 통해 유튜브 동영상에 직접 댓글을 달 수 있고 스토어로 이동해 상품을 구입하거나 월페이퍼 등을 다운받을 수 있다.

최근 오피니언 리더들이나 연예인, 기업들은 소셜 네트워크 서비스를 하나의 미디어 채널로 간주하고 이를 활용한 다양한 변화와 시도를 꾀하고 있다. 특히 페이스북의 경우 좋아요 버튼의 장점을 적극 이용한 브랜드 또는 기업의 홍보 마케팅이 이루어지고 있고 이를 바탕으로 여론 형성 및 신뢰도를 높이기 위해 활동을 진행하고 있다.

2010년 영국은 소셜 미디어를 활용해 영국 최초의 소셜 미디어 선거를 진행한 선례를 남겼다. 페이스북에 자체적으로 영국 총선 페이지를 개설했는데 이를 통해 약 1만 4천 명이 유권자 등록서식을 다운로드하였을 뿐만 아니라 영국 선거위원회 사이트는 1일 평균 약 9천 명의 방문자 수를 이끌어냈다. 영국 총선 페이지에서 좋아요를 받은 횟수는 약 20만 건에 달하며, 보수당 페이스북 페이지가 약 10만 건, 노동당이 5만 건, 자유민주당이 9만 건의 좋아요를 받은 것으로 기록되었다. 더불어 페이스북과 유튜브를 제휴하여 진행한 정당 당수들의 디지털 토론에는 약 5천300여 건의 사전 질문이 접수되었고 동영상 조회 건수가 약 40만 건에 달했다. 이러한 영국 총선의 소셜 미디어 도입 및 활용은 전 세계적으로 이슈가 되었고, 시민들이 투표에 참여

• 영국 총선 페이스북 페이지

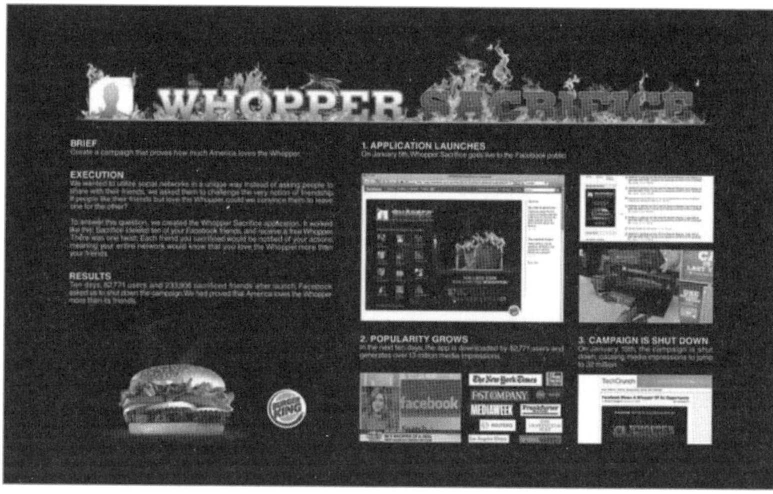

• 버거킹의 페이스북 마케팅 사례

하고 정치에 관심을 갖게 하는 좋은 예로 대표되고 있다.

그런데 소셜 미디어 활용으로 인해 긍정적인 평가를 받은 영국 총선과는 반대로 페이스북에서 이벤트를 진행하다 차단된 사례도 있다. 바로 패스트푸드 업체인 버거킹BurgerKing의 페이스북 마케팅이다. 버거킹은 자신의 페이스북 친구 10명을 삭제하면 와퍼버거를 무료로 주겠다는 이벤트성 어플리케이션을 만들어 배포했다. 이러한 이슈가 입소문을 타고 순식간에 퍼지면서 친구를 삭제하는 사람들이 늘었고 이로 인해 희생된 사람들이 20만 명에 이르렀다. 페이스북은 프라이버시 이슈에 대한 문제로 이 어플리케이션을 차단하고 사태를 마무리지었다. 이를 놓고 버거킹은 결론적으로 미국인은 페이스북 친구보다 버거킹을 더 좋아한다는 것이 증명되었다고 말하고 있다.

그 외 빌 게이츠, 버락 오바마 미 대통령이나 스타벅스, 유니클로와 같은 기업들 역시 소셜 네트워크 서비스를 미디어 채널로 활용하고 있는데 이에 대한 반응은 가히 폭발적이다.

국내에서도 삼성이나 KT 등이 페이스북에 진출해 다양한 이벤트를 선보이고 있지만 아직은 이렇다할 만한 사례들을 만들어내고 있지는 못하다. 그러나 국내 사용자가 더욱 증가하고 페이스북에서의 활동이 활발해질수록 페이스북을 이용한 마케팅이나 어플리케이션 활용 사례는 증가할 것으로 보인다. 특히 기업이나 제품의 마니아, 특정인을 지지하는 사용자들의 활동 범위가 넓어질수록 소셜 미디어의 활용은 더욱 다양하고 폭넓게 변화할 것으로 예상된다. 제2의 마케터인 소셜 사용자들은 기업에게 분명 놓칠 수 없는 보석이자 가장 든든한 지원자가 될 수 있기 때문이다.

CHAPTER 04

페이스북 시작하기

페이스북 **시작**하기

페이스북이 **어렵다**고?

페이스북은 2010년 초 새로운 모습으로 업그레이드되었다. 2004년 첫 선을 보인 후부터 조금씩 모양새를 가다듬고 기능을 추가시키는 등 꾸준한 업데이트로 현재 6억 명의 사용자들을 확보했다. 페이스북은 간결한 인터페이스와 사용자의 편의를 최대한 배려한, 접근성 높은 서비스로 각광받고 있다. 그런데도 국내 SNS 사용자들 사이에서는 페이스북이 너무 복잡하고 이해가 되지 않아 사용하기 어렵다는 의견이 종종 나오고 있다. 왜 그럴까? 해외사이트여서 익숙지 않은 점이 있겠고, 화면 곳곳에 포진한 아이콘페이스북을 즐기기 위해 필요한과 아이템의 기능이 낯설기 때문일 것이다. 또 다양한 어플리케이션으로 인해 화면이 자칫 복잡해질 수 있는 것도 한 이유이다.

실제로 페이스북에는 다른 사용자들과 '친구'로서 관계를 맺고 그 즐거움을 만끽하기 전에는 알 수 없는 기능들이 너무도 많다. 지금의 페이스북은 매해 사용자들의 욕구가 반영된 기능을 하나씩 추가하며 현재의 모습을 갖추었다. 처음 접하는 이들이 복잡한 느낌을 가지는 것은 어쩌면 당연한 결과이다. 나 역시 마찬가지였다. 2007년 처음 페이스북을 접한 계기는 외국의 친구들로부터 "페이스북을 모르면 간첩"이라는 놀림을 받기 싫어서였다. 당시 페이스북의 인터페이스는 정리되지 않은 느낌이었고 한국어가 지원되기 전이었다. 아기자기한 아이템을 제공하고 그럴싸한 사진 편집 기능까지 갖춘 '싸이월드'에 익숙한 내게 페이스북의 성공은 이해되지 않았다. 그러던 페이스북이 하루가 다르게 변해갔다. 기능들이 한자리에 모이고 조금씩 제자리를 찾아가더니 클릭 몇 번만으로도 쉽게 적응되고 알 수 있도록 바뀌었다. 멀리 떨어진 친구들의 소식을 접하고자 계정을 오픈했지만 큰 매력을 느끼지 못해 등한시하던 나로선 반가운 일이 아닐 수 없었다. 친구가 늘면서 접하게 되는 정보의 양과 질도 풍부해졌다. 덕분에 지금은 트위터보다 페이스북에서 머무는 시간이 더 많아졌다.

페이스북은 알면 알수록 써보면 써볼수록 그 재미를 톡톡히 느낄 수 있는 SNS이다. 백문이불여일용百聞而不如一用이다. 지금부터 페이스북의 재미를 하나씩 알아가보자.

복잡한 절차 없이 **간단**하게 **가입**하기

주민등록번호와 주소, 전화번호 등을 필수로 기입해야 하는 국내 웹사이트와 달리 해외 사이트는 회원가입 절차가 까다롭지 않다. 가입을 위한 요구사항도 이름과 이메일 주소, 비밀번호 등이 전부다.

http://www.facebook.com/

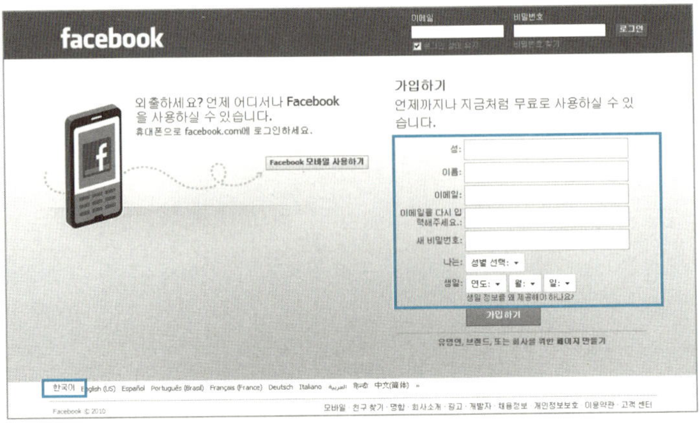

• 페이스북 가입하기

페이스북은 여기에 성별과 생년월일을 추가로 입력한다. 나이(만 13세 이상)와 인종, 교육 수준에 상관없이 누구나 가입할 수 있으며 무료이다. 영문에 익숙하지 않으면 페이지 하단 왼쪽의 언어 설정에서 '한국어'를 클릭하자. 그러면 전체 페이지가 한글 버전으로 바뀐다.

회원가입이 끝나면 페이스북 적응을 위한 3단계 초기 설정 안내가 시작된다.

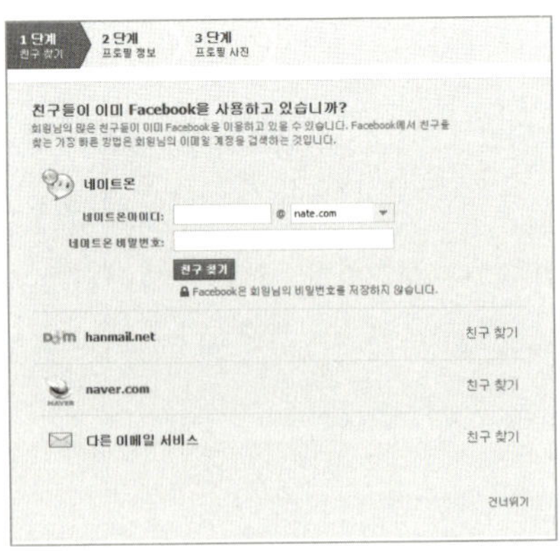

• 1단계 친구 찾기

1단계에서는 가입 때 사용한 이메일이 아닌 새로 입력하는 다른 이메일 계정을 기반으로 친구를 찾아준다. 예를 들어 가입 때 지메일[Gmail]을 사용했다면, 이 단계에서는 네이버[Naver]나 다음[Daum] 메일 등 자신이 이용하는 웹메일 주소를 등록하면 된다. 그러면 메일을 주고받은 사람을 검색해 페이스북 친구로 추천해주는 것이다. 건너뛰기를 누르면 다음 단계로 넘어간다.

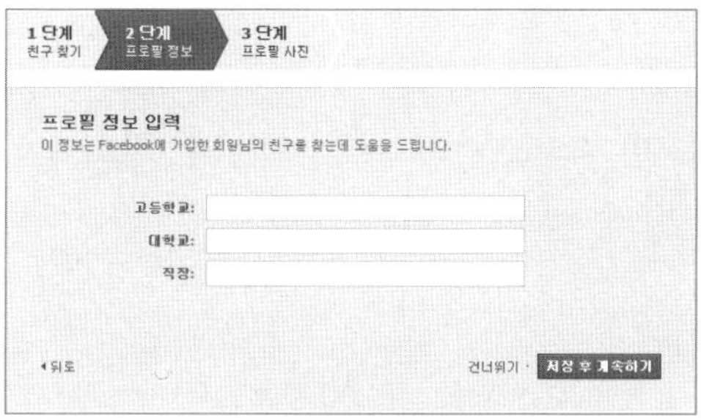

• 2단계 프로필 정보 입력하기

프로필 정보를 입력하는 2단계에서는 출신 고등학교나 대학교, 직장 정보 등을 넣어 동창이나 직장동료 등을 찾을 수 있다.

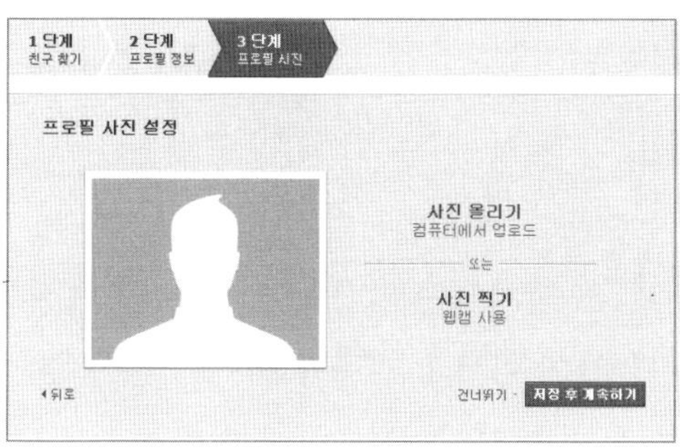

• 3단계 프로필 사진 올리기

마지막 3단계에서는 본인의 프로필 사진을 올릴 수 있다. 메인 화면에 항상 나타나지만 언제든 바꿀 수 있으니 처음부터 너무 고민하진 말자.

모든 단계는 무시하고 건너뛰어도 전혀 문제없다. 단, 제대로 정보를 입력하지 않아 한 명의 친구도 생기지 않는 것은 아무도 책임질 수 없다. 이렇게 기초 설정이 끝나면 전송된 메일을 확인해 가입 절차를 완료해야 한다. 이메일 내용에 포함된 링크를 클릭해 페이스북을 활성화하면 서비스를 이용할 수 있게 된다. 또한 앞으로 친구 요청, 확인, 담벼락 글, 댓글 등 페이스북에서 일어난 일들이 알림 메일로 발송된다. 이메일을 받지 않으려면 [계정] 설정의 '이메일 알림' 설정에서 해당 체크박스를 해제하면 된다.

페이스북 메인 페이지 **둘러보기**

앞서 페이스북 UI[User Interface]의 강점은 간결하면서도 사용자의 편의를 배려한 구성이라고 했다. 본격적으로 페이스북을 시작하기 전에 로그인 후 나타나는 화면이 어떻게 구성되어 있는지 살펴보도록 하자.

• 화면 상단의 기본 탭

화면 상단의 탭은 전체적인 인터페이스를 간결하게 하면서 동시에 계정의 다른 기능들에 빠르게 접근할 수 있도록 구성되어 있다. 로그인 후 발생하는 모든 이슈들, 즉 친구 요청이나 쪽지, 알림 등은 검색 창 왼쪽의 아이콘들을 통해 표시된다. 이로써 누가 내게 친구 신청을 했는지, 또는 내가 '좋아요'로 관심을 보인 콘텐츠에 어떤 친구가 공감을 표시했고 댓글을 달았는지 등 내 주변 상황을 한눈에 알 수 있다.

상단 탭의 오른쪽 메뉴에 보이는 [친구 찾기]는 사용자가 단 한 명이라도 친구를 찾게 되면 없어진다. 또한 친구 관리, 계정 설정, 개인 정보 설정, 고객센터 등 페이스북 이용에 필요한 설정 메뉴들은 [계정account] 아래 한데 묶였다.

페이스북 가입을 완료하고 로그인하면 친구를 찾거나 내 정보를 등록하기 위한 입력 페이지가 나타나는데 모든 항목을 꼼꼼하게 작성하면 친구 찾기가 훨씬 수월하고 다른 친구들 역시 나를 찾기가 쉬워진다. 하지만 개인 정보 공개에 민감하거나 걱정된다면 굳이 모두 작성할 필요는 없다.

페이스북의 메뉴는 크게 홈Home과 프로필Profile 영역으로 구분되는데 페이스북을 갓 시작한 이들이 가장 헷갈려 하는 부분이 바로 이 두 영역이다. 하지만 어렵게 생각할 필요는 없다. 간단하게 정의하면 홈은 나와 내 친구들의 페이스북 활동을 한눈에 보여주는, 트위터에서의 타임라인과 같고 프로필은 내 활동을 모아놓은 방이라고 생각하면 된다. 가끔 내 방에 친구가 놀러와 안부도 묻고 선물을 전해주기도 하는데 프로필에는 이러한 활동들도 함께 남는다. 홈은 기본적으로 초대받았거나 참여하고 있는 이벤트, 내가 속해 있는 그룹 또는 그룹 만들기, 친구와 주고받은 쪽지, 사용 중인 앱 등을 확인할 수 있다.

홈과 프로필 화면 구성은 다음과 같다.

메뉴에서 [홈Home]을 클릭한 후 만나게 되는 왼쪽 사이드 바에는 프로필 사진과 뉴스피드News Feed, 메시지쪽지, 이벤트, 친구 관리, 사진, 노트, 링크, 어플리케이션 정보 등 페이스북에서 대부분의 시간을 보내게 되는 주요 기능들이 자리 잡고 있다. [페이스북 시작하기] 메뉴는

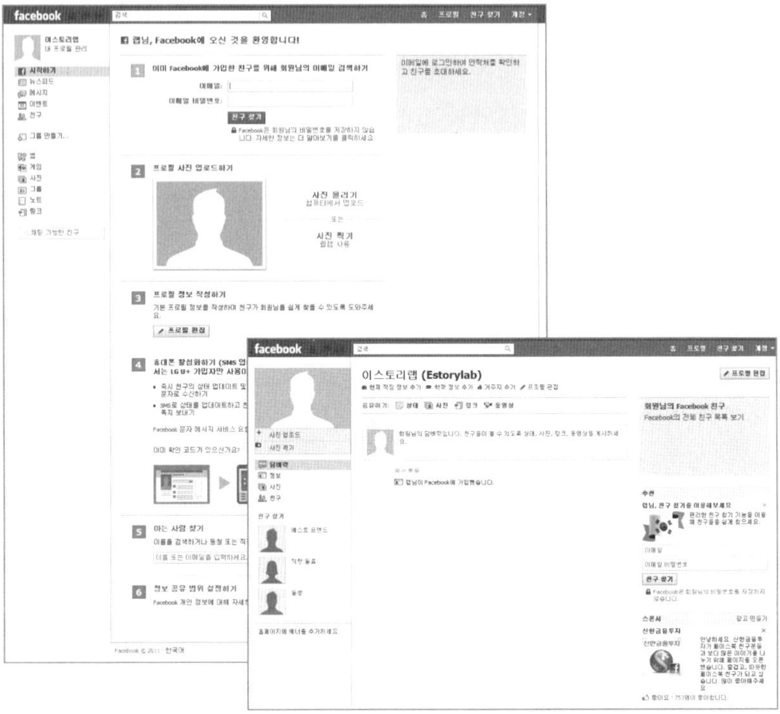

• 페이스북 가입 후 첫 [홈] 화면과 첫 [프로필] 화면

본격적으로 친구와 관계를 맺고 활발하게 활동을 시작하면 없어진다. 화면 중앙은 담벼락에 올리는 글과 시시각각 업데이트되는 친구들의 활동 소식 등 각종 콘텐츠들이 보이는 공간이다. 오른쪽 사이드 바는 친구들의 생일과 이벤트 소식, 페이스북의 친구 및 페이지, 어플리케이션 추천, 광고 등 소셜 활동에 초점을 맞춰 구성되어 있다.

[프로필]을 클릭하면 개인 페이지로 들어선다. 기본 구성은 홈과 같다. 왼쪽 사이드 바에는 프로필 사진과 기본 정보, 친구 정보 등이 기록되고, 중앙에는 담벼락과 사진 등이 입력된다. 오른쪽 사이드 바에는 광고들이 게재된다.

프로필 탭이 **사라지다**

지난 2010년 12월 6일 페이스북은 프로필 디자인을 리뉴얼했는데 가장 큰 변화는 ‘탭Tab’ 이 사라졌다는 점이다. 담벼락과 정보, 노트 등의 중앙 탭이 사라지고 이들 기능은 좌측 프로필 사진 하단으로 이동했다. 이미 공고해온 대로 11월 3일부터 공식 페이지Official page를 제외하고 개인 프로필에서는 외부 탭을 생성할 수 없음을 실현하기 위한, 그리고 디자인 면에서도 공식 페이지와 구별하기 위한 조치로 보인다.

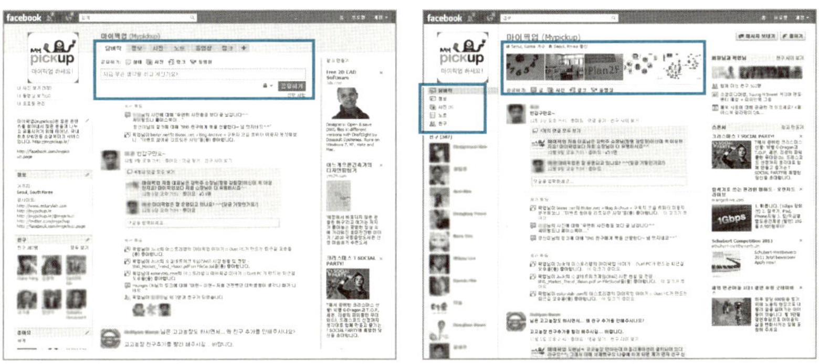

• 변경 전 프로필(좌)과 변경 후 프로필(우)

변경된 프로필에서는 사용자의 이름 옆에 항상 기록되던 상태글status이 사라졌다. 담벼락 입력 창은 따옴표가 그려진 아이콘이 있는 [글친구의 프로필] 혹은 [상태나의 프로필]를 클릭하면 나온다. 또 거주지와 생년월일, 출신 학교 등의 간단한 사용자 정보는 화면 중앙 사용자 이름 아래에 위치하며, 그 아래로 사용자가 태그된 사진들이 보인다. 불필요한 사진에 마우스를 가져다 대면 [X]표시가 나타나는데 이것을 누르면 다음 사진으로 바뀐다.

게시글의 공개 범위를 설정하는 방법은 무척 간단하다. 글을 입력하고 [공유하기] 버튼의 왼쪽에 위치한 자물쇠 아이콘을 클릭하면 해당 게시글을 '모든 사람' 에게 공개할 것인지, '친구의 친구', '친구만' 보게 할 것인지 원하는 대로 설정할 수 있다. '사용자 지정' 을 선택하면 특정 인물들만 볼 수 있게 하거나 차단시키는 것도 가능하다. 게시물을 공개하고 싶지 않다면 비공개 옵션을 선택하면 된다.

• 담벼락 게시물 공개 범위 설정

변경 전 기본적으로 오른쪽에 자리했던 링크 위젯박스도 사라졌다. 이외에 자기 소개 위젯박스 및 거주지와 웹사이트 정보, 좋아요 페이지 정보 등이 모두 [정보]의 하위 메뉴로 통합되었다. 변경된 프로필 정보는 이전보다 더 세심하게 분류되어 있다. 특히 [활동 및 관심사] 항목에는 내가 좋아하는 페이지가 모두 나열되어 있다. '활동' 이나 '관심사' 등 각 항목의 '관심사가 무엇인가요' 혹은 '어떤 활동을 좋아하나요?' 라고 적힌 입력상자에 좋아하는 페이지 및 사람을 추가할 수 있다.

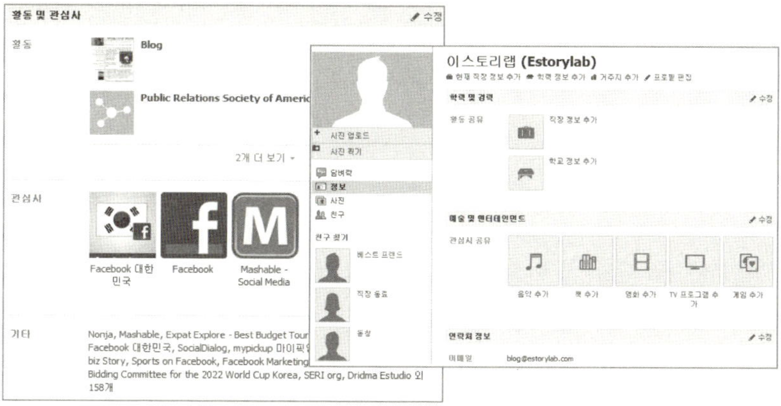

• 활동 및 관심사

화면 오른쪽 상단에 자리한 [프로필 편집] 버튼이나 중앙의 사용자 이름 아래 메뉴들 중 [프로필 편집]을 통해 개인 정보를 수정할 수 있다. 웹사이트 정보를 추가하고 싶으면 [연락처 정보] 항목에 기재하면 된다.

좌측 메뉴 중 [노트]를 클릭하면, 그동안 본인이 작성한 노트가 보인다. 각 노트글 아래 [전체 노트 보기]를 누르면 그때서야 친구의 노트, 페이지의 노트, 내 노트, 작성 중인 노트, 나에 대한 노트 등이 나타난다.

• 프로필 편집

친구와의 관계와 소통을 중시하는 페이스북의 정책이 잘 반영된 기능도 추가됐다. 바로 [친구 사이 보기]가 그것이다. 친구의 프로필을 방문하면 공통된 관심사를 찾아낼 수 있다. 친구가 로그인 중이면 화면 오른쪽 상단에는 채팅과 메시지 보내기, 찜하기 버튼이 생성된다. 로그아웃 중이면 메시지 보내기와 찜하기만 보인다. 그 밑으로 [친구 사이 보기]를 통해 함께 아는 친구와 같이 참석하는 이벤트, 공통 그룹과 사진, 담벼락 게시물 등이 나타난다. [친구 사이 보기]를 누르면 그 친구와 주고받았던, 나와 친구 사이에 일어난 모든 페이스북 활동을 볼 수 있는 별도의 페이지로 이동한다.

• 친구 사이 보기

TIP 페이스북 기본 용어 설명

담벼락(Wall) 사용자(나 또는 친구)의 글이나 사진, 동영상, 링크 등 콘텐츠를 올릴 수 있는 일종의 게시판이다. 담벼락 글은 친구들에게 공유(공개)되며, 이에 대한 공감(좋아요, Like)을 표시하거나 댓글(comment)을 달 수 있다.

메시지(쪽지, Message) 나와 특정 친구 사이에 오고 가는 일대일 대화, 비공개 쪽지이다. 가입한 그룹 혹은 이벤트 소식도 쪽지로 받을 수 있다. 사용자들 간에 주고받은 쪽지는 공개되지 않는다.

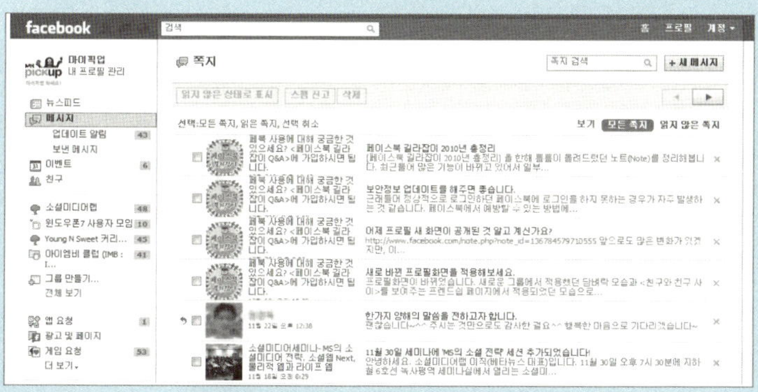

좋아요(Like) '공감'의 표시 정도로 생각하면 쉽다. 콘텐츠나 페이지에 대해서 '좋아요'를 클릭하면 해당 콘텐츠에 대한 댓글이나 페이지의 새 콘텐츠를 업데이트 알림이나 뉴스피드에서 받아볼 수 있다. 이 공감에 대해서는 언제든지 취소할 수 있다.

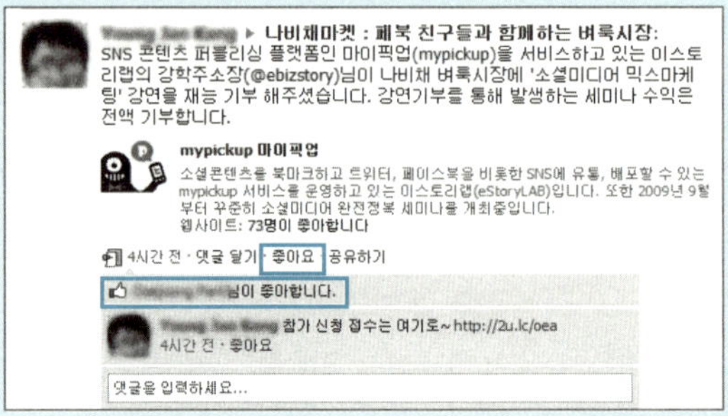

뉴스피드(News Feed) 사용자와 친구들이 담벼락에 올린 글이나 사진 등의 콘텐츠가 쌓이는 공간이다. 친구 맺기나 사진 업로드, 프로필 사진 변경 등 페이스북 활동도 기록된다. 화면의 중앙부에 위치하며 공간은 인기글과 최신글로 나뉘어 보여진다.

프로필 꾸미기는 **브랜딩**의 **시작**

지금 **시작**하세요! 페이스북

지금은 기업인과 정치인, 연예인뿐 아니라 일반인들도 자신의 인지도를 확장하고 대중적 명성을 쌓아야 성공할 수 있는 시대이다. 웹2.0 시대를 지나면서 자신을 홍보하고 마케팅하는 효과적 방법으로 소셜 네트워크 서비스가 주목받고 있다. 이미 활발한 블로그 활동으로 온라인 스타 대열에 들어선 일반인 출신 파워 블로거도 적지 않고, 트위터가 대세가 되자 수많은 팔로어구독자들을 이끌면서 타임라인을 주도해나가는 파워 트위터러Twitterer, 트위터 사용자도 속속 등장하고 있다. 이러한 가운데 전 세계적으로 6억 명, 국내에서만 350만 명 이상의 사용자를 보유하고 있는 페이스북에서 '개인 브랜딩'의 중요성은 두말할 나위가 없다. 페이스북을 자신의 커리어를 위한 발판으로 삼든 친구들과의 친목 도모를 위한 커뮤니케이션 도구로 이용하든 자신을 표현하고 긍정적인 인상을 주기 위한 브랜딩 작업은 필수다.

• 프로필 사진 및 프로필 박스

페이스북에 가입했지만 달리 어찌할 바를 모르고 있다면 지금이 바로 어떻게 브랜드를 세워나갈지 분석하고 전략을 반영할 때다. 그 첫걸음이 개인 프로필 정보를 입력하는 것이다. 홈에서 프로필 사진 옆의 [내 프로필 관리]를 클릭하거나 우측 상단 [프로필]을 누르면 개인 프로필 페이지가 연결되는데 이 페이지의 우측 상단 [프로필 편집] 버튼을 눌러 프로필 사진과 정보를 입력한다.

첫인상이 중요한 만큼 프로필 사진은 자신을 제대로 표현할 수 있는 이미지나 본인의 사진을 등록하는 것이 좋다. 지나치게 선정적이거나 거부감을 주는 사진은 피한다. 되도록 친구들이 나를 알아볼 수 있는 얼굴 사진을 올리되 상반신을 중심으로 환하게 미소 짓는 사진이 좋다. 그렇다고 고리타분한 느낌의 증명사진을 고집할 필요는 없다. 프로필 사진은 가로 180 픽셀, 세로 최대 540 픽셀로 가능하면 사이즈

• 강팀장의 개인 프로필 정보

를 맞추는 것이 좋다. 이보다 작은 사이즈의 이미지를 사용할 경우 강제로 화면에 맞춰지기 때문에 사진이 깨질 수 있다.

자기 소개를 하고 나를 알 수도 있는 친구를 찾기 위해 거주지, 정치성향, 종교관, 학력사항, 직장 정보 등 페이스북에서 요구하는 정보 입력 항목이 많다. 하지만 개인 정보 공개에 익숙하지 않다면 꼭 필요한 사항만 성실하게 기재하면 된다. 연락처 역시 세일즈나 영업 파트 직종자가 아니라면 블로그나 트위터처럼 다른 소셜 네트워크 계정 링크 등 공개할 수 있는 범위 내에서만 기재할 것을 권한다. 이렇게 입력한 개인 정보는 프로필 화면 왼쪽 [정보] 메뉴에서 확인할 수 있고 프로필 화면 상단의 [프로필 편집]을 통하여 정보 수정이 가능하다.

페이스북에서 사용하는 이름은 다른 친구들이 찾기 쉽도록 한글과 영문 이름을 동시에 사용하는 것이 좋다. 외국인 친구가 있어 영문 이름을 고수해야 할 경우 기본 표시 이름을 영문으로, 예명을 한글로 적으면 된다. 프로필 화면에는 '영문 이름(한글 이름)' 형태로 표시된다. 이때 '내 프로필과 검색 결과에도 표시' 박스를 체크하면 검색에

쉽게 노출된다. 우측 상단 [계정]에서 [계정 설정]을 클릭, 이름 변경을 하면 된다.

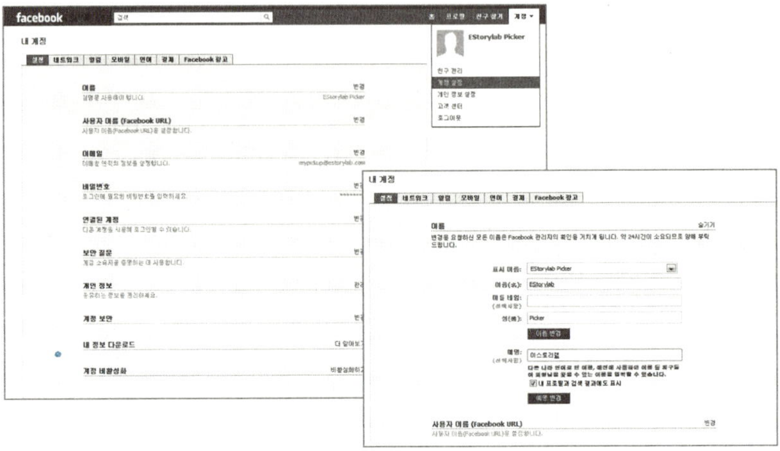

• 계정 설정과 이름 변경

TIP 페이스북에는 개인별 주소가 따로 있나요?

개인 홈페이지처럼 페이스북에서도 개인 프로필 주소(URL)를 가질 수 있다. http://www.facebook.com/username에 접속하거나 혹은 [계정 설정]에서 '사용자 이름(Facebook URL) 변경'을 누르면 개인 프로필 주소를 등록할 수 있다. 그런데 다음 단계로 넘어가기 위해서는 본인 계정 확인을 위한 휴대전화 문자메시지 인증이 필요하다. 제시된 URL 중 선택하거나 '더 보기'를 클릭하고 원하는 주소를 입력하면 된다. 영문자와 숫자, 마침표의 조합만 가능하다. 사용 가능 여부 확인을 클릭하면 사용자 이름이 설정된다.

참고로 입력한 이름을 다른 사람이 사용하고 있으면 '사용할 수 없습니다'라고 나온다. 사용자 이름은 한 번만 바꿀 수 있으니 신중하게 결정할 것을 권한다. 생성된 나의 페이스북 URL은 프로필 사진 아래 [정보] 섹션(제일 하단)에서 확인할 수 있다. 또 페이스북에 로그인할 때도 개인 프로필 주소를 이메일 주소 대신 아이디처럼 이용할 수 있다.

개인 정보 보호 설정은 **필수**

페이스북은 오랫동안 개인 정보 보호가 미흡하다는 논란을 낳아왔다. 게다가 최근 CEO인 마크 주커버그가 '오픈 그래프Open graph' 라는 새 기능을 소개하며 가입자가 입력한 정보는 기본적으로 인터넷 전체에 공개할 것이라는 방침을 밝힌 바 있다. 공개되는 정보는 사용자 이름과 친구들의 이름, 프로필 사진, 성별, 아이디, 페이스북 커넥션, '모든 사람' 으로 설정된 콘텐츠 전부가 포함된다고 알려졌다. 한마디로 개인 정보 입력부터 공개 설정 여부 등을 모두 사용자에게 맡긴 셈이다.

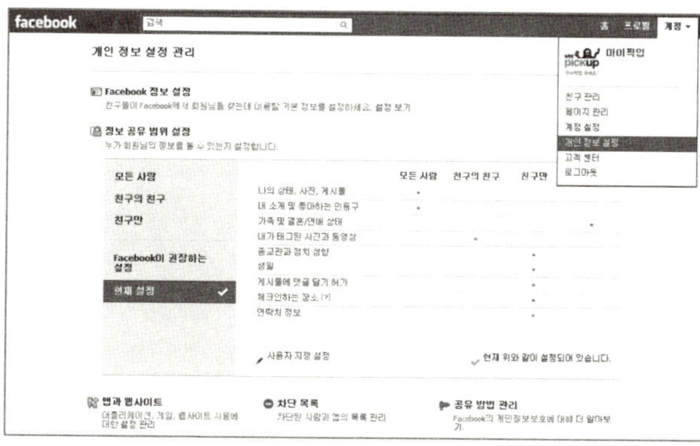

• 개인 정보 설정

안전하게 사이트를 이용하기 위해 개인 정보 보호장치는 필수다. 페이스북에는 사용자가 올리는 콘텐츠의 공유 범위를 간단히 통제할 수 있는 설정이 마련되어 있다. 여전히 논란은 되고 있지만, 모든 사람이 볼 수 있는 기본 정보의 양을 줄인 것이 특징이다. [계정]-[개인 정보 설정]으로 이동하면 기본적으로 게시하는 콘텐츠에 대해 '모든 사람Everyone', '친구의 친구Friends of friends', '친구만Friends only' 등으로 공개 범위를 설정할 수 있다. 또 [계정]-[개인 정보 설정]-[페이스북 정보 설정]에서는 나를 검색할 수 있는 범위, 친구 요청 및 메시지 받기, 나의 친구 목록과 학력/경력을 볼 수 있는 대상을 설정할 수 있다. 설정을 하지 않을 경우 모두 공개로 되어 있으니 꼭 확인하기 바란다. 또한 [앱과 웹사이트]에서는 외부 어플리케이션 및 웹사이트가 페이스북 정보로 접근할 수 있게 하는 허가 여부를 간단히 설정할 수 있다. 어플리케이션 적용을 원치 않을 경우 플랫폼을 삭제하거나 모두 끌 수 있다. 이 방법을 이용하면 어플리케이션이나 웹사이트는 사용자의 어떤 정보에도 접근할 수 없다.

보안 전문가들은 사용자의 친구가 자신의 프로필에 대한 접근을 허용하면 사용자가 의도하지 않아도 기본적으로 페이스북에 올리는 모든 정보가 공개될 수 있음을 지적한다. 마케팅을 목적으로 페이스북을 이용하는 기업이나 전문가가 아니라면 세부적인 개인 정보에 대한 접근 허용 단계는 '친구만'으로 설정하는 것이 좋다. '모든 사람'으로 했을 경우 내 개인 정보가 낱낱이 공개되어 추후 귀찮은 일이 발생할 수 있다. 그러므로 내 상태나 사진, 게시물 등 기본 정보를 제외하고 태어난 해, 연락처 같은 신원을 확인하는 데 사용할 수 있는 정보가 노출되지 않도록 프로필을 제한할 필요가 있다.

페이스북의 개인 정보 보호정책과 설정은 완벽하지 않다. 새로운 서비스를 적용할 때마다 조금씩 바뀌기 때문에 무엇이 변경되는지 주의를 기울여야 한다. 페이스북의 정책이 변경되면 설정을 다시 확인하고 필요한 경우 바꾸는 것이 좋다.

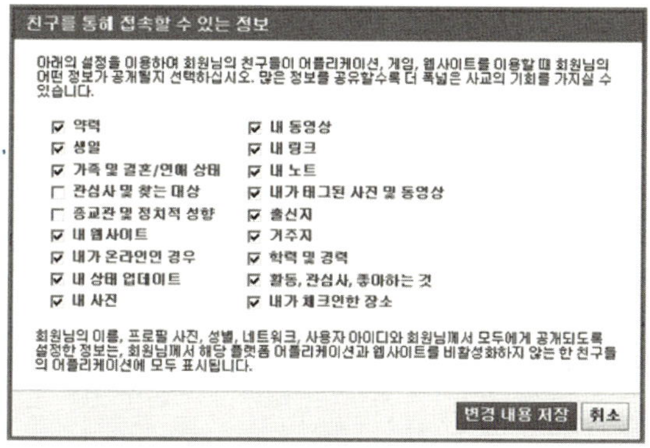

• 친구들의 어플리케이션 이용 시 적용되는 내 정보 공개 범위 설정

TIP 달갑지 않은 친구에게 내 정보를 공개하고 싶지 않다면?

[개인 정보 설정]의 [차단 목록]을 이용해보자. 누군가가 연락을 하거나 내 정보를 보는 것을 차단할 수 있는 기능이다. 또 특정 친구로부터 오는 어플리케이션 초대를 무시하도록 설정할 수 있고, 내 정보에 접근하거나 나에게 연락하는 것이 차단된 어플리케이션의 목록을 볼 수도 있다.

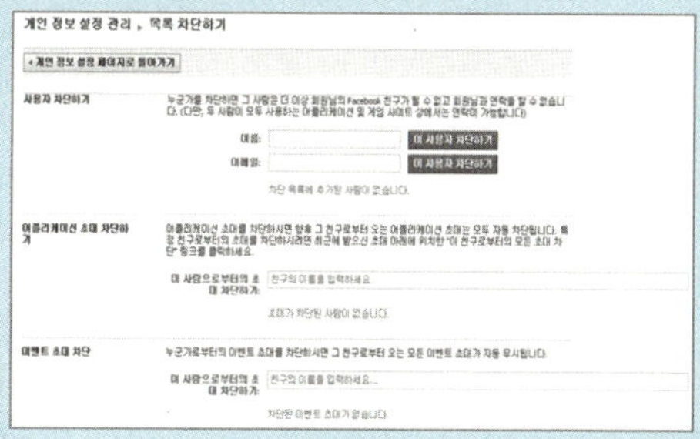

• 차단하기

친구는 재산, **친구** 만들기

페이스북 = **친구**

페이스북 즐기기는 바로 '친구' 만들기부터 시작된다. 페이스북의 친구는 상대방이 수락해주기 전까지 친구 관계가 성립되지 않는다는 점에서 싸이월드의 '일촌'과 닮았다. 하지만 엄밀히 구분하자면 정보 공유의 대상이라는 성격이 강한 페이스북 친구는 개인의 일상 공유에 초점을 맞추고 있는 일촌의 개념과는 다르다. 단순히 일상을 공개하는 것보다 친구들의 호응을 끌어낼 수 있는 좋은 콘텐츠를 생산하거나 발굴해 이를 친구들과 나누고자 하는 욕구가 더 큰 편인 것이다. 그런데 앞에서 다뤘듯이 [개인 정보 설정]에서 정보나 게시물의 공개 여부를 모든 사람, 친구만, 친구의 친구, 지정한 친구 등으로 설정하게 되면 상대방의 담벼락 글이나 사진 등을 보는 데 제한이 생긴다. 이때 개인이라면 대부분 친구가 될 경우 친구의 모든 콘텐츠와 페이스북 내 활동을 볼 수 있으며 친구의 담벼락에 글이나 사진 등을 남길 수 있도록 하는데 기업이나 기관, 마케팅 담당자라면 모든 사람 또는 공개 제한을 최소화하는 것이 좋다.

2010년 6월 미국의 온라인시장 조사업체인 이마케터www.emarketer.com의 발표에 따르면, 소셜 미디어 이용자들이 가장 신뢰하는 정보원으로 내가 알고 있는 블로거에 이어 페이스북 친구가 2위로 나타났다. 물론 이제 막 페이스북의 인기가 높아지고 있는 국내에서는 다른 결과가 나올지도 모르겠다. 하지만 믿음을 바탕으로 형성된 페이스북 관계와 그 속에서 공유되는 정보의 신뢰성은 충분히 예상 가능하다.

그렇다면 페이스북에서는 어떻게 친구를 만들까? 페이스북과 함께 대표적인 소셜 네트워크 서비스인 트위터에서는 팔로우 버튼을 누르면 상대방이 나와 소통을 원하지 않아도 그 사람의 글을 구독할 수 있다. 그러나 페이스북은 다르다. 나와 어울리는 친구를 찾아 친구가 되어달라는 요청을 하고 상대방이 승낙할 때까지 기다려야 한다. 이를 위해 페이스북에서는 네 가지 방법을 제시한다. 페이스북 적응을 위한 단계에서 이미 언급한 바 있는 이메일 주소록으로 친구 찾기, 페이스북에서 추천한 '알 수도 있는 사람'으로 친구 추가하기, 이름과 이메일로 사람 찾기, 메신저에 있는 친구 찾기이다.

적극적으로 친구 찾기

페이스북에서는 사용자가 입력한 정보를 바탕으로 다양하게 친구를 추천해준다. 게다가 친구의 친구를 검색해 알 만한 사람을 추천해주기도 한다. 먼저 친구 요청을 해보자. 대신 모르는 사람에게 친구 요청을 할 때는 상대방에게 내가 누구이며 왜 친구가 되길 원하는지에 대한 설명을 덧붙이거나 쪽지를 보내는 것이 좋다.

• 다양한 방법으로 친구 찾고 친구 요청하기

페이스북은 친구 찾기 알고리즘을 통해 끊임없이 친구를 추천한다. 하지만 능동적으로 친구를 찾아 추가해보는 것은 어떨까? 당연한 말이지만, 자신이 잘 아는 친구와 교류하다 보면 페이스북에 적응하기가 더 쉽다.

상단 탭의 검색 창에 찾고 싶은 친구의 이름을 넣어보자. 가입 시에 이름을 영어로 해놓은 친구는 영어로 검색해야만 찾을 수 있다. 프로필 사진이 맞으면 바로 친구로 추가하고, 확실치 않을 경우 해당 이름을 클릭하면 연결되는 상대방의 프로필 정보를 꼼꼼히 살펴본다. 이름 옆의 [친구로 추가] 버튼을 누르면 친구 요청이 완료되고 상대방이 수락할 때까지 기다리면 된다. 친구의 페이스북 주소를 안다면 주소창에 직접 기입해도 좋다. http://www.facebook.com/mypickup처럼 고유 URL을 가진 친구의 경우에만 가능하다.

다른 방법도 있다. 홈 화면 왼쪽 사이드 바의 [친구]-[친구 찾기]를 클릭하면 내가 보유하고 있는 다양한 이메일 주소를 이용해 친구 찾기가 가능한 옵션이 나온다. 다음, 네이버, 야후 등 원하는 이메일을 선택하고 이메일 주소와 비밀번호를 입력하면 나와 이메일을 주고받은 사람 중 페이스북에 가입된 친구를 찾을 수 있다. 또 네이트온, MSN 등 메신저에 있는 친구 역시 해당 메신저 아이디와 비밀번호를 입력하면 가입 여부를 알 수 있다. [다른 도구]를 선택하면 '주소록 파일 업로드'와 '친구, 동창, 동료 찾기' 등의 옵션이 생긴다. 주소록 파일 업로드를 이용하면 아웃룩, 윈도우 연락처 등의 주소록에서 연락처를 가져오게 된다. 친구, 동창, 동료 찾기를 누르면 체크박스를 이용해 출신지와 거주지, 학교, 직장 등의 조건으로 검색이 가능하다. 한글이나 영문 모두 검색된다. 프로필 사진과 이름 아래 [친구로 추가]를 누르면 친구 요청이 보내지고, 이름을 클릭하면 상대방의 프로필 화면으로 이동한다.

가입 후 첫 프로필 화면 왼쪽 사이드 바에 생성된 [친구 찾기] 옵션도 있다. '베스트 프렌드'는 이메일 주소로 찾는 친구이며 직장 동료와 동창은 출신지와 거주지, 학교 및 직장 정보를 입력해 찾게 된다. [계정]-[친구 관리]에서도 '친구 찾기'와 '친구 초대'가 가능하다. 친구 초대는 지인들에게 초대 이메일을 보냄으로써 페이스북 가입을 권

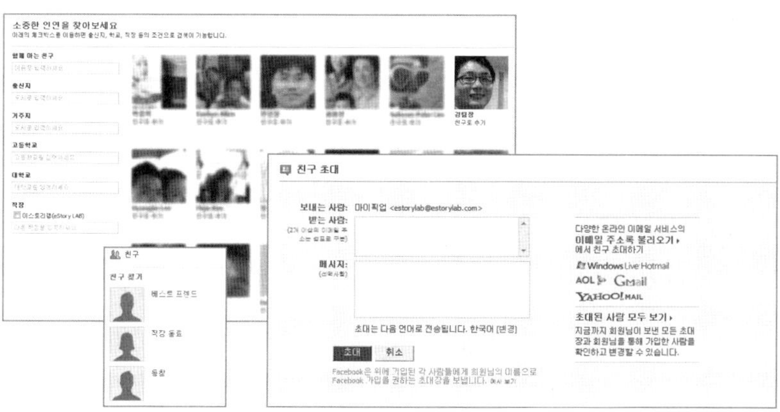

• 친구 찾기와 친구 초대

유하는 것이다.

새로운 친구를 찾고 있다면 내 친구의 글에 공감을 표시하거나 댓글을 다는 사람을 친구로 추가해보는 것이 어떨까? 나와 생각하는 바가 같을 수 있는데다 '친구의 친구' 라는 공통 관계로 묶여 있어 친구 요청을 하기도 쉽다. 이미 교류 중인 친구로부터 추천을 받은 친구를 내 친구로 만드는 방법도 있다. 친구 추천을 받으면 친구 요청과 구분 없이 알림이 들어온다. 이를 승낙하면 추천받은 친구에게 본인 이름으로 친구 요청이 들어가게 된다. 반대로 다른 친구들에게 소개하고 싶은 친구는 직접 추천할 수도 있다. 추천하고 싶은 친구의 프로필로 가서 '친구 추천' 을 클릭하고, 다른 친구들을 선택한 후 추천하기를 누르면 된다.

페이스북 프로필에서 개인이 맺을 수 있는 친구는 5천 명까지로 제한된다. 그 한도 내에서는 얼마든지 친구 요청과 수락이 가능하지만 5천 명을 넘어서면 더 이상 친구 요청을 할 수 없고 친구를 추가할 수도 없다. 그래서 기업이나 기관, 유명인의 경우에는 친구 수 제한이 없는 페이지를 개설해 사용하는데, 페이지와 관련된 이야기는 6장에서 알아보자.

목록 만들어 친구 **관리**하기

페이스북의 재미에 빠지면 자연스럽게 친구 네트워크도 커지게 마련이다. 친구가 10명 미만이라면 상관없지만, 100명 혹은 500명 이상이면 어떻게 할까? 개인적인 친구는 물론 업무적으로 관련된 사람들이나 비슷한 취미로 만난 친구들도 있을 것이다. 또 활발하게 소통을 하는 친구가 있는가 하면, 단 한 번도 교류한 적이 없는 친구들도 있다. 이럴 때는 목록을 만들어 친구를 관리하면 편하다.

[계정]-[친구 관리하기]를 클릭하면 내 친구들이 가나다 및 알파벳순으로 정렬된다. 여기서 다시 [목록 만들기] 버튼을 누르면 새로운 팝업창이 뜨는데 그곳에 목록 이름을 넣고 친구를 추가하면 목록이 생성된다.

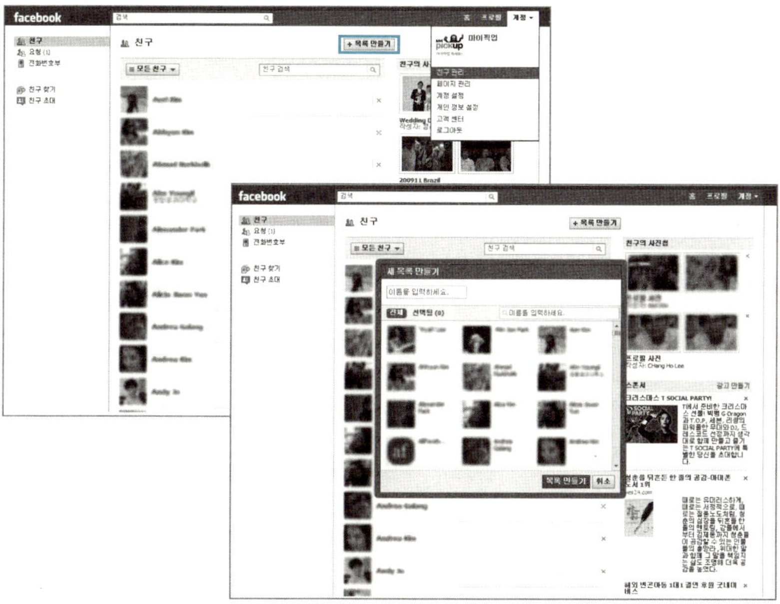

• 친구 관리 화면과 친구 목록 만들기

이렇게 분류된 친구는 '목록 편집Edit lists'에서 분류 해제 또는 다른 목록으로 이동이 가능하고 목록에 친구를 더 추가하고 싶다면 입력창에 추가하고 싶은 친구 이름을 넣으면 된다. 또 [여러 명 추가] 버튼으로 여러 명의 친구를 선택할 수도 있다. 하나의 목록으로 묶인 친구들의 최근 소식과 글들은 뉴스피드에서 따로 모아볼 수도 있다. 이외에도 내 친구 목록은 [계정]-[개인 정보 설정]-[페이스북 정보 설정]에서 '설정 보기' 옵션을 통해 모든 사람, 친구의 친구, 친구만 또는 지정한 사용자가 함께 보도록 설정할 수 있다.

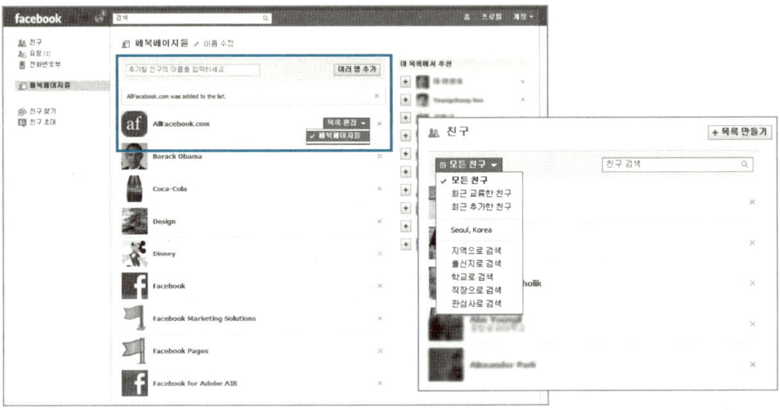

• 친구 검색과 친구 목록 편집

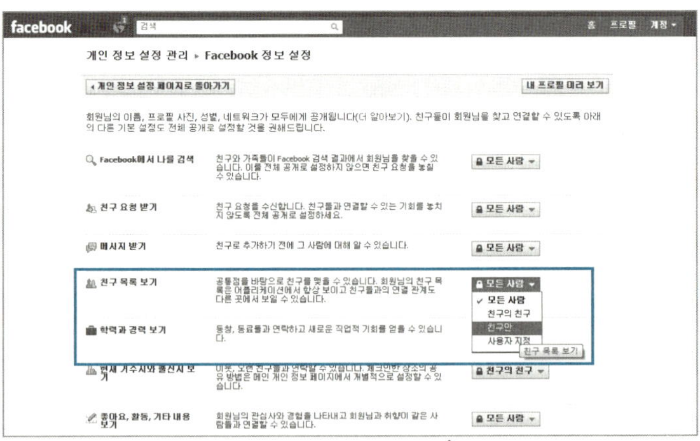

• 친구 목록 보기 설정

결별을 선언하다

앞서 페이스북에서의 다양하고 풍성한 활동을 위해 많은 친구를 만들 것을 권했지만 무턱대고 '아무나' 하고 친구를 맺을 수는 없는 노릇이다. 또 친구 요청이 들어왔다고 해서 무조건 승낙해야 하는 것도 아니다. 친구 네트워크의 크기가 커질수록 더 많은 어플리케이션, 이벤트 요청 등이 뒤따르고 경우에 따라서는 페이스북 이용에 불편을 줄 수도 있다. 그러므로 친구 요청에 꼭 응할 필요는 없다. 친구 요청이 들어온 사람의 프로필 사진과 자기 소개 등을 살펴본 후 친구 맺기를 결정해도 늦지 않다.

그런데 이미 교류하고 있는 친구 중 내가 원치 않는 정보를 올리거나 반갑지 않은 친구가 있다면 어떻게 할까? 그 친구들과 언제든지 절교할 수 있다는 사실을 아는가? [계정]-[친구 관리]에서 친구 이름 옆의 [X]표시를 클릭하면 간단하게 결별을 선언할 수 있고 해당 친구의 프로필 페이지 왼쪽 하단에 있는 [친구 끊기]를 클릭해도 된다.

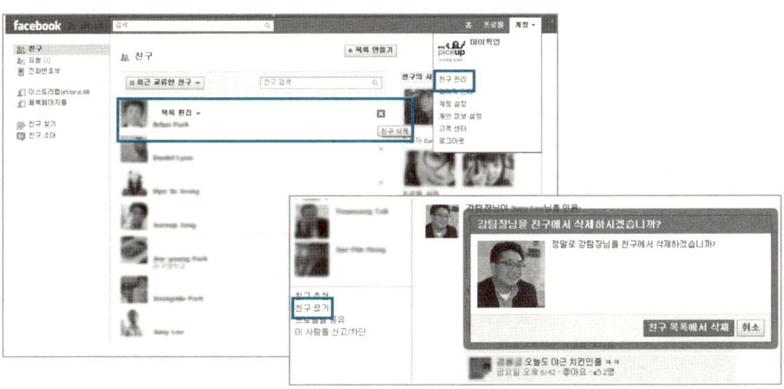

• 친구 삭제하기

절교가 내키지 않는다면 특정인의 글을 뉴스피드에서 차단시키는 방법을 이용하자. 뉴스피드 글을 [최신글]로 설정하고 하단의 [옵션 편집]을 클릭한 후 숨길 친구를 찾아 등록한다. 또는 해당 친구가 등록한 글에 마우스 포인트를 올리면 [X]표시가 나타나는데 클릭 후 [○○님의 게시물 모두 가리기]를 선택하면 된다. 친구 관계는 유지하되 보고 싶지 않은 친구의 글을 차단시킬 수 있다.

친구의 글 뉴스피드에서 숨기기

허위 사실 또는 정보를 유포시키거나 허위 프로필을 기재한 악성 친구를 페이스북에 신고하고 차단할 수도 있다. 해당 친구의 프로필 왼쪽 하단에 있는 [이 사람을 신고/차단]을 클릭한 후 신고 이유를 체크하고 확인을 누르면 된다.

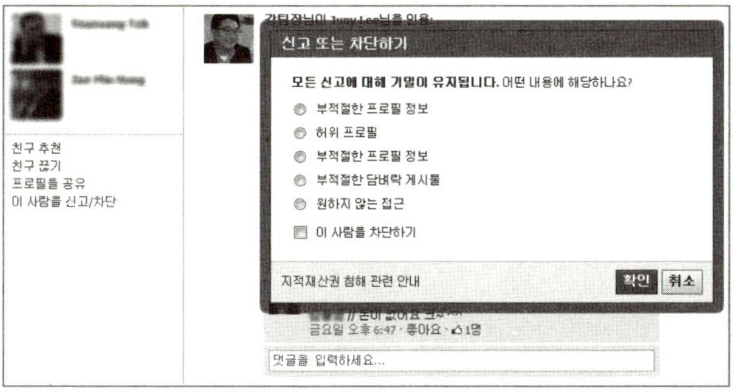

• 친구 신고/차단하기

TIP 한 사람의 평균 친구 수는?

6억 명의 페이스북 사용자들은 평균 몇 명의 친구와 관계를 맺고 있을까? 페이스북의 통계에 따르면 보통 한 사람당 130명 정도의 친구가 있다고 한다. 그렇다면 페이스북에서 보통 원활한 친구 관계를 유지하기 위해 필요한 친구 수는 몇 명일까? 개인차가 있겠지만 보통 150~200명을 적당한 친구 수로 본다고 한다.

페이스북에 글 올리고 **수다 떨기**

친구의 최근 활동 **확인**하기

페이스북의 친구 찾기 알고리즘을 통해 다양한 친구와 연결이 되었다면 이제 본격적으로 그들의 생각이나 이야기를 확인하고 대화를 나눠보자. 일단 뉴스피드에 올라오는 친구들의 최근 소식을 확인하고 게시물, 사진, 친구의 친구들이 남긴 댓글들을 둘러보자. 홈의 뉴스피드는 친구들의 수다가 최신 또는 인기순으로 정렬되어 업데이트되고, 친구의 소식뿐만 아니라 좋아요를 한 페이지 및 가입한 그룹 등의 업데이트 소식도 함께 볼 수 있다.

뉴스피드 화면의 [최신글]을 클릭하면 더 보기 메뉴가 생성되는데, 뉴스피드에 올라오는 글들을 상태 업데이트나 사진, 링크 혹은 내가 좋아하는 페이지별로 따로 모아보거나 친구 목록별로 확인할 수 있다. 친구의 프로필을 방문하면 그 친구의 최근 활동을 확인할 수도 있다. 검색 창에 친구 이름을 넣거나 뉴스피드에 올라온 친구의 이

• 뉴스피드 화면과 친구 목록별로 게시글 모아보기

름을 클릭하면 해당 친구의 프로필로 이동한다.

실시간 업데이트되는 친구들의 상태Status를 보았다면, 다음은 자신의 콘텐츠를 친구들과 공유할 차례이다. 프로필 또는 뉴스피드의 공유하기 바에서 [상태]를 클릭하면 '지금 무슨 생각을 하고 계신가요?' 라는 질문이 적힌 입력 창이 나타난다. 이 입력 창에 글을 쓰거나 사진, 동영상, 링크 등을 첨부하면 친구들의 뉴스피드와 내 프로필 담벼락에 글이 등록된다.

• 프로필 담벼락과 뉴스피드 담벼락

페이스북 담벼락에 뭘 적을까?

그렇다면 페이스북 담벼락에는 뭘 적어야 할까? 트위터, 싸이월드, 블로그 등과 같이 페이스북 역시 메시지를 쓰고 농담을 끼적거릴 수 있는 재미있는 공간이다. 담벼락에 낙서하듯 장난스러운 글을 쓸 수도, 일기장처럼 오늘의 사소한 일상이나 달라지는 기분을 적을 수도 있다. 또 진지한 고민을 털어놓거나 친구들에게 질문을 던질 수도 있다. 무슨 글을 적든 전적으로 사용자 마음이다. 단, 게시글은 친구 또는 모두에게 공개될 수 있다는 것만을 기억하자. 그러므로 날씨나 식사 메뉴, 기분 변화, 연애사 등 지나친 개인 일상사를 매일같이 상태 업데이트의 주제로 삼는 것은 피하자.

비즈니스적 관점에서 자신의 브랜드 가치를 높이기 원한다면 페이스북을 더욱 효과적으로 이용할 수도 있다. 최근에 작성한 블로그 포스팅이나 관심을 가지고 있는 프로젝트를 홍보할 수 있는 훌륭한 도구로써 말이다. 다른 사람들에게 도움이 되고 많은 사람들이 공감할 만한 업무와 관련된, 전문성 있는 글을 꾸준히 업데이트하는 것이 좋다. 또 자신이 어떤 사람인지 잘 정리해 보여주면 인맥을 구축하는 데 큰 도움이 된다.

하지만 너무 과도한 정보 공유는 문제가 된다는 점만 명심하자. 담벼락 글은 자신이 누구인지 무엇을 하는지를 반영하는 척도가 되므로 정중하고 정돈된 말투를 사용하는 것이 좋다.

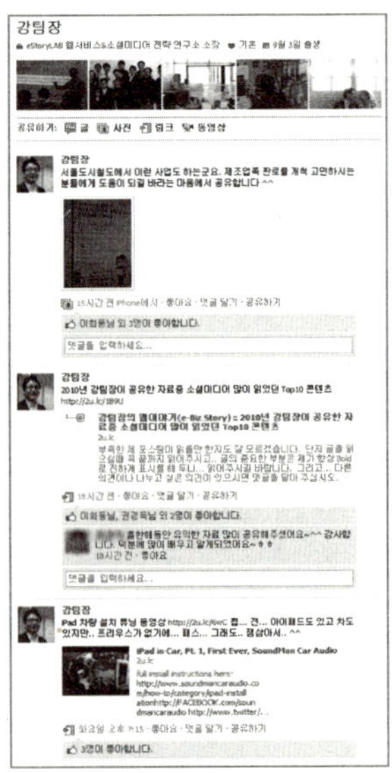

• 강팀장의 담벼락

비속어나 은어 등은 피한다.

TIP 내 게시물을 만천하에 알리기 싫다면?

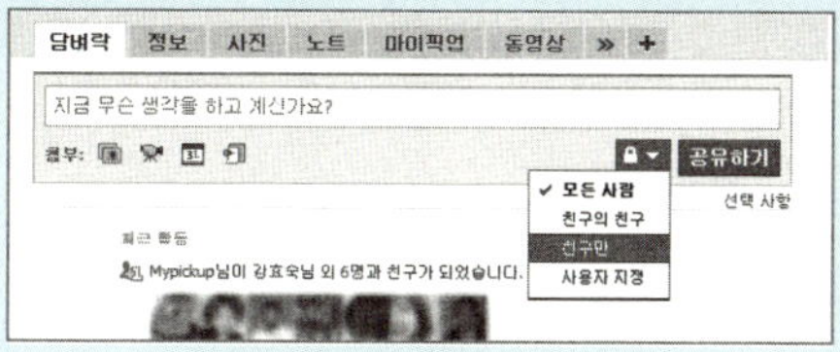

• 담벼락 게시물 공개 설정

매번 담벼락에 글을 쓸 때마다 해당 포스트를 볼 수 있는 사람을 설정할 수 있다. 상태 업데이트, 링크 등을 게시하기 전 [공유하기] 버튼 옆의 자물쇠 아이콘을 클릭해보자. 모든 사람, 친구의 친구, 친구만 등 공개 범위를 설정할 수 있다. 이 설정은 기본 설정으로 되어 있는 '내가 올린 게시물'의 설정에 우선 적용된다.

담벼락과 뉴스피드 **깔끔하게 정리**하기

기본적으로 페이스북은 각 게시물에 달린 친구들의 의견 수, 게시물을 올린 사람, 그리고 게시물의 콘텐츠 유형을 기반으로 사용자가 관심을 가질 만한 게시물을 뉴스피드에 선택 게재한다. 뉴스피드의 인기글이 이렇게 선택된다. 그러나 페이스북 친구가 많을수록 뉴스피드는 누가 누구의 친구가 됐고 무엇을 좋아하는지, 친구의 게임 이야기 등의 무의미한 메시지로 가득 차 있을 때가 많다. 이렇게 페이스북 뉴스피드가 지저분한 상태이면 정작 중요한 게시물을 찾기 어려워진다. 이를 효과적으로 관리하기 위한 방법은 없을까? 간단한 방법은 해당 게시물 위로 마우스를 올리면 나타나는 [X]버튼을 클릭해 게시물 가리기를 하는 것이다. 그러나 매번 모든 게시물들을 일일이 확인해 [X]를 누르기엔 한계가 있고, 참 귀찮은 일이다. 한꺼번에 관리할 방법이 필요해진다.

• 뉴스피드 게시글 삭제하기

뉴스피드의 [인기글] 상태에서 [옵션 편집]을 클릭하면 뉴스피드 설정 창이 뜬다. 위에서 언급한 방법으로 하나라도 게시글을 숨겼다면 뉴스피드에서 이미 숨긴 친구 목록이 뜬다. [뉴스피드에 추가] 버튼을 누르면 해당 친구의 게시글은 내 뉴스피드에 다시 게재된다. 뉴스피드를 [최신글] 순으로 선택하고 정리할 경우 우선 소식을 자주 받고자 하는 친구들을 [더 보기]에 추가하고, 그 외의 다른 사람들은 [숨기기] 목록에 추가해 뉴스피드에 표시되는 빈도를 낮추면 된다. 또 뉴스피드 업데이트 소식에 표시할 친구의 수도 조절할 수 있다. 기본 250명으로 설정되어 있으며 숫자가 커질수록 신규 게시물의 노출 빈도가 높아진다.

과도한 페이스북 어플리케이션 업데이트 역시 뉴스피드를 어지럽히는 주범이다. 원치 않는 어플리케이션의 업데이트 정리 방법은 의외로 쉽다. 해당 게시물 위로 마우스를 올리면 나타나는 [X] 버튼을

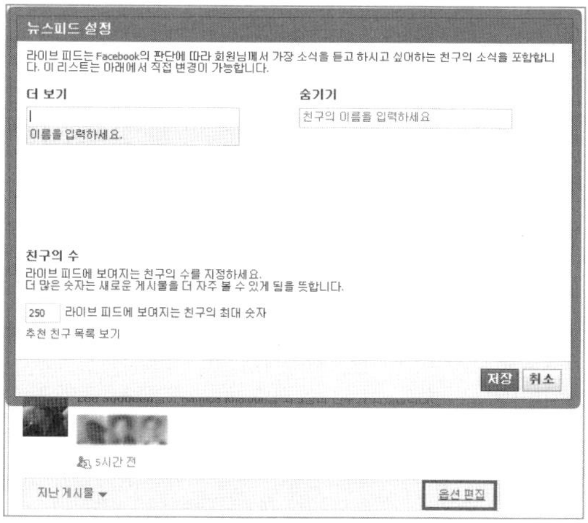

• 뉴스피드 업데이트 소식 설정

클릭하면 된다. 일부 가리기 혹은 전부 가리기를 선택한다. 어플리케이션의 모든 업데이트를 숨기거나 해당 사용자의 게시물을 숨기는 옵션을 선택할 수 있다.

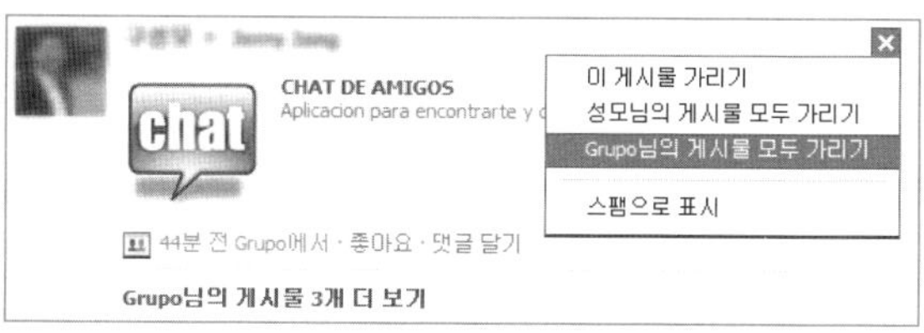

• 어플리케이션 게시물 숨기기

숨긴 어플리케이션을 보거나 어플리케이션 숨김을 해제하려면 뉴스피드를 [인기글] 보기로 전환해 맨 아래로 스크롤한 다음 [옵션 편집]을 선택한다. 그러면 숨긴 어플리케이션이 표시되는데, 여기서 [뉴스피드에 추가]를 선택하면 복원된다.

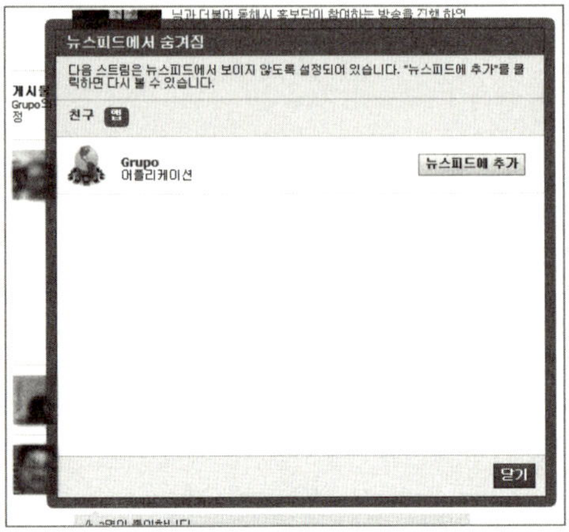

• 뉴스피드에서 숨겨진 게시글 복원하기

꼬리에 꼬리를 무는 **댓글달기/좋아요/공유하기** 3종 세트

페이스북과 같은 소셜 네트워크는 현실 생활의 연장선에 있다. 친구의 말을 조용히 듣기만 했다간 나를 각인시키지 못한 채, 있으나 마나 한 안타까운 존재로 전락할 수 있다. 또 아무리 좋은 정보라도 일방적이기만 한다면 외면받기 쉽다. 우리네 인생이 그렇듯 페이스북에서도 교류가 없으면 재미없고 심심하다. 현실에서 친구들 말에 맞장구치거나 추임새를 넣고 적극적인 의견을 나누는 것처럼 페이스북 내에서도 친구들 말에 호응을 해주고 관심을 표현하다 보면 자연스럽게 그들도 내게 호감을 보이게 된다. 그러면 오프라인 친구 못지 않은 끈끈한 '친구' 관계를 유지해 나갈 수 있다. 이럴 때 필요한 기능이 댓글 달기[Comment]와 좋아요[Like], 그리고 공유하기[Share] 3종 세트다.

댓글 달기는 친구의 글에 대해 의견을 남기는 것을 말한다. 좋아요는 공감을 표시하는 정도로 생각하면 된다. 댓글 달기가 부담스럽지만 의견에 호감을 나타내고 싶을 때 유용하다. 링크가 담긴 게시글이나 노트의 글에는 공유하기 기능이 추가된다.

댓글과 좋아요가 해당 정보에 대한 관심을 표시하는 소극적인 성격의 정보 공유라면, 공유하기는 적극적인 정보 공유의 방법이다. 공유하기를 통하여 해당 콘텐츠를 내 친구의 친구까지 볼 수 있으므로 좀 더 많은 사람들과 의견을 나눌 수 있다. 페이스북에서는 많은 것을 공유할수록 더 많이 기억된다.

내가 댓글을 달거나 좋아요 공감을 표시한 글에 다른 사람들도 같은 방법으로 호응했을 경우 상단 탭 아이콘을 통해 알림을 받을 수 있다.

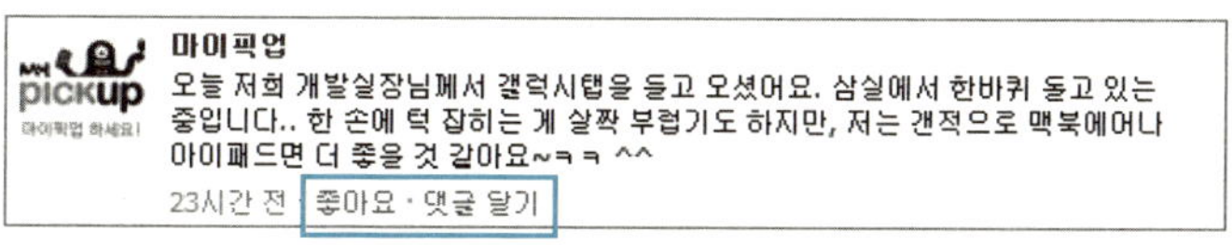

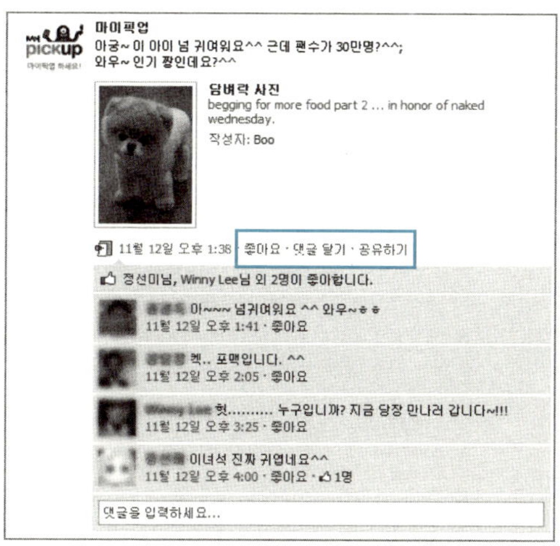

• 댓글, 좋아요, 공유하기

내 친구 한 명이 다른 친구의 담벼락에 안부 인사를 전했을 경우 이 내용은 내 뉴스피드에도 기록이 된다. 친구들끼리 서로 대화를 주고받았으면 댓글 달기와 좋아요 외에 '친구 사이 보기' 기능이 추가된다. 친구 사이 보기를 누르면 관련 페이지로 이동하는데 두 사람이 어떤 대화를 주고받았는지, 서로에게 어떤 댓글을 남겼는지 알 수 있다. 또 함께 태그된 사진과 공통으로 참석한 이벤트, 함께 좋아하는 페이지 등을 자세히 확인할 수 있다. 그러므로 담벼락에서 둘만의 사적인 계획이나 약속을 이야기하는 것은 피하자. 다른 프로필 방문자들에 대한 결례가 될 수 있다. 모든 친구들에게 호응을 얻을 생각이 아니라면 이런 글은 메시지를 사용하는 것이 바람직하다.

• 친구 사이 보기

TIP 페이스북에서 @란?

@+단어 = 링크 연결 및 게시글 동시 게재

게시물을 올릴 때 특정 친구 혹은 페이지와 공유하고 싶다면 '@' 기호를 넣고 친구 혹은 페이지의 이름을 넣으면 된다. 첫 글자 입력 시 자동 완성 기능에 의해 친구 이름이 보인다. 이렇게 게시된 글은 자신의 프로필 및 링크된 친구 또는 페이지의 담벼락에도 함께 올라가게 된다. 단, 댓글을 쓸 때는 @ 기능이 적용되지 않는다.

이 기능은 트위터의 멘션(mention) 기능과 많이 비슷하다. 그러나 글을 작성하고 나면 @는 사라진다. 친구나 페이지의 이름이 파란색으로 입력되면서 링크가 걸리는 점이 트위터와 다르다.

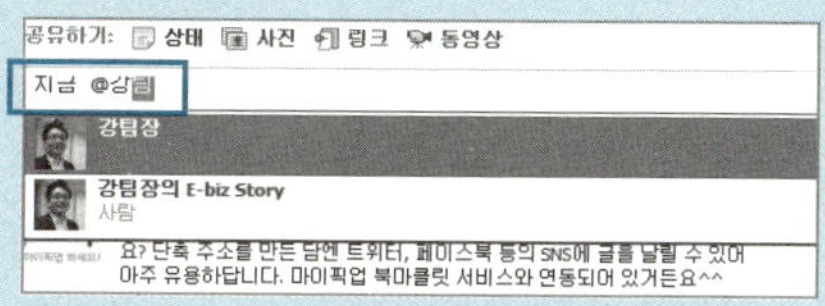

• @ 링크 연결

채팅 & 쪽지로 둘만의 **대화 꽃** 피우기

페이스북은 트위터에 비해 실시간 의견 교환이 어렵다는 지적을 받기도 한다. 그러나 이는 온라인 친구와 실시간으로 대화를 나눌 수 있는 페이스북의 메신저[채팅] 기능을 간과한 것이다.

홈의 좌측 사이드 바 메뉴를 보면 친구의 프로필 사진들이 나오는데, 현재 페이스북에 접속하고 있는 친구를 가리킨다. 해당 친구를 클릭하면 오른쪽 하단에 채팅 창이 뜬다. 숨은 채팅 목록을 클릭해도 현재 접속 중인 친구를 볼 수 있다.

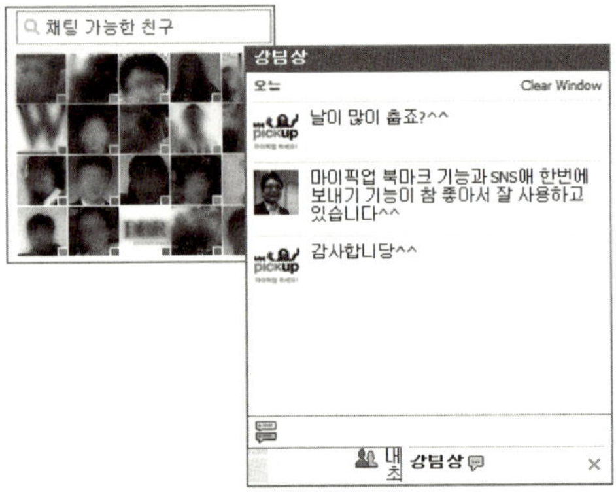

• 온라인 친구들과의 채팅

물론 친구가 페이스북에 접속해 있다 해도 항상 채팅에 응할 수 있는 것은 아니다. 업무에 쫓겨 혹은 다른 사정상 즉시 대답할 수 없는 경우도 있다. 친구의 답변이 아쉬우면 메시지쪽지를 보내는 것도 한 방법이다. 메시지는 상대방과 나만 주고받는 비밀 글 정도로 생각하면 쉽다. 한 번에 20명까지 발송이 가능하다. [메시지]-[새 메시지]를 누르고 메시지를 작성해 보내면 된다. 사진이나 동영상, 링크도 첨부할 수

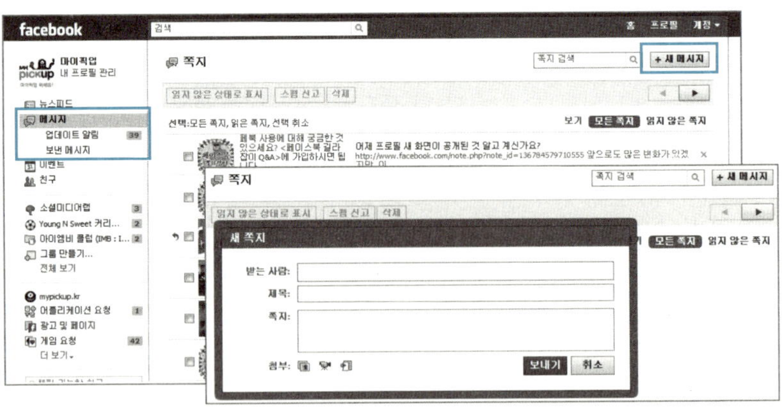

• 메시지 보내기

있다. 메시지가 오면 화면 상단 탭의 아이콘에 알림이 표시되어 쉽게 확인할 수 있다.

개인 정보 설정에 따라 메시지를 받을 수 있는 범위를 '모든 사람'으로 설정하면 나와 친구를 맺지 않은 사람도 내게 메시지를 보낼 수 있다. 친구를 요청할 때 메시지를 통해 간단한 자기 소개 및 인사를 할 수 있는 이유도 여기에 있다. 메시지 하위 항목 중 [업데이트 알림]은 내가 좋아요한 페이지로부터 온 소식들을 말한다.

TIP 담벼락과 메시지, 댓글, 노트에 글자 제한이 있을까?

140자 글자 제한이 있는 트위터처럼 페이스북에도 글자 제한이 있다. 물론 트위터보다는 글자 수에 있어 자유롭다. 페이스북에서 글을 쓸 수 있는 장소는 담벼락과 노트, 메시지와 댓글 등으로 우선 담벼락에 올리는 내 상태글은 420자로 제한되어 있다. 그런데 친구 담벼락에 가서 인사글을 남길 때는 1,000자까지도 가능하다. 페이스북이 '관계'를 중시하기 때문일까? 댓글도 4,000자까지 쓸 수 있다. 메시지는 4,368자까지 작성이 가능하다. 노트에는 글자 제한이 없다.

그 외 기본 메뉴 **둘러보기**

추억을 공유하라 **사진첩** 만들기

페이스북에는 여러 장의 사진을 한꺼번에 올리는 사진첩 기능이 기본으로 제공된다. [프로필]의 왼쪽 사이드바 메뉴 중 [사진]을 클릭하면, 내가 올린 사진(프로필 사진, 담벼락 사진 등)과 내가 태그된 사진 및 동영상이 한데 모인 화면이 나온다.

여기서 화면 상단 오른쪽의 [사진 업로드] 버튼이나 [추가 사진 업로드]를 클릭한다. 업로드 도움말 창이 뜨면 내 컴퓨터에서 페이스북에 올릴 사진을 찾아 선택한다. 일반화질과 고화질 중 한 가지 옵션을 선택할 수 있는데, 고해상도 버전은 2048 픽셀까지 지원되므로 높은 화질의 사진을 업로드할 수 있다. 사진이 업로드되는 사이 사진첩 이름과 장소 등의 정보 입력이 가능하다. 사진이 다 올라간 후 수정해도 된다. 페이스북에서 사진 속 친구의 얼굴을 선택해 태그 걸기를 추천하는데, 이 과정은 생략(Skip Tagging Friends)해도 된다. 사진을 더 추가

• 사진 화면 메인

하려면 [사진 더 추가]를 클릭하고 사진을 올리면 된다. 또 [홈] 화면 왼쪽 사이드 바에서 [사진]을 클릭하면 최근 업로드된 나와 친구들의 사진들이 모여 있다. 이곳에서 화면 중앙 상단의 [사진 업로드] 버튼을 선택해 사진을 올리면 된다. 한 사진첩에 총 200장의 사진을 담을 수 있다.

이렇게 올린 사진들에 [사진첩 편집]으로 설명을 덧붙이고, 이때 공유의 일종인 태그Tag 기능을 이용할 수 있다. 해당 사진첩 화면의 아래쪽에 [사진첩 정보 관리]를 클릭하면 된다. 사진첩의 표지 사진을 고른 후 변경 내용 저장 버튼을 누른다. [정보 편집]에서는 사진첩을 열람할 수 있는 사람의 범위도 지정할 수 있다. 친구만, 친구의 친구, 모든 사람으로 제한하거나 사용자 지정을 통해 비공개로도 설정 가능하다. 사진 순서를 바꾸려면 사진첩 화면에서 각 사진들을 선택해 마우스로 원하는 순서에 맞게 끌어놓으면 된다.

내 사진들은 모두 한곳에 모아서 볼 수 있다. [프로필]의 [사진] 화면 중 '모든 사진 보기' 를 클릭하면 [사진첩] 화면으로 이동하고 그동안

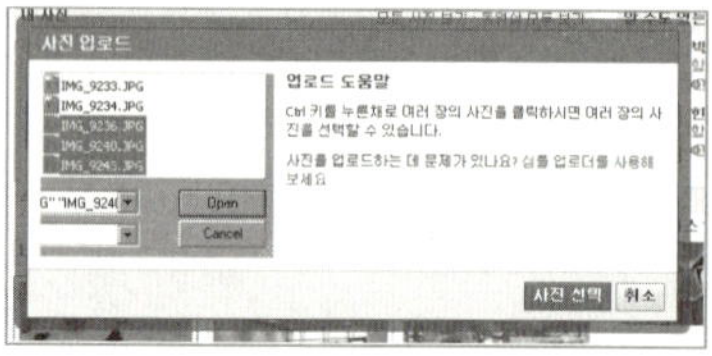

• 사진 업로드 시작_사진 선택

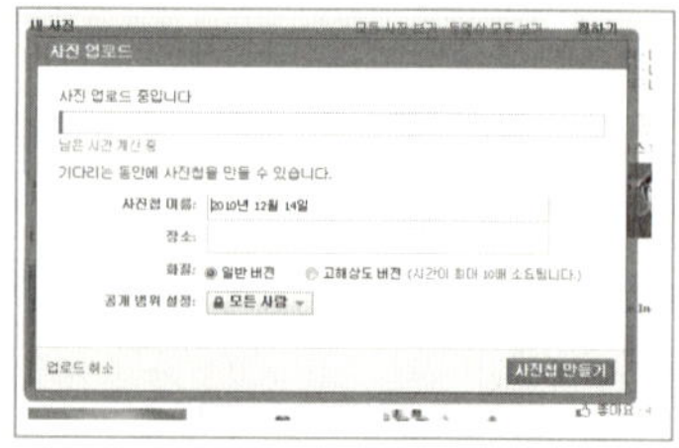

• 사진 업로드 중

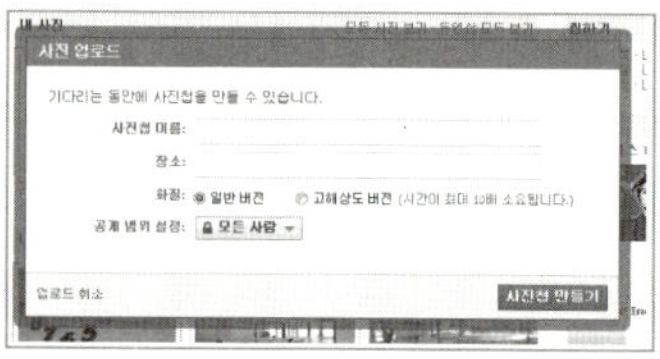

• 사진 업로드_사진첩 정보 올리기

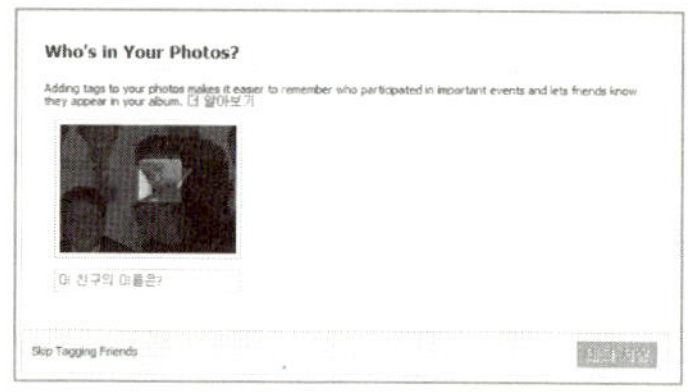

• 친구 태그하기

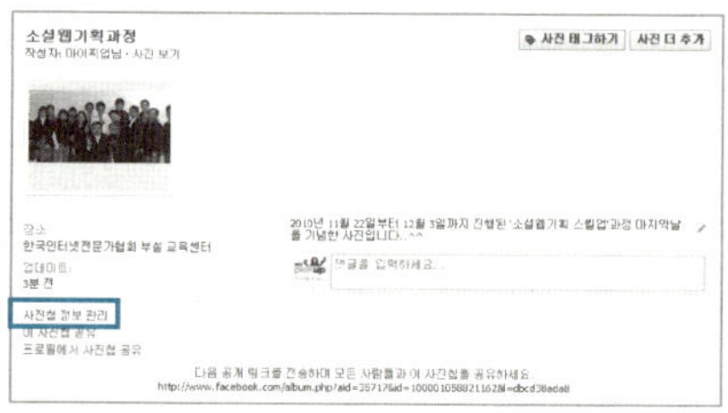

• 사진첩 보기

내가 페이스북에 올린 모든 사진들이 나타난다. 각 사진첩의 대표 사진을 클릭하면 나머지 사진들도 볼 수 있으며, 설명을 추가하거나 관련 설명글 혹은 댓글을 달 수도 있다.

페이스북은 사진 공유 기능이 굉장히 탁월하다. 사진을 업로드할 때 자기 자신뿐만 아니라 사진 속 인물들 모두를 태그할 수 있다. 따로 사진을 보내주지 않아도 사진 속 친구와 사진을 공유할 수 있는 것이다. 각 사진 아래 있는 [사진에 태그 달기]를 선택한 후 원하는 사람

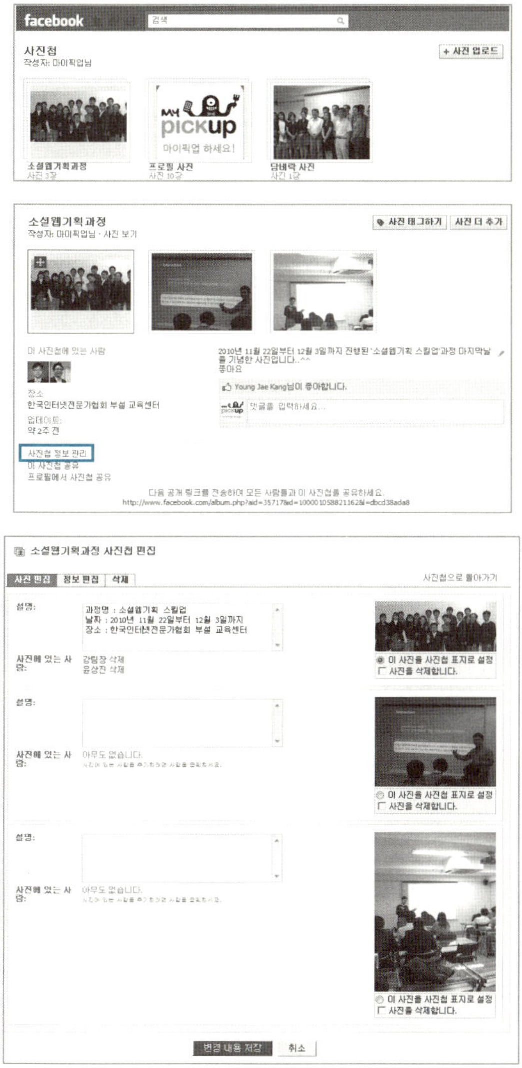

• 사진첩 편집

의 얼굴을 클릭하면 네모상자와 함께 친구들의 이름 목록이 나타난다. 원하는 친구의 이름을 선택하고 태그 달기를 하면 된다. 끝으로 사진 위 설명글의 [태그 완료] 버튼을 누른다.

그런데 만약 친구가 당황스러운 사진을 업로드하고 나를 태그하면 어떻게 될까? 내가 아닌 엉뚱한 이미지에 나를 태그하면 또 어떻게 될까? 기본 열람 설정을 '모든 사람' 이나 '친구의 친구' 까지로 해두었다면, 나뿐만 아니라 내 친구들도 이 사진을 볼 수 있다. 지워버리고 싶어도 내가 올린 사진이 아니어서 어떻게 할 방법이 없을 것이다. 이럴 땐 태그를 삭제하자. 사진을 올린 사람 외에도 그 사진 속에 태그된 사람은 직접 태그를 없앨 수 있다. 단, 한번 제거된 태그는 같은 사진에 다시 붙일 수 없다.

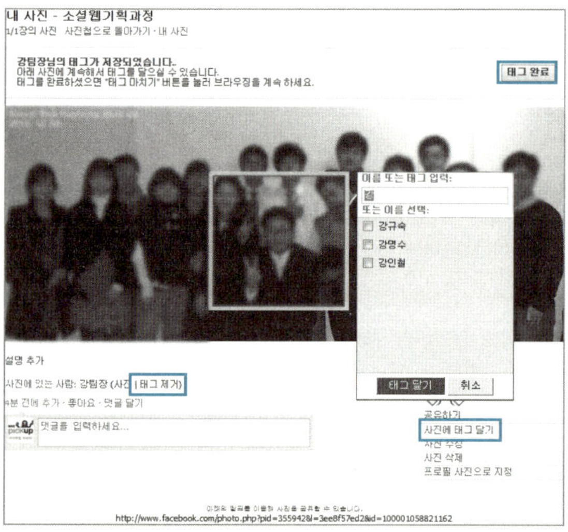

• 사진 태그

• 태그 제거

생각을 기록하라
노트 작성

페이스북의 노트Note는 블로그의 주요 기능인 포스팅을 생각하면 쉽다. 글자 수 제한이 있는 담벼락과 달리 노트는 긴 글을 쓰고 싶을 때 유용하며, 작성한 노트는 친구들에게 공유된다.

홈의 [노트]나 프로필의 [노트]를 클릭하면 된다. 홈에서 [노트]를 클릭하면 하위 메뉴로 [쓰다만 노트]와 [나에 대한 노트], [내 노트] 항목이 나타난다. 프로필-[노트]에서는 [노트 작성하기]를 누르고 원하는 내용을 작성하자. 사진을 추가하기도 쉽다. [미리 보기]를 누르면 어떻게 게시되는지 확인 가능하며, [임시 저장]을 통해 게시를 미뤄둘 수 있다. 게시된 노트는 언제든 수정 가능하다. 삭제하려면 [노트 수정]을 누른 다음에야 가능하며, 삭제 후 복원은 불가능하다.

노트는 내가 작성한 노트와 친구들의 노트, 페이지의 노트 등으로 나뉘어 살펴볼 수 있다. 한 번이라도 노트를 열었다면 취소해도 [작성

• 노트 작성

중인 노트]에 기록이 남게 된다. 가끔 작성 중인 노트를 클릭해 의미 없는 노트는 삭제할 필요가 있다. 이미 작성한 노트가 있다면 프로필-[노트]를 눌렀을 때 내가 작성한 글이 화면 중앙에 보인다. 해당 노트 글의 [전체 노트 보기]를 클릭하면 [노트] 화면으로 이동한다. 여기에서 노트 검색은 물론 친구들과 페이지의 노트, 작성 중인 노트 등을 확인할 수 있다.

페이스북 노트 기능을 활용하면 블로그 글을 페이스북으로 발행할 수도 있다. [노트] 어플리케이션 페이지에서 왼쪽 사이드 바 맨 아래에 있는 [구독하기]-[가져오기 설정 관리]를 누르게 되면 [블로그 가져오기] 화면이 뜬다. 가져올 블로그 주소를 입력하고 이용약관에 동의하는 확인란을 클릭한다. 설정 저장하기를 누르면 완료된다. 이제 해당 블로그에 포스팅할 때마다 자동으로 노트가 업데이트된다. 가져온 블로그 항목은 편집할 수 없다. 그런데 하루에 가져오는 블로그 항목이 너무 많을 경우 새 노트를 쓰지 못하거나 해당 계정이 정지될 수 있다.

• 전체 노트 보기와 노트에 블로그 글 가져오기

커뮤니티를 형성하라 이벤트 만들기

애초에 대학생들의 커뮤니티를 지원하기 위해 출발했기 때문에 페이스북은 탁월한 커뮤니티 기능을 자랑한다. 그 하나가 바로 이벤트 기능이다. 페이스북은 온라인 친구들을 오프라인에서 만날 수 있도록 이벤트를 직접 개설하고 그들이 직접 커뮤니티를 주도해나갈 수 있도록 지원하고 있다. 또 클릭 몇 번만으로 다른 친구들이 개설한 이벤트에 손쉽게 참여할 수도, 내가 만든 이벤트에 친구들을 쉽게 초대할 수도 있다.

과거 이벤트라 하면 전화로 사람을 모으거나, 개개인에게 이메일을 보내고 초대장을 준비하는 등 복잡한 절차가 뒤따르기 마련이었다. 그러나 페이스북에서는 이벤트를 생성하고 사람을 초대하는 등의 모든 절차가 짧은 시간 안에 해결된다. 이러한 이유로 실제 매달 3억 개 이상의 이벤트가 페이스북 내에서 생성되고 있다. 친구들 간의 친목 모임부터 회사의 야유회, 심지어 정치적인 당 대회 등 그 목적들도 다양하다.

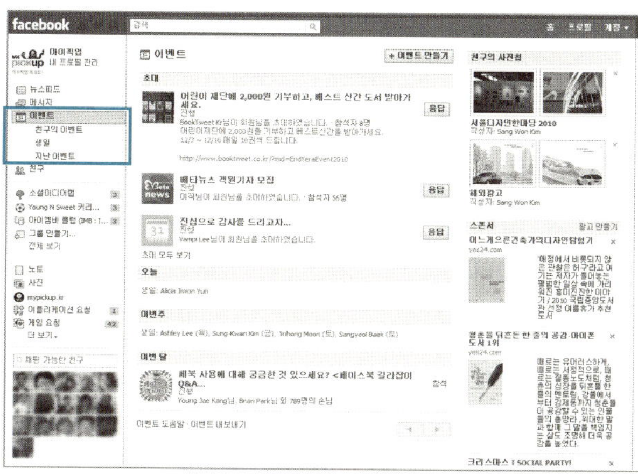

• 이벤트 화면

홈에서 [이벤트]를 클릭하면 다른 친구들이 개설하여 나를 초대한 이벤트 목록과 이달에 있을 이벤트 목록, 친구들의 생일 등이 보인다. 이러한 초대 이벤트 목록은 뉴스피드 화면 오른쪽 상단에서 알려주기도 한다. 초대를 받은 이벤트에는 참석 여부에 대한 응답을 해주는 것이 좋다. 참석이 가능하면 참석, 그렇지 않으면 거절, 어떻게 될지 모를 경우 불확실미정을 선택한다. 참석을 클릭하면 이벤트에 참석한다는 글이 뉴스피드에도 공개된다.

이벤트세미나 개설이나 오프라인 모임 등는 새로운 사람을 만나고 흥미를 공유하는 기회가 된다. 특히 자신이 직접 여러 이벤트를 개설하고 노출하다 보면 해당 분야의 리더나 전문가로서 자리매김할 기회가 생기기도 한다.

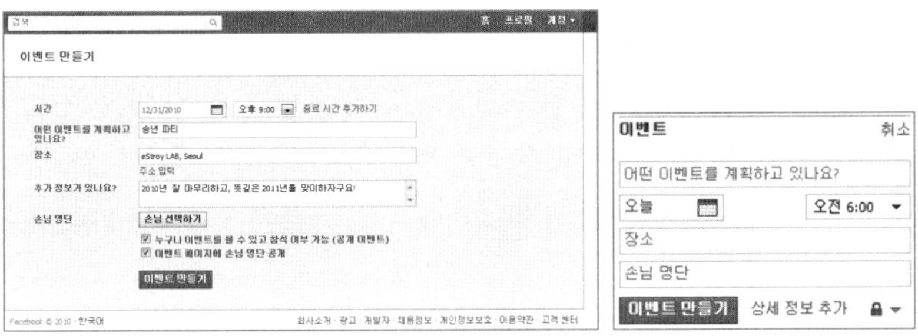

• 이벤트 만들기

[이벤트 만들기]를 클릭하면 시간과 장소, 이벤트 주제, 내용 등을 입력할 수 있는 창이 나타난다. 관련 정보를 입력한 후 손님을 선택하면 된다. 손님 명단은 내 친구 목록에서 불러오며 이메일 주소로 찾을 수도 있다. 공개 이벤트로 설정하면 모든 사람이 볼 수 있다. 홈 화면 오른쪽 사이드 바 상단에 빠른 이벤트 생성 기능도 제공한다. '어떤 이벤트를 계획하고 있나요?' 라는 입력 창을 클릭하면 이벤트 정보들을 입력할 수 있는 공간이 생긴다.

초대 손님들에게 메시지를 보내 이벤트를 홍보할 수 있고, 옵션으로 페이스북 내에 유료 광고도 가능하다. 이벤트 참석자들 혹은 손님들에게 단체로 메시지 보내기 기능도 지원된다. 물론 참석자 변동 사항에 대해 자주 확인하는 것을 잊지 말자.

동아리 만들고 생각 공유하기_그룹

활동 분야나 취미가 같은 사람들과의 교류를 위해서는 그룹Group에 참여하거나 직접 그룹을 개설해볼 것을 추천한다. 한시적인 이벤트와 달리 그룹은 강한 유대감을 바탕으로 꾸준히 관계를 맺고 서로의 생각을 주고받을 수 있는 일종의 동아리 성격이 짙다. 우리가 흔히 생각하는 온라인 카페나 동호회, 커뮤니티 등과 그 개념이 닮아있다. 공개 그룹에 한해 누구든지 자유롭게 가입할 수 있으며, 가입하면 그룹 게시판의 글과 사진을 볼 수 있다. 그룹을 위한 별도의 이벤트 생성이 가능하도록 이벤트 메뉴도 지원하고 있다.

• 나와 관련된 그룹 한번에 모아보기

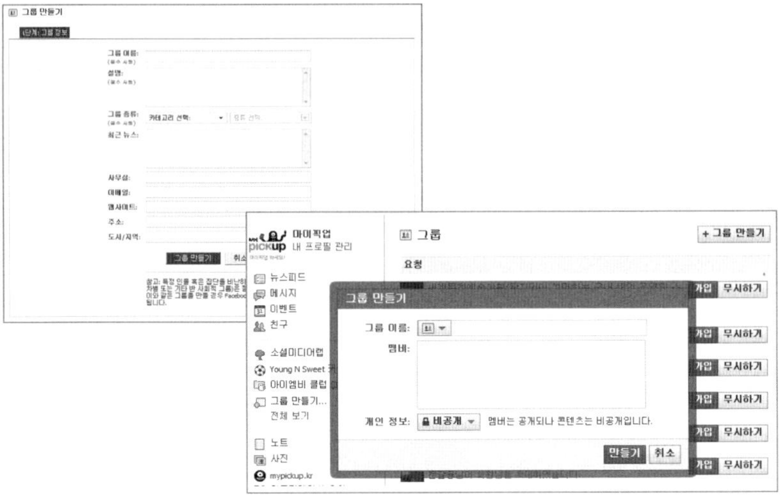

그룹 만들기

그룹 가입을 위해서는 친구의 그룹을 살펴보는 것이 좋다. 그룹을 만들거나 그룹에 참여한 친구들의 초대에 응하거나 검색 창에 관심 분야의 그룹을 검색한 후 가입하는 것도 또 다른 방법이다.

원하는 그룹을 개설하려면 홈의 왼쪽 사이드 바 메뉴 중 [그룹 만들기]를 클릭하거나 [전체 보기]를 선택하여 [그룹 만들기]를 클릭한다. 그룹에 사용될 메뉴를 선정하고 공개 여부를 결정한다. 누구나 가입 가능하고 모든 정보가 검색엔진에 노출될 수 있는 '공개 그룹', 관리자 승인에 의해서만 그룹 가입이 가능한 '비공개 그룹', 오직 초대로 가입된 회원만이 콘텐츠를 공유할 수 있는 '비밀 그룹'으로 구분된다. 상세 정보를 입력한 다음 친구를 초대하면 된다. 그런데 이렇게 그룹을 개설했을 때 회원이 한 명이라도 생기면 그룹은 삭제할 수 없다. 개설자가 그룹을 그만둔다 해도 본인만 탈퇴 처리되고 그룹 운영권은 남은 멤버에게 임시로 넘어간다.

뉴그룹으로 **업그레이드**

2010년 10월부터 페이스북은 기능을 업그레이드한 뉴그룹New Group을 선보였다. 이미 생성된 올드그룹Old Group을 제외하고 새로 신설된 그룹들은 모두 뉴그룹 방식을 따르게 되었다. 두 그룹 모두 가입 인원에 대한 제한은 없다. 하지만 뉴그룹은 올드그룹과 많은 점에서 차이가 있다. 우선 그룹 만들기 절차가 간편해졌다. 그룹 이름과 특성에 맞는 아이콘 선택, 그룹 공개 여부에 따른 개인 정보 설정 등과 함께 멤버로 초대할 친구의 이름을 입력하면 된다. 친구는 한꺼번에 20명 단위로 초대할 수 있다.

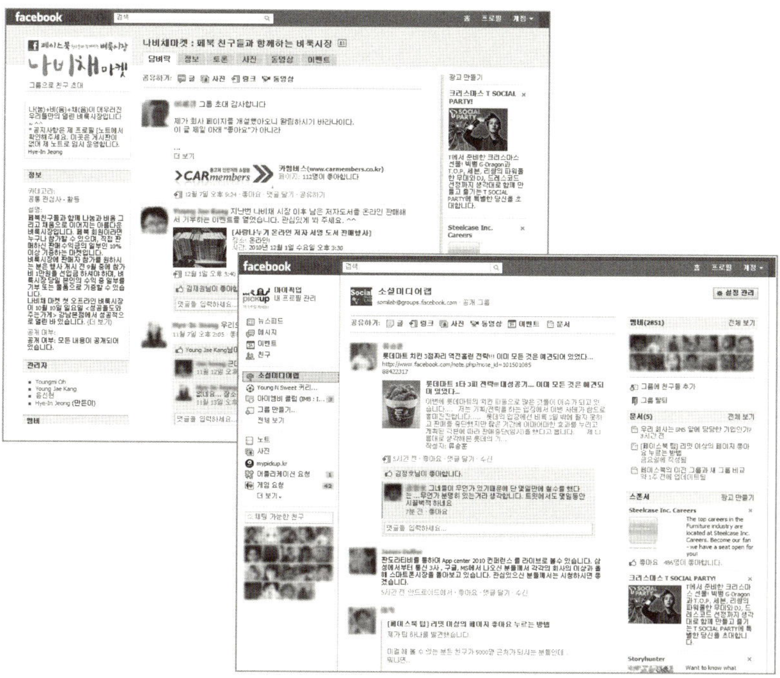

• 올드그룹과 뉴그룹

올드그룹은 초대 요청을 하고 상대방이 가입을 허가할 때까지 기다려야 했지만, 뉴그룹은 일단 초대와 동시에 자동 가입이 된다. 이 때문에 많은 사용자들이 종종 원치 않는 그룹에 가입되어 불편함을 겪기도 한다. 가급적 담벼락을 통해 지속적으로 그룹 개설을 알림으로써 가입을 유도하고, 친구를 초대했을 경우 메시지 혹은 담벼락을 통해 초대한 사실을 알려주는 것이 좋다. 반면 그룹 탈퇴도 간단하다. 그룹 화면 오른쪽 상단에 있는 멤버 사진 아래 [그룹 탈퇴]를 클릭하면 된다. 한번 탈퇴하면 다시 초대받을 수 없지만 본인이 원하면 해당 그룹에 다시 그룹 가입 신청을 하면 된다.

올드그룹의 토론 기능이 사라진 대신 뉴그룹에서는 구성원들과의 실시간 채팅 기능을 제공한다. 그룹 구성원이면 누구나 참여 가능하다. 단 회원 수가 250명이 넘어서면 그룹 채팅 기능은 사라지고, 또 그룹 이름을 더 이상 수정할 수 없다.

뉴그룹에서 글을 게시하면 구성원의 반응, 특히 가장 최근 댓글이 달린 글이 우선순위로 보인다. 구성원들끼리 공유할 수 있는 문서 기능도 추가되었다. 위키피디아[Wikipedia]처럼 문서를 작성한 사람 외에도 해당 그룹 구성원이라면 누구나 문서를 수정할 수 있다.

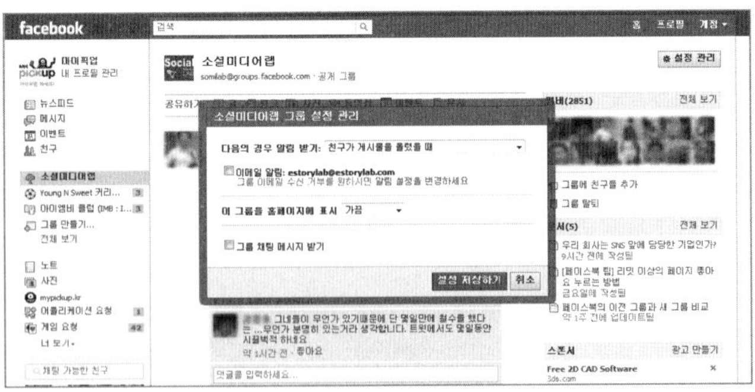

• 뉴그룹 알림 설정 관리

애초에 뉴그룹에서는 구성원이 게시물을 올릴 때마다 이메일로 알림을 받도록 설정되어 있다. 이때는 화면 오른쪽 상단의 [설정 관리] 눌러 알림 받기 조건을 변경하거나 이메일 알림 체크박스를 해제하면 된다.

TIP 그룹에도 전용 주소가 있다?

그룹의 관리자에게만 [그룹 수정]이 보인다. [기본 정보]에서 그룹 이름을 바꿀 수 있다. 이메일 주소란에 원하는 그룹 이메일 주소를 입력하면 ○○○○@groups.facebook.com처럼 만들어진다. 그룹 구성원들은 이 이메일로 그룹에 글을 게시할 수 있다. 받는 사람을 그룹 이메일로 지정하고, 메일을 보내면 그룹에 글이 게시된다.

또 이렇게 그룹 이메일 주소를 만들면 자동으로 http://www.facebook.com/groups/○○○○(이메일 아이디) 형태의 그룹 전용 URL이 생성된다. 주소 창에 전용 주소를 넣으면 그룹으로 바로 들어간다.

그룹 VS 페이지

페이스북 그룹Group은 종종 페이지Page와 비교된다.

페이스북 그룹은 공통 관심사를 가진 사람들과 정보를 나눌 수 있는 커뮤니티 공간이다. 그룹에 참여한 회원들만이 정보를 공유하는 비공개 설정도 가능하다. 포털사이트에서 제공하는 '카페' 개념을 생각하면 이해가 쉽다. 기업으로서는 대학생 기자단, 서포터즈Supporters 모임 등을 이 그룹 기능으로 관리할 수 있다.

반면 페이스북 페이지는 특정 브랜드를 위한 공간이다. 브랜드는 개인이 될 수도 있으며, 기업이나 제품이 될 수도 있다. 그렇기 때문에 페이스북 프로필과 상당히 흡사하다. 다른 점이 있다면 5천 명의 친구로 한정된 프로필과 달리 좋아요를 누르면 누구나 참여 가능한 페이지에서는 무제한의 페이스북 친구들[팬]을 만들 수 있다는 것이다. 무엇보다 페이지는 구글 검색에서 상위 노출될 수 있기 때문에 브랜드 홍보에 적합하다. 이와 관련된 자세한 설명은 6장에서 알아보자.

내 페이스북 **정보** 다운로드

최근 디자인 및 기능 업그레이드를 하면서 페이스북은 백업 기능을 추가시켰다. 이로써 사용자들은 담벼락 게시물과 사진, 동영상, 쪽지 메시지, 노트글, 친구 목록 등 페이스북에서의 모든 활동 기록을 한번에 내려받을 수 있게 되었다. 페이스북이 문을 닫거나 내가 페이스북에 싫증나 떠날 때도 그 많은 자료들을 잃어버릴까 염려하지 않아도 된 것이다.

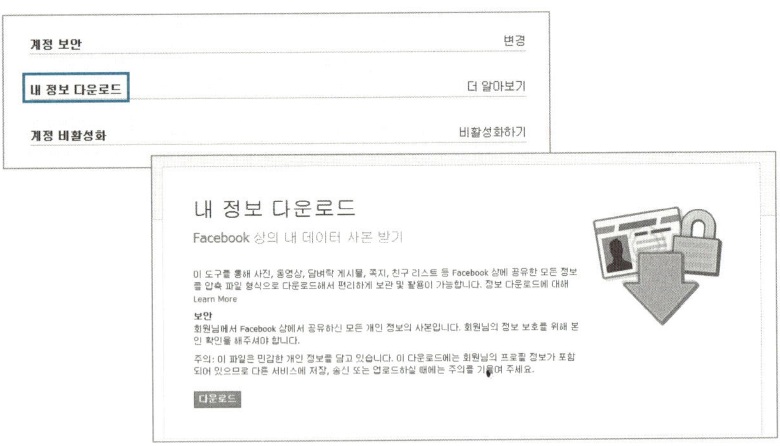

• 내 정보 다운로드

[계정]-[계정 설정]-[내 정보 다운로드] 항목의 [더 알아보기]를 클릭한다. '내 정보 다운로드' 화면에서 다운로드를 누르면 '내 정보 다운로드 요청하기' 창이 뜬다. 다운로드를 시작하면 정보들이 갈무리되느라 실제 다운로드가 완료될 때까지 시간이 제법 걸린다. 갈무리 작업이 끝나면 페이스북 아이디로 사용하고 있는 이메일로 '이제 다운로드가 가능합니다' 라는 내용과 함께 다운로드 링크가 전송된다. 이 링크를 클릭하면 본인 확인을 위해 비밀번호를 요구한다. 이후 정보 보호를 위한 본인 확인 절차가 시작되는데, 보통 친구들이 태그된 사진을 가져와 누구인지를 묻는다. 총 5번을 진행하는데, 모를 경우 2번까지는 통과skip 할 수 있다. 확인 작업이 끝나고 생기는 '지금 다운로드' 버튼을 누르면 압축파일을 받을 수 있다. 내 PC에 저장하면 된다.

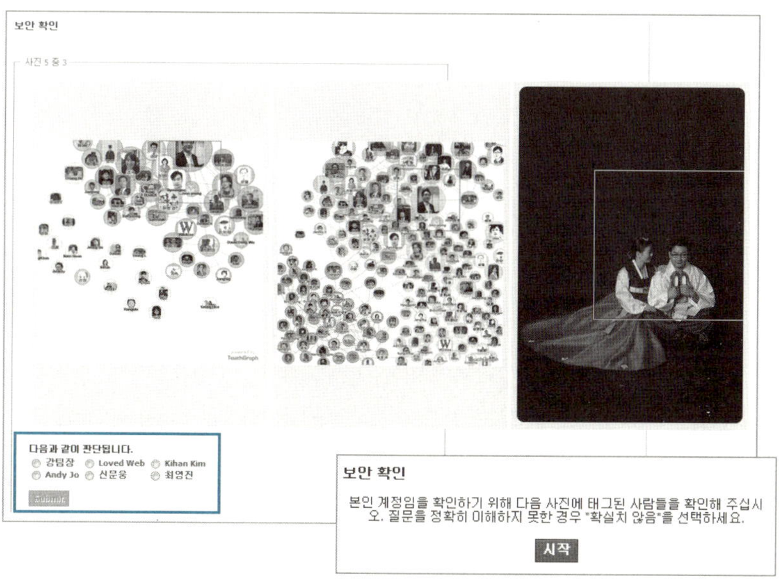

• 내 정보 다운로드 시 보안 확인 작업

나에게 필요한 **어플리케이션** 찾기

어플리케이션으로 **즐기자**

많은 사용자들이 담벼락 글을 훑어보고, 사진첩을 뒤지고, 게임을 즐기는 등 한 달에 7시간 정도를 페이스북 활동에 투자한다고 한다. 그런데 그저 '시간 때우기' 용으로 페이스북을 이용하고 있다면, 진정한 페이스북 세계를 반도 경험하지 못한 것이다. 페이스북에는 사진 및 비디오 공유, 문서 작성 등 수많은 어플리케이션과 추가 기능들이 있다. 이 유용한 어플리케이션으로 다른 사람들과 더욱 쉽게 연락하고, 함께 작업할 수 있다. 원하는 기능의 어플리케이션을 설치하면 페이스북을 더 의미 있고 사용자 목적에 맞게 이용 가능하다는 말이다.

현재 페이스북은 전 세계 수천 명의 개발자에 의해 고안된 100만 개 이상의 어플리케이션을 보유하고 있다. 그렇다면 나에게 필요한 어플리케이션을 찾기 위해서는 어떻게 해야 할까?

페이스북 어플리케이션이란?

2007년 5월 페이스북은 페이스북 플랫폼F8을 선보임으로써 외부 개발자에게 게임이나 다른 프로그램 등 페이스북 내에서 구현되고 사용자의 소셜 정보에 접근할 수 있는 다양한 어플리케이션앱 개발을 허가했다. 이 새로운 오픈 플랫폼 덕분에 현재 페이스북과 연동되는 100만 개 이상의 어플리케이션을 보유하게 된 것이다. 페이스북 사이트 내에서 구현되는 어플리케이션은 [어플리케이션 목록All Apps]에 모두 모여있다. [홈]의 왼쪽 사이드 바 메뉴 중 [앱]친구들로부터 어플리케이션 요청을 받았을 경우 [앱 요청]으로 뜬다을 클릭하면 친구들로부터 받은 어플리케이션 요청 목록과 내가 사용 중인 어플리케이션, 친구의 어플리케이션 목록이 나온다. 친구의 어플리케이션 목록 아래 '앱 목록'을 클릭하면 [어플리케이션 목록] 페이지로 이동한다. 혹은 주소 창에 http://www.facebook.com/apps/directory.php를 입력하면 된다. 이 공간은 페이스북에서 새로운 앱을 찾기에 가장 적합하다. 이를 이용해 나만의 앱을 찾는 다섯 가지 방법을 알아보자.

기본적으로 각 앱에는 간략한 설명과 함께 어플리케이션을 사용했던 친구들이 매긴 별점이 표시된다.

❶ **페이스북이 추천하는 앱:** 앱 목록 페이지 윗부분에는 페이스북이 추천하는 앱이 소개되어 있다. 이 앱들은 페이스북 운영자에 의해 인증된 것들이다.

❷ **선호할 만한 앱(Apps You May like):** 두 번째 섹션은 페이스북이 생각하기에 사용자가 좋아할 만한 어플리케이션을 보여준다. 이 목록은 페이스북을 통틀어 인기가 좋고, 친구들로부터 환영받는 앱들로 구성되어 있다. 사용자가 이미 적용한 앱과 비슷한 종류

도 있다.

❸ **검색:** 맞춤형 임무를 수행하기 위한 특정 앱을 찾고 있다면 앱 목록 페이지 상단에 위치한 '어플리케이션 검색' 기능을 활용하면 된다.

❹ **카테고리:** 자신이 무엇을 찾고 있는지 확실치 않다면 앱 목록의 카테고리를 이용해보자. 비즈니스, 교육, 엔터테인먼트, 친구와 가족, 게임, 재미, 라이프스타일, 스포츠 등 여러 목록으로 구성되어 있다.

❺ **내 친구들의 최근 활동:** 최근 친구들의 어플리케이션 사용 활동이 기록된 뉴스피드다. 친구들이 어떤 앱을 사용하고 있는지를 알 수 있어 효과적인 앱 선택에 도움을 준다.

더불어 페이스북 뉴스피드에 주의를 기울일 필요가 있다. 친구들이 이용하고 있는 인기 있는 앱의 정보가 수시로 업데이트되기 때문이

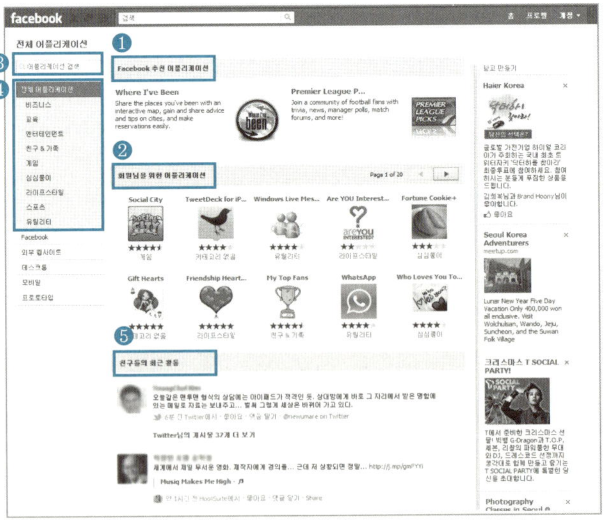

• 어플리케이션 목록

다. 또 추천 앱이나 친구가 초청한 앱을 사용하는 것도 좋다. 반대로 좋은 앱은 친구들에게 추천도 가능하다.

TIP 어플리케이션 목록의 프로토타입의 정체는?

어플리케이션 목록의 [프로토타입]은 페이스북 개발자들이 시험 용도로 제작한 어플리케이션들이다. 슬라이드쇼로 사진 보기, 사진 태그 검색, 이벤트 초대 이메일 확장, 데스크톱 알림 등 페이스북의 기능을 업그레이드시킬 수 있다. 내 프로필이나 페이지에 당장 적용 가능하다. 그러나 이들 시험판은 작용 도중 오류가 생기거나 알림 없이 변경될 수 있으며 임의로 삭제될 수 있다. 말 그대로 시험판이다.

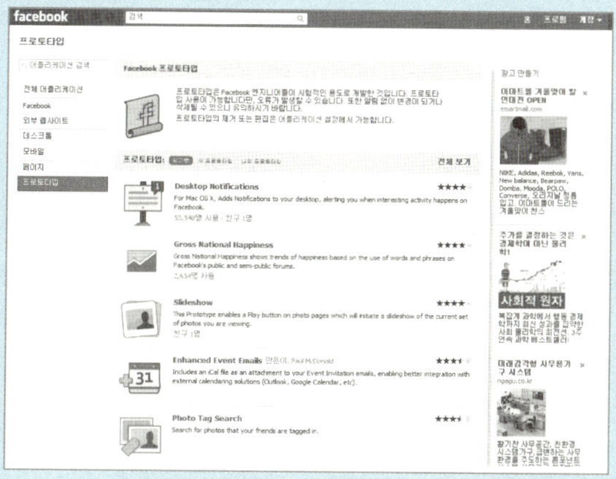

• 프로토타입 어플리케이션

앱 적용은 이렇게!

어플리케이션 목록에서 특정 어플리케이션을 클릭하면 페이스북 팬페이지Fan page, Official page와 흡사한 페이지가 나타난다. 이 페이지는 친구들이 어플리케이션을 어떻게 사용하고 있는지, 사용자들의 리뷰와 토론, 앱에 대한 개발자들의 새로운 소식이나 정보 등 해당 어플리케이션에 대해 더 많은 정보를 제공한다. 여기서 좋아요를 클릭하면 자동으로 앱 페이지를 구독하게 된다. 반대로 내가 해당 앱의 사용자가 되어 리뷰를 남기거나 별점을 줄 수도 있다.

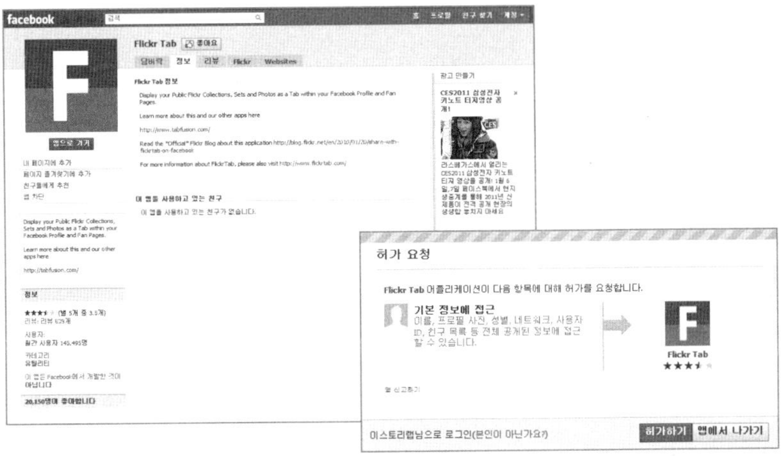

• 플리커 탭(Flickr Tab) 페이지와 앱 허가 요청

앱을 적용하려면 로고 아래 [앱으로 가기] 버튼을 누른다. 이때 해당 어플리케이션이 사용자의 페이스북 정보에 접근하는 것을 허용하는 단계를 거치게 된다. 이미 어플리케이션을 허가한 상태라면 실제로 적용시키기 위한 버튼을 클릭한다. 몇몇 앱은 게임 캐릭터 만들기 등 몇 단계가 더 필요할 수 있다.

이런 어플리케이션을 사용하려면 프로필에 대한 접근 권한을 부여해야 한다. 상단 탭 [계정]-[개인 정보 설정]의 [정보 공유 범위 설정] 항목 아래 [앱과 웹사이트] 설정 관리를 클릭한 후 누가 앱을 볼 수 있는지, 북마크에 추가할 것인지, 최근 활동을 담벼락에 게시할 권한을 부

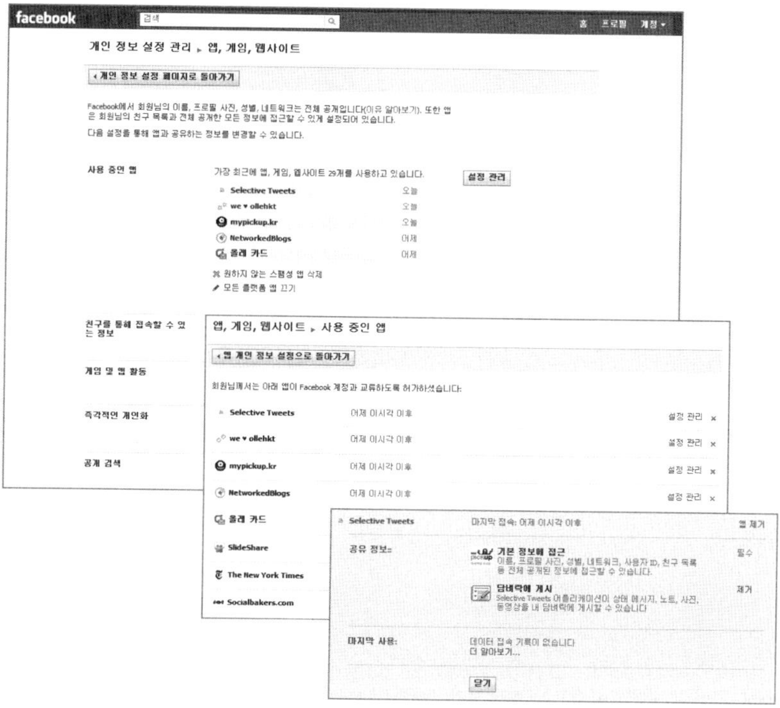

• 어플리케이션 설정 관리

여할 것인지 등의 여부를 설정한다. 어플리케이션은 기본적으로 사용자가 모두에게 공개로 설정한 정보만 이용할 수 있다.

그리고 [사용 중인 앱] 항목의 [설정 관리] 버튼을 누르면 편집 페이지로 연결된다. 여기서 앱을 관리하면 된다. 앱을 제거하는 것은 간단하다. [X]표시를 클릭하거나 [설정 관리]에서 '앱 제거' 를 누른다.

그런데 당초 접근성을 높이기 위해 어플리케이션 탭을 프로필에 설치할 수 있었다. 그러나 2010년 11월부터 변경된 페이스북의 방침에 따라 페이스북에서 제공하는 기본 기능 외에 프로필에는 외부 탭을 설치할 수 없게 되었다. 대신 팬페이지에는 제한 없이 설치 가능하다.

CHAPTER 05

페이스북으로 하는 감성 마케팅

- 페이스북 운영? 먼저 목적을 세워라
- 페이스북 특징 파악하기
- 다른 소셜 채널을 적극 이용하라
- 페이스북 사례를 벤치마킹하라

페이스북 **운영**? 먼저 **목적**을 세워라

소셜 미디어를 홍보 및 마케팅 채널로 이용하는 기업이 늘고 있다. 최소 비용 최대 효과라는 소셜 미디어의 장점이 다양한 사례를 통해 증명되고 있고 '소통'을 내세워 마케팅에 성공한 해외 사례들이 전해지면서 국내에서도 소셜 미디어 활용에 대해 긍정적인 반응이다. 그러나 기업이 트위터나 페이스북을 시작하기 전 간과해서는 안될 부분이 있다. 첫째는 소셜 미디어 사용자들을 이해하는 것이고, 둘째는 그 사용자를 대상으로 기업이 소셜 미디어를 사용해야 하는 목적을 세우는 것이다. 잠재고객 또는 고객이 될 수 있는 수많은 사람들이 왜 소셜 미디어를 이용하는지, 그들을 대상으로 어떤 소셜 마케팅을 펼칠 것인지 결정해야 한다.

소셜 미디어와 **비즈니스**

고객의 소비 패턴에 영향을 미치는 것은 기업이 제공하는 홍보성 또는 정보성 콘텐츠가 아닌 실제 상품이나 서비스를 사용해본 사용자의 리뷰나 댓글이다. 고객은 상품을 선택하기 전에 기업이 상세하게 적어놓은 설명보다는 상품평에 더 관심을 기울인다. 기업이나 제품에 대해 궁금한 점이 있을 때에도 기업의 홈페이지를 방문하기보다 검색을 통해 정보를 습득하거나 친구들에게 묻는 식이다. 이런 흐름으로 '친구 관계' 를 기반으로 한 소셜 미디어 내에서의 소비자 활동은 기업과 제품 이미지에 큰 영향을 주고 있다. 예를 들면 나와 페이스북 친구를 맺고 있는 A씨가 B기업 페이스북 페이지에서 휴대전화를 구매했다고 하자. 내 페이스북 페이지는 물론 A씨와 연결된 모든 친구들의 뉴스피드에 'A님이 B기업에서 ○○ 휴대전화를 구입했습니다' 라는 메시지가 전달된다. 이를 본 A씨의 친구들은 그 링크를 따라 제품을 확인하거나 구매 또는 구매의사를 굳힐 수 있다. 또 A씨가 제품 구매 후 페이스북에 리뷰를 남기고 제품에 대한 상세 설명을 등록한다면 그가 남긴 담벼락의 메시지만으로 B기업의 ○○ 휴대전화는 많은 이들에게 '입소문' 으로 전달되는 것이다. 이러한 소셜 미디어의 장점과 특징으로 인해 소셜 미디어를 활용한 비즈니스가 탄력받고 있다. 아니 기업이 소셜 미디어를 활용해야만 하는 분명한 이유가 생긴 것이다. 하지만 소셜 미디어 채널이 확산과 파급력을 지녔다고 해서 무조건 뛰어들거나 섣불리 시작했다가는 오히려 화를 입고 기업 이미지에 큰 타격을 입힐 수도 있다.

지금부터는 페이스북을 어떻게 활용할 것인가에 대한 목적을 세우는 것이 중요하다. 소통이 자유롭다는 이유로 무작정 채널을 선택하는 것이 아니라 기업이 어떤 이유로, 무엇을 하기 위해 소셜 미디어를 운영하고 이끌어나갈지를 먼저 고민해야 한다. 기업의 브랜드를 홍보하여 이미지를 긍정적으로 끌어올릴 것인지, 제품을 판매할 것인지, 강력한 조력자인 서포터즈를 형성할 것인지, 아니면 고객의 의견이나 문의를 받고 이를 해결할 것인지 등 목적을 정하고 그에 맞는 운영방안을 세워야 한다. 소셜 미디어가 트렌드라는 이유 하나만으로 휩쓸리듯 채널을 선택하고 개설하는 것은 절대 금물이다.

기업 **브랜드**를 **홍보**할 것인가?

국내에 내로라하는 기업들은 방송이나 신문 광고 등을 통해 자사의 제품과 브랜드를 소비자에게 빠르고 강하게 인식시키고 있지만 중소기업의 홍보 활동은 지극히 소극적이었다. 미디어 광고에 수많은 돈을 쏟아부을 수도 없을 뿐더러 기업을 알릴 수 있는 채널이 극히 제한되어 있기 때문이다. 그래서 미디어 광고보다 비용이 적게 드는 온라인 이벤트나 캠페인 등을 통해 꾸준히 소비자에게 기업을 알려 왔으나 이 또한 시간이 지나면 사람들에게 잊혀지거나 검색에서 밀려나는 경우가 대부분이었다. 하지만 소셜 미디어의 출현으로 중소기업은 물론 대기업의 홍보 활동에도 많은 변화가 생겼다. 소셜 미디어를 활용해 최소 비용과 최소 운영 인력만으로도 기업의 브랜드 홍보가 가능해졌기 때문이다.

국내 중소 IT기업인 C사는 많은 비용이 필요한 홈페이지 대신 블로그에 회사와 관련된 소개글을 포스팅하고, 직원들과의 커뮤니케이션을 위해 페이스북에 커뮤니티형 페이지를 만들어 활동을 시작했다. 직원 모두가 페이스북 계정을 개설하여 커뮤니티 안에서 봉사활동이나 문화활동, 일상의 모습 등을 담은 동영상, 사진 등을 업로드하고 자연스럽게 대화를 했다. 그런데 이러한 활동들이 직원들과 연결된 친구들에게 알려지면서 C사는 일하기 좋은 회사, 건강한 기업 문화가 형성된 회사 이미지를 갖게 되었다. 이로 인해 C사에는 정기 직원 채용 기간이 아님에도 불구하고 다량의 이력서가 접수되고 있다고 한다.

홍보 또는 마케팅 담당자가 운영하는 기업의 대표 페이지만으로 자사의 브랜드를 홍보하고 팬을 확보하는 것이 가능하지만 C사의 경우처럼 직원들의 자연스러운 커뮤니케이션 활동으로도 기업의 이미지를 상승시킬 수 있다. 그야말로 소셜 미디어를 적절히 활용한 사례라 할 수 있다.

해외 기업의 경우 페이스북을 이용해 브랜드 및 이미지 상승 효과를 톡톡히 본 사례들이 많다. 이들은 독특한 아이디어로 고객의 관심을 끌거나 독창적인 전략, 수많은 어플리케이션으로 고객의 참여를 유도하는 등 다양한 마케팅 활동을 펼치고 있다. 그 중 스타벅스Starbucks는 여느 기업 페이지와 같이 동영상이나 이미지 등을 업데이트하고 제품과 매장 정보 등을 제공하고 있지만, 담벼락에 업데이트되는 팬과 운영자의 대화 내용이 고객과의 소통에 한껏 다가서고 있다는 평을 받고 있다.

이들은 스타벅스의 전 세계 매장에서 벌어지고 있는 사소한 일들이나 커피 수입국에 대한 이야기, 커피 관련 이야기 등을 전달하기도 하

• Starbucks Jobs 어플리케이션으로 직원 채용을 진행 중인 스타벅스의 페이스북 페이지

고 커피를 맛있게 내리는 법과 같은 유용한 팁을 제공하기도 한다. 제품 홍보에 주력하는 것이 아니라 자연스러운 대화에 초점을 맞추고 있다. 여기에 스타벅스는 아르바이트 직원에게까지 보험을 적용하여 매년 미국에서 가장 일하고 싶은 직장으로 손꼽히고 있는 점을 페이스북 페이지에 그대로 살렸다. 바로 스타벅스 구인Starbucks Jobs 어플리케이션을 다운받을 수 있도록 함으로써 페이스북에서 스타벅스와 새로운 스토리를 만들어 갈 직원을 채용하고 있는 것이다. 이러한 노력 덕분에 스타벅스 페이지에는 커피를 좋아하고 이와 관련된 정보를 얻으려 친구를 자청하는 사용자들도 있지만, 순수하게 스타벅스의 발전을 위해 다양한 아이디어를 제공하는 사용자 역시 지속적으로 증가하고 있다.

제품 및 서비스를 판매할 것인가?

페이스북에서 기업 브랜드 이미지를 상승시키는 것도 중요한 일이지만 제품을 생산하고 판매하는 기업이라면 브랜드 마케팅과 더불어 제품 판매 전략을 고심하게 될 것이다. 과연 페이스북에서 어떻게 제품을 판매할 것인가. 또 소비자의 구매 활동을 자연스럽게 이끌 수 있는 방법은 무엇일까. 이제 더는 고민하지 말자. 페이스북에서는 언제든지 제품 판매가 가능하다. 게다가 페이스북 사용자들의 좋아요 활동 참여나 공유하기, 댓글 쓰기 활동으로 자연스러운 홍보 효과를 낼 수 있다. 또 단순히 URL 링크를 전달하거나 소개하는 것이 아니라 제품 판매 어플리케이션을 활용하면 페이스북 페이지 내에서 판매가 가능해진다. 이는 페이스북이 공개한 API를 이용하여 외부 개발자가 구현할 수 있는데, 따로 외부 페이지로 이동하거나 접속하지 않아도 페이스북 페이지에 머물면서 쇼핑을 할 수 있다는 특징이 있다. 그 중 대표적인 사례가 바로 델타Delta항공과 디즈니Disney Pixar, P&G이다.

델타항공은 페이스북에서 승객이 직접 항공권 스케줄 및 잔여 좌석 등을 검색하고 예약할 수 있는 '티켓 윈도우Ticket Window'를 오픈했다. 매일 2천여 편의 항공기를 운행하는 델타항공의 고객 대부분이 페이스북 사용자라는 점에 착안, 6억 8천 명의 페이스북 이용자를 잠재고객으로 지정해 어플리케이션을 구축한 것이다. 델타항공의 페이스북 티켓 윈도우를 이용하면 항공편 검색 및 티켓 예약 등이 간편하게 이뤄진다. 특히 이메일 등을 사용하지 않고도 페이스북 친구들과 여행 정보나 일정 등의 정보를 손쉽게 교환할 수 있다. 항공 업계에서 페이스북에 이런 사이트를 만든 것은 델타항공이 처음이다.

전 세계 많은 팬을 거느린 디즈니는 사용자들이 페이스북 페이지를 벗어나지 않고도 〈토이스토리3〉 영화 티켓을 구입할 수 있도록 '디즈

• 델타항공의 티켓 윈도우 & 디즈니픽사의
디즈니 티켓 투게더 어플리케이션

니 티켓 투게더Disney Tickets Together' 어플리케이션을 제작했다. 간편하게 영화 티켓을 예매할 수 있고 친구를 초대해 함께 구매 정보를 나눌 수 있어 페이스북 사용자들에게 큰 호응을 얻었다.

기저귀로 유명한 P&G의 팸퍼스Pampers 역시 페이스북 내에 전용 장터를 마련해 소셜 쇼핑이 가능하도록 했다. 진열된 상품의 정보를 클릭하는 순간 외부 웹사이트로 이동하는 것이 아니라 페이스북 내에서 상품 정보도 확인하고 결제까지 가능한, 그야말로 원스톱 쇼핑이다. 한 가지 주목해야 할 부분은 이 서비스가 인터넷 종합쇼핑몰 아마존Amazon을 통해 제공되고 있다는 점이다. 아마존은 페이스북과 연계된 자사의 쇼핑 플랫폼을 이용해 고객만의 쇼핑몰을 구축할 수 있는 아마존 웹스토어Amazon WebStore를 제공하고 있는데, P&G가 이 서비스를 이용했다.

충성고객 및 잠재고객을 확보할 것인가?

기업은 페이스북에 페이지를 개설하고 좋아요 버튼을 이용해 팬을 확보하고 있다. 팬이 된다는 것은 기업의 활동이나 이야기에 반응을 보이는 회원이 되는 것과 같아서 기업은 이러한 팬 확보를 위해 다양한 이벤트와 캠페인을 진행하고 있다. 그러나 팬 수가 많다고 해서 그들이 모두 기업을 적극적으로 홍보하는 제2의 마케터가 되는 것은 아니다. 팬 중에는 기업의 제품이나 서비스에 불만을 갖고 있는 이들도 있을 것이고 기업 활동에 미온적인 반응을 취하는 이들도 분명히 있다. 또 기업이 진행하는 이벤트나 캠페인의 경품을 따라 팬이 된 사람들도 적지 않다.

페이스북 사용자들이 기업의 팬이 되는 이유가 무엇일까? 마케팅 기업 이그잭트 타겟의 조사 결과에 따르면 기업의 팬이 되는 가장 큰 이유로 할인과 프로모션 정보를 얻기 위해서가 40%를 차지했고, 기업 브랜드에 대한 충성도를 표현하기 위해서가 39%로 뒤를 이었다. 또 브랜드의 최신 소식을 받아보기 위해서가 34%, 학습이나 상호작용은 13%를 차지했다. 설문조사 결과를 보면 페이스북 내에서 진행하는 기업의 프로모션이나 이벤트 등에 많은 사람들이 관심을 두고 있는 것이 사실이다. 그러나 1위의 답과 불과 1% 차이인 '브랜드에 대한 충성도 표현을 위해 팬이 되었다' 라는 답변은 기업에게 위안을 주는 동시에 페이스북에 대한 확신을 갖게 한다. 결과적으로 브랜드 프로모션을 통해 혜택을 받기 원하는 팬과 브랜드에 긍정적 느낌을 갖고 있는 고객을 확보할 수 있다는 점에서 페이스북은 분명 매력적인 활동 채널임에 틀림없다.

그렇다면 기업의 활동에 긍정적 영향을 주는 팬은 누구일까? 아이돌 스타에게도 충성스런 팬이 있듯 기업에게도 천군만마와 같은 충성

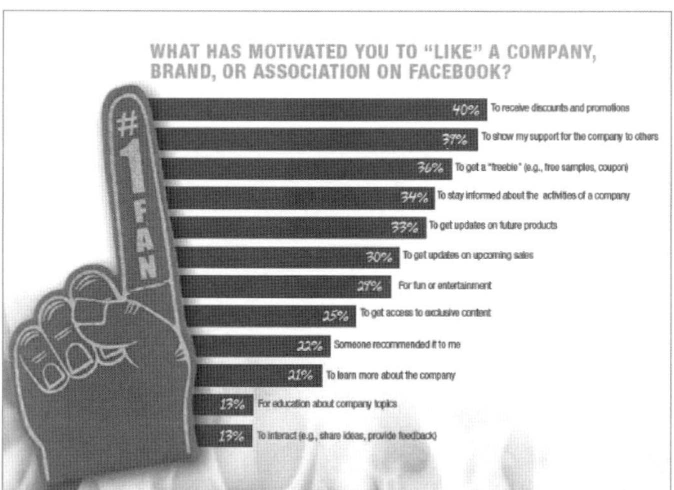

ExactTarget

• 페이스북 브랜드 페이지의 팬이 되는 이유에 관한 설문조사 결과(중복 답변)

고객인 서포터즈가 있기 마련이다. 페이스북에서 기업의 서포터즈는 기업이 제공하는 제품이나 서비스에 크게 만족하거나 기업 페이스북 운영자와의 지속적인 대화로 긍정적 관계가 유지되는 충성 팬, 기업의 최신 소식이나 할인 혜택 등의 정보를 얻기 위해 관심을 기울이는 팬들이 모두 해당된다. 다만 이들을 기업의 친구로 만들고 기업 활동에 참여하도록 유도하는 등의 대안은 필요하다. 그동안 기업들은 블로그나 카페, 기타 커뮤니티에서 여러 캠페인을 통해 입맛에 맞는 서포터즈를 선발하고 그들에게 다양한 활동을 요구해왔다. 하지만 페이스북 사용자들은 기업에게 '신뢰'를 느끼고 기업과 '함께' 한다는 느낌을 받을 때 자발적 서포터즈가 된다. 예를 들면 기업 페이스북 담당자가 팬의 생일을 챙겨주고, 그들의 대화에 적극적으로 참여하거나, 팬들의 소규모 활동에 오히려 서포터 역할을 하는 등 기업이 먼저 손을 내밀면 팬은 기업의 열성팬이 될 확률이 높다. 이렇게 형성된 자발적 서포터즈는 기업의 활동에 호응하고, 먼저 이벤트나 토론 등을 펼치면서 다른 팬들과 함께 기업 문화를 이끌어가는데 도움을 준다. 고인故人이 된 마이클 잭슨Michael Jackson이나 코카콜라의 경우처럼 말이다. 현재 마이클 잭슨의 페이스북 페이지는 약 2천700만 명의 팬들에 의해 자발적으로 운영되고 있으며, 코카콜라 역시 두 명의 팬에 의해 개설된 페이지에서 2천200만 명의 팬들이 자유롭게 코카콜라 기업 페이지를 운영해가고 있다.

고객의 **의견**을 듣고 이를 **해결**할 것인가?

소셜 미디어의 강점인 빠른 확산력이 기업에게 부정적으로 작용할 경우 어떤 일이 생길까? 이러한 우려로 인해 트위터나 페이스북 등의 진입을 꺼리는 기업들이 많다. 원래 좋은 말은 천천히 퍼지지만 안 좋은 말, 나쁜 이야기들은 걷잡을 수 없이 퍼지기 마련이다. 제품의 불량이나 기업에 대한 불만이 빠른 속도로 확산될 경우 기업은 엄청난 타격을 받을 수 있다. 하지만 고객은 제품이나 서비스 불만이 발생할 경우 기업과 빠르게 소통하기를 원하고 문제 해결에 대한 신뢰성있는 답변을 얻고 싶어 한다. 기업이 고객의 불만에 귀 기울이고 성실한 태도로 답변을 해주었을 때는 문제가 없지만, 기업이 늑장 대응을 하거나 거짓 또는 제대로 된 답변을 주지 않았을 때 고객의 불만은 차곡차곡 쌓여 결국 화산처럼 터지게 된다. 이렇게 되면 각종 인터넷 게시판은 물론 언론에까지 보도되는 최악의 시나리오가 발생할 수 있다.

2010년 3월, 글로벌 식품 업체 네슬레[Nestle]를 고발하는 그린피스[GreenPeace]의 동영상이 순식간에 전 세계로 퍼지면서 사태가 걷잡을 수 없이 커진 일이 있다. 이 영상은 바로 네슬레가 판매하는 초콜릿바 '킷캣[KitKat]'에 야자수 기름이 첨가되는데 이 기름을 얻기 위해 인도네시아 원시림 지역의 나무들이 벌목되고 그곳에 서식하고 있는 오랑우탄이 살 곳을 잃고 죽어간다는 내용을 담고 있다. 네슬레는 동영상의 확산을 막고자 12시간이 지나기도 전에 법원의 가처분 명령을 통해 유튜브에 올라온 동영상을 강제로 내렸다. 하지만 이게 화근이었다. 75만 명의 페이스북 팬을 거느렸던 네슬레 페이지가 동영상 강제 삭제에 대한 항의와 반발 글로 도배가 된 것이다. 결국 다음날 네슬레는 기자회견을 통해 문제가 되는 야자수 기름을 사용하지 않겠다고 밝혔다. 그런데 그 이후 네슬레는 또 한 번 사건에 기름을 끼얹는 일을 만들었다. 네슬레의 페이스북 페이지를 삭제한 것이다. 이 경솔한 행동을 더 이상 고객의 말을 듣지 않겠다는 뜻으로 받아들인 사람들은 그린피스와 함께 네슬레 지사 앞에서 '당신들이 듣고자 하지 않으면 우

• 겟새티스팩션의 페이스북 페이지 내 'Ask a Question' 어플리케이션

리가 들려주겠소' 라는 문구로 트위터 시위를 진행했다. 기업이 소비자의 목소리를 들으려 하지 않는다면 직접 그 소리를 들려주겠다는 의도였다.

네슬레의 사건은 소셜 미디어 최악의 마케팅 사례로 손꼽히고 있지만 소셜 미디어를 이용해 고객의 이야기에 귀 기울이고 실시간으로 답변을 주는 등 고객센터를 공들여 운영하는 사례도 심심치 않게 볼 수 있다. 대부분의 기업이 페이스북을 통해 고객과 소통하길 원하지만 정작 고객의 불만이나 문제 제기에 대해서는 잘 들으려고 하지 않는다. 하지만 100% 고객센터로서의 페이스북 페이지가 아니라 편안하게 소통하고 공감할 수 있는 커뮤니케이션 영역과 불만을 토로할 수 있는 소통의 창구를 분리해 운영할 경우 고객은 기업을 더 신뢰하고, 언제든지 고객의 이야기에 귀 기울이려는 모습에 감동을 느낀다. 소셜 전문 홍보 마케팅 회사인 겟새티스팩션Get Satisfaction과 미국의 소프트웨어 회사인 파라추어Parature는 바로 이 점에 착안해 고객과 소통하는 동시에 그들의 불만을 들을 수 있도록 'Ask a Question' 이라는 어플리케이션을 사용하고 있다. 이 어플리케이션은 기업 페이지 내에서 고객 불만과 Q&A를 접수할 수 있는 플랫폼을 제공한다. 고객서비스가 단순히 담벼락이나 댓글을 통해 진행되는 것이 아니라, 페이스북 페이지 내에 고객 서비스센터를 마련함으로써 소통 창구를 분리시켰다는 데 큰 의미가 있다. 이러한 소통 창구는 고객과의 관계 구축에 영향을 주는 동시에 기업의 목표를 실현시켜주는 유용한 도구가 되고 있다.

페이스북에 진입하는 대부분의 기업들은 페이스북 내에서 고객과 직접적인 소통을 원하고, 고객을 기업의 제2 마케터로 활용하기를 원한다. 그러나 이벤트나 상품으로 고객들을 인위적으로 끌어들이는 것보다 그들의 실질적인 불만과 목소리, 의견을 듣는 것이 중요하다. 이러한 밀접 대응은 고객을 만족시키고 기업을 발전시키는 기본 요소임을 잊어서는 안된다.

페이스북 **특징 파악하기**

어느 날 모기업의 홍보담당자로부터 연락이 왔다. 회사 차원에서 소셜 미디어 도입을 고려하고 있는데 혹시 대행 운영이 가능하냐는 문의였다. 잠시 내 귀를 의심했다. 소셜 미디어 도입을 고려하고 있다는 이야기는 아직 계정을 개설하고 활동을 시작하지 않은 단계일 테고, 충분한 내부 검토나 채널에 대한 이해도가 확실하지 않은 상태임이 분명한데 벌써부터 대행 운영을 생각하고 있다는 것에 안타까움이 들었기 때문이다. 아마도 홍보담당자는 과중한 업무로 인해 블로그 대행 운영을 의뢰하고 서포터즈나 홍보기자단의 관리, 교육 등을 업체에 맡기듯 소셜 미디어 역시 위탁 운영을 해도 되리라는 판단을 한 것 같다.

그런데 실시간 대화가 가능한 트위터와 강한 신뢰 관계가 형성되는 페이스북 등의 소셜 미디어 활동이 기업의 담당자가 아닌 대행사를 통해 가능할까? 솔직히 불가능하지는 않다. 대행사의 소셜 미디어 활동에 대한 가이드라인을 세워 그 범위 안에서 활동하도록 명시하고,

기업 담당자는 대행사의 활동 내용을 꾸준히 모니터링하면 된다. 또 기업과 관련된 메시지를 업로드하기 전 사전 검토를 받는 등의 복잡하고 엄격한 관리 감독을 진행한다는 전제 조건이 충족되면 가능하다. 하지만 우리 집 이야기를 옆집 아주머니가, 혹은 동네 형이 '나'를 대신해또는 '나' 인 것처럼 행세해 많은 이들에게 전달한다는 가정을 해보자. 내가 아닌 제3자가 나의 이야기를 전달하다 중간에 오류를 범하지는 않을까? 또 우리 가족 이야기에 전혀 관심이 없는 대상에게 무조건 이야기를 전한다고 해서 그들이 곧바로 관심을 갖게 될 것인가도 생각해보아야 한다. 즉, 이야기를 듣고 싶어하는 타깃을 적절히 선택하고, 그들에게 기업이 원하는 올바른 이야기를 전달하며, 만약 대화 중 오류가 발생했다 하더라도 빠른 조치를 취해 더 이상 왜곡된 이야기가 퍼지지 않도록 해야 한다.

기업이 소셜 미디어 대행 운영 위탁을 제의하거나 효율적인 소셜 미디어 활동에 대한 컨설팅을 의뢰하는 예를 보면 실무자나 임원들이 소셜 미디어에 대해 제대로 이해하지 못하는 경우가 대부분이다. 하지만 우리가 싸이월드를 처음 시작했을 때를 생각해보자. 머리를 싸매고 공부하거나 누군가로부터 속성 과외를 받아 미니홈피를 꾸민 것이 아니다. 몇 번의 버튼 클릭과 시행착오를 겪어가면서 미니홈피를 운영하고 일촌들과의 관계를 유지했다. 페이스북이나 트위터 역시 마찬가지이다.

관계 구축과 **커뮤니케이션**

자연스러운 커뮤니케이션을 이어가기 위해 가장 중요한 요소는 바로 대화가 가능한 상대를 찾는 것이다. 나의 이야기를 듣고, 그 이야기에 의견을 주고받는 '서로'가 없다면 커뮤니케이션은 시도조차 할 수 없다. 누구나 알 법한 이 커뮤니케이션 대상 찾기, 즉 타깃과의 관계 맺기가 기업의 소셜 미디어 채널에서도 잘 이루어지고 있는지 한번 점검해 보자.

페이스북에서는 친구 요청과 수락이라는 상호 허락에 의해 관계가 이어지고 있다. 그렇기 때문에 기업이 일반인에게 친구 요청을 할 경우 자신을 알리고 충분히 기업의 정보를 제공하는 것은 가장 단순하고 기초적인 친구 요청의 자세이다. 기업이 제공하는 제품이나 서비스는 무엇인지, 기업이 페이스북에서 어떤 활동을 하고 어떠한 정보를 제공하고 있는지, 기업 페이스북과 친구를 맺을 경우 어떠한 혜택이 주어질 것인가 등이 충분히 전달되어야 한다. 대부분의 페이스북 사용자는 기업이 자신들을 활용해 2차 홍보 활동을 하게 될 것을 미리 짐작하고 있다. 그럼에도 불구하고 기업과 관계를 구축하는 이유는 기업이 제공하는 서비스나 제품 관련 정보를 제공받거나 어떠한 혜택을 받고자 하는 기대심리가 있기 때문이다. 따라서 기업의 프로필 또는 페이지에 기업 관련 소개나 정보를 쉽게 접할 수 있는 탭을 구축하거나 URL 등을 링크해 사용자로 하여금 거부감이 들지 않도록 하는 것이 좋다. 또 기업의 소셜 미디어 계정을 누구나 쉽게 찾을 수 있도록 기업의 홈페이지나 블로그, 카페 등에 명시해 열린 커뮤니케이션에 대응하고 있음을 보여주는 것이 좋다.

그렇다면 관계 구축을 통해 형성된 수많은 팬들과 자연스럽게 커뮤니케이션하기 위해 기업은 어떤 활동을 해야 할까?

기업 또는 기관과 관련된 콘텐츠를 일방적으로 노출하는 것은 금물이다. 분명 자사 제품이나 서비스의 탁월함과 우수함을 알리고 팬들에게 긍정적 이미지를 이끌어내는 것이 마케팅이나 홍보의 목적이지만 자사 홍보 콘텐츠의 나열은 오히려 독이 될 수 있다. 그보다는 사용자들이 자신의 생각을 표현할 수 있는 주제를 던진다거나 사용자들 간에 의견을 주고받을 수 있는 토론의 장을 만들어주는 것이 좋다. 또 페이지는 팬과 함께 만들어가는 공간이므로 어떤 이야기든 팬들이 페이지 내에서 자유롭게 할 수 있도록 유도하는 것이 바람직하다.

'좋아요' 버튼의 무한 신뢰

'저희 기업의 제품은 반영구적으로 사용할 수 있을 만큼 튼튼하고 다양한 기능을 갖추고 있으며, 가격도 저렴합니다'.

설령 위 이야기가 맞다 하더라도 자사 제품을 홍보하는 기업의 광고를 100% 믿는 사람들은 절대 없다. 이제 더 이상 기업의 일방적인 홍보나 상품 광고에 일일이 대응하는 고객을 쉽게 찾아볼 수 없다. 넘쳐나는 홍보성 정보는 고객에게 감동을 주지 못하고, 고객은 천편일률적인 기업의 얘기를 쉽게 흘려버린다. 게다가 제품을 반영구적으로 사용할 수 있다는 말은 더욱 의심스럽다. 기업이 망하려고 작정하지 않은 이상 영구 제품을 내놓을 리 없기 때문이다.

하지만 필요한 제품을 구매하려고 머뭇거릴 때 한 친구가 "이거 내가 써봤는데 정말 좋아!"라고 한마디 건네면 우리는 그 자리에서 아무 고민 없이 그 제품을 집어들게 된다. 가장 가까운 친구의 실제 경험담은 구매 갈등을 한번에 해결하기에 충분하기 때문이다. 그런 면에서 페이스북은 지인의 추천이나 소개에 민감하게 반응하는 인간의 가장 기본적인 성향을 서비스에 그대로 적용하고 있다. 바로 '좋아요' 버튼을 통해서이다.

좋아요 버튼은 페이스북 내에서 나의 친구가 한 이야기나 댓글, 공유한 콘텐츠가 마음에 들 경우 좋아요를 클릭해 콘텐츠를 추천하는 것인데 최근에는 외부 웹사이트나 서비스의 콘텐츠에 플러그인을 제공해 외부 정보를 페이스북 내로 끌어들여 그 영역을 확대하고 있다. 웹에서 핫뉴스를 보거나 좋은 블로그 글을 접했을 때, 또는 오픈 마켓에서 마음에 드는 상품을 발견하거나 추천하고 싶을 때 좋아요를 클릭하면 콘텐츠 정보가 페이스북에 유입된다. 이렇게 유입된 콘텐츠는 좋아요를 받은 횟수에 의해 인기도나 가치 측정이 가능하고 사용자의 소비 패턴까지도 파악할 수 있다. 이런 이유로 최근에는 자사 웹사이트나 블로그의 콘텐츠를 페이스북에 노출하기 위해 좋아요 버튼의 연동을 확대하는 기업이 늘고 있다. 실 예로 CNN이나 CBS.com, 디그Digg, 옐프Yelp, 유튜브YouTube, 엑스박스Xbox 및 닌텐도Nintendo DSI 등 1만 5천 개가 넘는 웹사이트들이 단순히 페이스북의 좋아요 버튼을 삽입하는 것뿐만 아니라 페이스북 커넥트Facebook Connect를 이용해 해당 사이트에서 페이스북에 직접 로그인 할 수 있는 옵션을 제공하고 있다.

고객센터를 보면 활용방법이 보인다

모든 서비스는 고객을 위한 서비스 사용 가이드와 FAQ를 마련하고 있다. 페이스북 역시 마찬가지이다. 하지만 많은 사람들이 페이스북을 단순히 어렵다, 복잡하다고 표현하며 볼멘소리를 할 뿐 페이스북의 고객센터에 명시되어 있는 다양한 가이드들은 간과하고 있다.

페이스북 고객센터에는 기업을 위한 비즈니스 가이드까지 완벽하게 소개되어 있고 여기에는 페이스북에 광고하는 방법, 비즈니스용 페이지 구축, 페이스북 커넥트 이용, 페이지 통계 및 분석자료를 제공하는 인사이트 가이드, 페이스북 플랫폼 등 다양한 페이스북 팁을 제공하고 있다. 그 중 기업의 페이스북 활동을 위한 가장 중요한 가이드가 바로 페이스북 광고와 인사이트, 페이스북 오픈 API이다.

1. 페이스북에 광고를 하시겠습니까?

기업이 페이스북에 페이지를 개설하고 이를 홍보하거나 그 외 제품 홍보, 이벤트 등을 알리기 위해 광고Promotion를 활용하는 것이 좋은데 페이스북 광고의 특징은 적은 비용으로 최대의 효과를 나타낸다는 것이다.

광고를 진행하게 되면 먼저 지역, 성별, 나이, 키워드, 결혼/연애 상태, 직급, 직장 또는 대학교를 기준으로 대상을 지정할 수 있고 광고 대상이 정해지면 앞으로 홍보할 광고를 대략 몇 명 정도의 페이스북 회원이 보게 되는지 그 수치까지 알 수 있다. 글로벌 기업의 경우라면 6억 명의 페이스북 사용자에게 광고 노출이 가능하고 국내 기업이라면 국내 페이스북 사용자를 대상으로 광고를 홍보하게 된다. 더불어 광고의 데이터를 성과 보고서로 받아볼 수 있는데 이 보고서에는 성별, 연령별, 국가 및 지역별로 구분해 페이스북 사용자가 광고에 어떻게 반응했는지를 알려준다. 더불어 고유 사용자 노출 수 비율도 확인할 수 있다.

페이스북 내에서의 광고 영역은 사용자 프로필이나 페이지의 오른쪽 영역에 위치하게 되는데, 최근 광고비가 저렴하고 홍보 타깃이 확실하다는 점 때문에 국내 기업이나 병원, 소셜 마켓, 이벤트 및 캠페인 관련 광고가 지속적으로 대한민국 사용자를 대상으로 홍보되고 있다. 만약 개설한 페이지나 이벤트, 제품의 홍보를 원한다면 페이스북 광고 영역을 필히 고려하길 바란다.

2. 인사이트로 페이지를 관리하라!

페이스북에는 효율적이고 안정적인 페이지 운영을 위한 통계 및 분석

리포트가 상세하게 제공된다. 특히 페이지의 통계 리포트를 보여주는 인사이트[Insight]는 페이지의 사용자 증가와 사용자 분포, 콘텐츠 사용, 콘텐츠 생성 등의 트렌드를 파악하고 분석함으로써 페이지 운영자와 플랫폼 개발자에게 페이스북 비즈니스를 개선하는데 필요한 정보를 제공한다. 또, 팬이나 페이지 운영자가 담벼락에 글을 쓰거나 게시물에 댓글을 남기고, 페이지의 콘텐츠를 추천하는 경우 인사이트 리포트가 일주일 동안 집계되어 섹션에 표시된다.

인사이트를 이용하면 페이지의 관리 및 운영이 더욱 효율적이다. 예를 들면 게시된 콘텐츠의 활동지수나 글의 가치를 수치로 확인이 가능하여 그 수치를 토대로 적절한 페이스북 운영안이나 콘텐츠 방향성을 기획할 수 있다. 최근에는 인사이트 기능에 팬의 지역 및 인구 통계 데이터가 추가되어 연령 및 성별, 국가, 도시별로 팬 분포도가 표시되며 팬의 평균 활동지수나 페이지 운영자가 페이스북에 남긴 콘텐츠의 가치 측정까지 가능해졌다. 또한 페이지와 관련된 인사이트뿐만 아니라 플랫폼 어플리케이션 인사이트, 플랫폼 웹사이트 인사이트, 인사이트 API 사용에 대한 정보도 고객센터를 통해 확인할 수 있다.

개인 프로필이 아닌 팬페이지에만 제공되는 인사이트는 팬을 충분히 확보하고 있는 경우 그 활용도가 높고 활동지수에 대한 평가가 가능하다. 그래서 페이스북 운영 보고서로도 활용된다. 인사이트를 활용한 성과 보고서 작성하기 내용은 7장에서 다시 언급하도록 하겠다.

3. 페이스북 개발 관련 정보 지원받기

페이스북은 오픈 API를 제공하고 있어 페이스북 개발자가 아니더라도 누구나 페이스북의 개발자 원칙 및 정책에 준수한다면 게임이나 이벤트, 이미지 등을 기반으로 한 어플리케이션을 만들 수 있다. 간단하게는 어플리케이션용으로 허용된 FBML 및 HTML 태그를 이용해도 되지만 개발자 웹사이트, 개발자 포럼, IRC[Internet Relay Chat, 인터넷 채팅] 채널

• 페이스북에 등록되어 있는 어플리케이션

을 활용하면 좀 더 전문적인 어플리케이션 구축이 가능하다. 개발자 웹사이트에는 개발 가이드, 페이스북의 API에 대한 자세한 설명, 코드 샘플 등이 명시되어 있다. 또 개발자 포럼 페이지에서는 기술적인 문제, 정책 관련 사항, 설명서 등에 대한 문의나 토론이 가능해 다른 개발자의 아이디어와 조언을 얻을 수 있고, 다양한 해결책을 게시하고 있어 유사 사례를 검색할 수 있다. 더불어 IRC 채널을 이용하면 다른 개발자나 페이스북 팀 구성원들과 실시간으로 채팅이 가능하다.

그 외 고객센터의 플랫폼 및 개발자 지원 가이드를 살펴보면 페이스북 어플리케이션 제작 관련 Q&A를 확인할 수 있다.

다른 소셜 **채널**을 적극 **이용**하라

카페와 블로그를 운영 중인 A기업의 홍보 담당자는 최근 트렌드로 떠오른 소셜 미디어로 인해 머리가 아프다. 넘치는 업무로 야근하는 날이 많은데 요즘은 페이스북, 트위터까지 하고 있어 스트레스가 이만저만이 아니다. B기업 홍보 담당자는 페이스북으로 커뮤니티를 운영할 경우 기존 커뮤니티 채널을 어떻게 해야 하냐며 문의를 해왔다. 폐쇄를 해야 하는지 아니면 페이스북과 별개로 운영을 해야 하는지에 대한 것이다.

최근 트위터나 페이스북의 도입으로 인해 업무가 2배, 3배로 늘었다는 담당자의 불만 섞인 이야기들을 자주 접하게 된다. 블로그, 카페, 홈페이지, 트위터, 페이스북 등 운영하고 관리해야 할 채널들이 그만큼 많이 늘어났기 때문이다. 하지만 여기서 짚고 넘어가야 할 것이 있다. 과연 기업이 운영하고 있는 다양한 마케팅 채널 가운데 가장 중점을 두어야 할 채널은 무엇인지, 홍보 또는 커뮤니티를 위해 가장 효율적인 채널이 어떤 것인지 먼저 따져보아야 한다. 또한 채널에 대한 효율성과 고객의 선호도를 비교했을 때 가장 목적에 부합되는 채널이 무엇인지 살펴보는 것도 중요하다.

그렇다고 해서 기업에게 효과적인 채널은 유지하고, 그렇지 않은 채널은 버리라는 것이 아니다. 트렌드나 대세를 따르되 기존 고객이나 잠재고객의 활동을 꾸준히 관리할 수 있는 채널을 서브 채널로 두고, 대표 채널과 연결 또는 협조적 관계로 유지해야 한다. 더불어 기존 마케팅 채널과 소셜 미디어 채널과의 효과적인 접목 역시 고려해야 한다. 블로그를 운영하고 있지만 고객과의 소통, 관계 구축, 커뮤니티에 대해 다소 부족함이 느껴진다면 페이스북을 도입해 커뮤니티를 확장시키는 것이 중요하다. 또 기업 관련 정보나 서비스, 제품 관련 콘텐츠를 단순히 나열하는 식으로 홈페이지를 운영하고 있다면 각 콘텐츠가 더 많은 고객에게 전달되고 소셜 미디어 채널로 유입되도록 보강하는 것도 효과적인 방법이다.

그렇다면 기존의 홍보 채널을 소셜 미디어와 접목하고 고객 또는 잠재고객과의 커뮤니케이션을 강화하기 위한 해법에는 무엇이 있을까?

기존 **채널**의 **소셜화**

최근 인터넷 뉴스나 온라인 쇼핑몰 등을 중심으로 소셜 미디어의 활용이 눈에 띄게 늘고 있다. 각 기사나 상품에 페이스북, 트위터, 미투데이 등으로 알리기 버튼이 삽입되어 사용자들이 자신이 사용하고 있는 소셜 미디어 채널에 해당 콘텐츠의 내용과 URL을 알릴 수 있다. 이는 제품을 생산하고 서비스를 제공하는 기업이나 기관이 직접 주체가 되어 홍보 활동을 진행하는 것이 아니라 웹사이트나 블로그 등의 기존 채널에 소셜 미디어 공유 버튼을 삽입함으로써 정보 유통의 주체를 사용자로 정의하고 바이럴 마케팅의 중심에 서게 한 것이다. 굳이 기업이나 기관이 트위터나 페이스북 계정을 개설하고 활동하지 않아도 사용자 스스로가 전파력을 갖고 있어 콘텐츠를 많이 알리고 전파하고자 하는 기업이나 기관에서 활용이 가능한 방법이다.

하지만 기업이 고객과 소통하고 관계 형성을 고려하고 있다면 방법은 달라진다. 타임지나 CNN 등 언론사의 경우 사이트에 업로드된 기사에 소셜 미디어 공유 버튼을 삽입하는 것은 물론, 기사와 관련된 이슈에 대해 페이스북에서 팬들과 함께 의견을 나누거나 토론을 펼치는 활동을 하고 있다. 또 팬들로부터 다양한 뉴스거리를 제공받기도 한다. 또한 굳이 타임지 홈페이지에 접속해 뉴스를 확인하지 않아도 페

• 페이스북에서 콘텐츠 정보 공유와 커뮤니티를 적절히 활용하고 있는 타임지와 버버리

이스북 어플리케이션을 이용해 주요 뉴스를 페이스북에서 직접 구독할 수 있도록 했다. 커뮤니케이션은 물론 기사 제공까지 페이스북에서 한번에 가능하도록 한 것이다.

언론사뿐만 아니라 명품 패션기업인 버버리Burberry 역시 페이스북 활용이 두드러진다. 버버리의 경우 페이스북에 화보 촬영 동영상이나 사진을 업로드하고, 라이브 스트림Live Stream을 이용해 패션쇼를 생중계하고 있다. 또 시즌별로 출시되는 버버리의 액세서리나 의류 정보를 페이스북에 업데이트해 폭발적인 반응을 얻고 있다. 그런데 여기서 주목해야 할 점은 버버리가 제공하는 동영상이나 이미지가 아닌, 콘텐츠에 대한 팬들의 반응이다. 그들은 명품에 대한 거리감이나 거부감보다는 새로운 상품에 대한 정보를 얻고 있다는 데에 만족감을 느끼고 있으며 좋아요나 공유하기를 통해 자신만의 버버리 위시리스트를 만들고 있다. 이렇게 버버리의 다양한 상품들은 수많은 팬들에 의해 페이스북 구석구석까지 공유되고 있다. 버버리 관련 동영상이나 이미지 등의 콘텐츠에 적게는 3천 개에서 많게는 2만 개 이상의 댓글과 좋아요 버튼의 클릭, 공유하기 등이 지속적으로 일어나고 있다. 버버리 페이스북은 단순히 기업의 페이스북 운영이라는 상징적 의미가 아닌 팬들에 의한 콘텐츠 확산과 그들 사이의 지속적인 대화가 중점이 되고 있다.

하지만 위 사례를 벤치마킹해 기존에 운영 중인 홈페이지나 블로그의 콘텐츠를 모두 페이스북으로 옮겨 커뮤니티를 확장시키라는 이야기는 아니다. 만약 홈페이지나 블로그가 아주 활발하게 운영되고 있다면 기존 고객과 더불어 소셜 미디어 사용자들까지 포용할 수 있는 소셜화된 홈페이지, 블로그를 운영할 것을 권장한다.

2011년 1월 기준 국내 페이스북과 트위터 사용자는 각각 350만 명, 250만 명을 넘어섰다. 2010년 중순만 해도 페이스북 사용자가 90만 명, 트위터 역시 60만 명이었던 것을 감안하면 사용자 수가 엄청난 속도로 증가했다는 것을 알 수 있다. 소셜 미디어 사용자가 점차 증가할수록 기존 블로그나 홈페이지의 소셜화는 분명히 필요한 과제가 되고 있다. 즉, 기존 고객과의 관계를 이어가면서 소셜 미디어를 통해 유입되는 사용자와의 관계 역시 간과해서는 안된다. 하지만 트위터나 페이스북을 통해 기업의 홈페이지나 블로그로 방문했다 하더라도 자유롭게 의견을 게재하거나 활동에 제한을 받게 되는 경우가 많다. 바로 기업의 홈페이지나 블로그에서 회원가입이나 로그인을 강요하고 있기 때문이다. 우리가 흔히 이야기하는 페이스북이나 트위터 등의 소셜 미디어 채널의 경우 회원가입을 위해 노출해야 하는 정보는 이름과 이메일 두 가지이다. 반면 수많은 국내 웹사이트나 포털에서는 이름과 연락처, 성별, 주소는 물론 주민등록번호나 학력 및 학위 취득 여부 등 아주 민감하고 세세한 정보까지 요구하고 있다. 개인 정보 유출을 우려하고 정보 보호를 원하는 사용자의 특성에 완전히 반하는 시스템이 아닐 수 없다. 때문에 기존 홈페이지 고객과 소셜 미디어 고객이 자유롭게 소통할 수 있도록 로그인과 댓글 기능을 소셜화할 것을 권장한다.

최근에는 다양한 소셜 미디어 서비스가 오픈 API를 제공하고 있어 이를 활용하면 기존 사이트에 소셜 댓글과 소셜 미디어 로그인이 가능하다. 홈페이지나 블로그의 소셜 기능 확장에 큰 어려움이 없다. 또한 기업이 이미 트위터나 페이스북을 사용하고 있다면 블로그나 홈페이지에 오픈 API를 이용한 페이지 앱 혹은 트위터 위젯을 삽입하거나 콘텐츠에 좋아요 버튼을 설치함으로써 페이스북 내에서 블로그나 홈페이지의 콘텐츠가 노출될 수 있도록 연동하는 것이 중요하다. 더불어 누구나 기업과 친구가 되고 의견을 소통할 수 있도록 계정을 오픈해 적극적으로 소통에 참여하는 모습을 기존 홍보 채널에서도 지속적으로 보여줘야 한다.

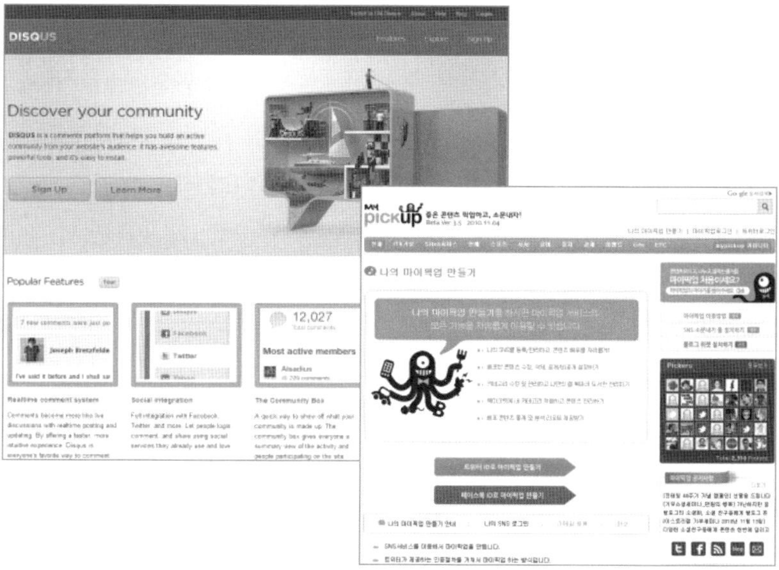

• 소셜 댓글 기능을 제공하는 디스커스(Disqus)와 트위터와 페이스북 ID로 회원가입이 가능한 마이픽업(mypickup)

기존 채널의 소셜화를 위해 고려해야 할 다섯 가지 사항

1. 완벽한 모델은 없다. 쉽고 간단하게 접근하라.
2. 오픈 API 등 외부 자원을 효율성 있게 이용하라.
3. 새로운 경험과 익숙한 경험을 적절하게 제공하라.
4. 개방, 참여, 공유의 원칙을 따라라.
5. 다양한 매체를 이용하라.

페이스북과 소셜 미디어를 **활용**한 커뮤니케이션

블로그에 글을 쓰는 스타일은 제각각이다. 대부분의 블로거들은 단순히 텍스트만 포스팅하는 것이 아니라 작성한 글을 많은 사람들에게 알리고 주목을 끌기 위해 내용에 맞게 이미지를 삽입하고, 관련 동영상이나 정보를 링크하여 보기 좋게 꾸미고 있다. 이런 글들은 독자들에게 깊은 인상을 주게 되는데 페이스북에서의 커뮤니케이션도 마찬가지이다.

기업의 페이지에서 자신의 팬들과 채팅을 하듯 텍스트 메시지만 오고 간다면 그 페이지는 금방 식상해지고 만다. 그렇다고 해서 일부러 콘텐츠를 만들고 꾸미라는 뜻은 아니다. 기업 활동 중 생길 수 있는 일화나 행사 진행 중 특별했던 순간들을 동영상이나 이미지 등으로 게시하면 자연스럽게 기업문화나 분위기를 전달할 수 있다. 또 자사의 제품이나 서비스를 직접 홍보하는 것보다 생활정보 등과 접목시켜 팁을 제공하면 팬들과의 소통이 한층 부드러워진다. 이때 신상품이나 단순 기사 정보, 홈페이지 내용을 그대로 링크하기보다 플리커나 유튜브를 통해 즐겁고 재미있는 콘텐츠로 가공한 후 이를 팬들과 공유하면 더 큰 효과를 거둘 수 있다. 여기서 즐겁고 재미있는 콘텐츠라는 것은 완벽하게 가공된 콘텐츠를 말하는 것이 아니다. 실수가 있더라도 인간적인 느낌을 주는 이미지나 동영상, 기업 관련 파티나 행사 등을 통해 얻어진 감성적 콘텐츠가 더 빛을 발휘하게 된다. 예를 들면 3천 명이 응모한 이벤트에서 단 한 명의 당첨자를 무작위 추첨해야 할 경우, 달랑 당첨자만을 알리는 것이 아니라 3천 명 중 한 명을 선발하기 위한 다양한 고민과 고뇌가 묻어나는 동영상을 업로드하면 더 많은 이슈를 불러일으킬 수 있다는 것이다.

기업 블로그나 홈페이지 역시 역시 좋은 콘텐츠가 될 수 있다. 블로그 또는 홈페이지와 페이스북을 따로 운영하기보다 기업의 제품, 서비스 관련 내용을 페이스북에 링크시켜 팬들이 이에 대한 다양한 의견을 남길 수 있도록 하는 것도 좋은 방법이다. 블로그는 페이스북이나 트위터가 가지지 못하는 소중한 콘텐츠 우물이자 절대 포기할 수 없는 소셜 미디어임을 잊지 않길 바란다.

페이스북에 등록되어 있는 수십만 개의 게임이나 어플리케이션을 이용한 커뮤니케이션 또한 추천한다. 어플리케이션의 경우 비즈니스, 교육, 엔터테인먼트 등 9개의 카테고리로 분류해 다양하게 제공된다. 기업이 제공하는 연구보고서나 발표 내용 등은 주로 슬라이드 쉐어Slide Share를 통해 제공할 수 있고, MSN 메신저나 트위터 연동 역시 어플리케이션 설치만으로 간단하게 사용 가능하다. 더불어 인기 있는 게임인 팜빌FarmVille이나 비주얼드Bejeweled와 같은 가벼운 게임류를 팬들과 함께 즐기다 보면 돈독한 커뮤니티를 유지하고 잠재고객에게 접근하는 것이 쉬워진다.

페이스북 사례를 **벤치마킹**하라

오답노트를 써내려가다 보면 정답이 눈에 보이는 것처럼, 기업의 소셜 미디어 도입 또는 페이스북 운영에 대해 확신이 서지 않고 아직도 목적이 불분명하다면 벤치마킹을 권한다.

앞서 페이스북에 관한 다양한 설명을 하며 코카콜라와 리바이스, 펩시, 버거킹, 이케아, 네슬레 등 여러 글로벌 기업의 페이스북 활용에 대해 언급했다. 네슬레의 경우 소셜 미디어에 대한 대응 실수로 고객에게 큰 비난을 받은 경우지만 이를 제외한 나머지 기업들은 페이스북에서 활용이 가능한 대안이나 방안을 보여주고 있어 훌륭한 벤치마킹 사례들로 손꼽힌다.

특히 소셜 커머스의 상징으로 대표되고 있는 리바이스나 메타도는 최근 국내에서 큰 이슈를 몰고 있는 공동구매 형식의 커머스가 아닌 소셜 커머스의 진수를 보여준다. 또, 사용자가 직접 페이스북 운영에 참가해 브랜드 이미지를 상승시킨 코카콜라의 페이스북은 국내에서 아직 찾아볼 수 없는 사례로, 벤치마킹 시 충분히 검토해볼 만하다. 더불어 오프라인에서도 마찬가지지만 페이스북 내에서도 착한 기업은 언제나 긍정적 효과를 불러일으킨다. 페이스북 사용자의 참여를 통해 기부를 이끌어내고 있는 펩시나 P&G, 체이스은행 등은 착한 기업의 페이스북 성공 사례를 적절히 보여주고 있다.

광고나 이벤트를 통해 팬 모으기에만 급급한 국내 기업들의 모습과 달리 해외 페이스북 운영 사례는 우리에게 신선한 충격을 주고 있다. 비록 그들의 활동이 국내 실정과 100% 일치하는 것은 아니지만 여러 기업의 페이스북 활동 모습이나 대응 방법, 페이스북 페이지 구성안 등을 분석하다 보면 앞으로 기업이 구축해야 할 페이지의 윤곽이 드러나게 될 것이다.

성공적인 페이스북 운영을 기획하고 싶다면 지금 당장 펜과 노트를 준비하고 책 곳곳에 즐비한 사례들을 하나씩 꼼꼼히 분석해보자. 이번 섹션에서는 최근 핫 트렌드로 떠오른 소셜 커머스 시장의 대표 사례로 주목받고 있는 메타도, 기업 홍보와 착한 기업 이미지 각인이라는 두 마리 토끼를 모두 잡은 펩시를 소개한다. 이 두 기업은 페이스북뿐만 아니라 소셜 미디어를 적절히 활용한 사례이다. 또 외부 사이트의 페이스북 커넥트 연동이나 플러그인 사용과 관련해서는 페이스북 고객센터 내 개발자 카테고리에서 쇼케이스를 살펴보자. 분야별로 페이스북 플랫폼을 잘 활용하고 있는 케이스들이 모여 있다.

성공적인 페이스북 벤치마킹을 위한 8가지 중점사항

1. 페이스북 탭 구성과 내용 분석하기
2. 대화의 주제 또는 기업 페이지의 주요 내용 파악하기
3. 쌍방향 커뮤니케이션이 잘 진행되고 있는지 분석하기
4. 댓글이나 팬의 담벼락을 통해 일대일 대응이 잘 이루어지고 있는지 파악하기
5. 페이지 카테고리 탭의 내용 및 디자인 구성 살펴보기
6. 오픈 API 활용 정도 파악하기
7. 페이스북 내부 또는 외부 사이트와의 연동을 통한 광고, 홍보 활동 파악하기
8. 페이스북 페이지 운영 목적 파악하기

진정한 **소셜 커머스**의 진수 **메타도** Mertado

최근 국내에서 큰 이슈를 일으키고 있는 분야가 바로 소셜 커머스Social commerce이다. 트위터나 페이스북을 통해 유입된 사용자들을 대상으로 공동구매 형식의 소비를 권하고 있는데 최근에는 연예인들까지 소셜 커머스 시장에 진입하고 있는 중이다. 그런데 해외 소셜 커머스의 대표주자로 불리고 있는 리바이스나 메타도와 비교했을 때 국내 소셜 커머스의 형식은 소셜 미디어 사용자를 유입시켜 공동구매를 유도한다는 점에서 비슷하지만 운영 면에서는 전혀 다른 모습을 보이고 있다.

메타도http://www.mertado.com/는 페이스북 사용자라면 누구나 간단하게 페이스북 커넥트로 로그인이 가능하고 구매뿐만 아니라 사용자의 구매 성향이나 활동지수, 구매 내역 등을 제공함으로써 2차 홍보와 재구매에 대한 확률을 높이고 있다. 요식, 미용 서비스나 여행 상품 등 서비스 품목이 주를 이루고 있는 국내 소셜 커머스 시장과는 달리 메타도는 가전, 생활용품 등을 판매하고 있다. 각 상품에는 좋아요 버튼을 연동해 소비자가 관심 물품을 클릭하면 자연스럽게 페이스북에서 2차 홍보가 이루어진다. 메타도 사이트 내에서 이 좋아요 버튼의 역할은 아주 특별하고 획기적이다. 바로 내가 좋아요를 한 상품을 함께 클릭한 사람은 누구이며, 그 사람의 구매 성향은 어떠하고, 그가 좋아요 한 다른 상품은 어떤 것들이 있는지 등 버튼의 활용이 극대화되고 있는 것이다. 뿐만 아니라 메타도 사이트 내 사용자의 활동 내역이 그대로 메타도 뉴스피드를 통해 보여진다. 내가 메타도 사이트에서 어떤 상품들을 둘러봤으며, 어떤 제품을 좋아하고 어떤 상품을 구매했는지 나의 뉴스피드를 통해 공개되고, 이를 다른 사용자들과 공유하는 것이다. 특히 사용자가 좋아요 버튼을 클릭하거나 상품에 댓글을 남기는

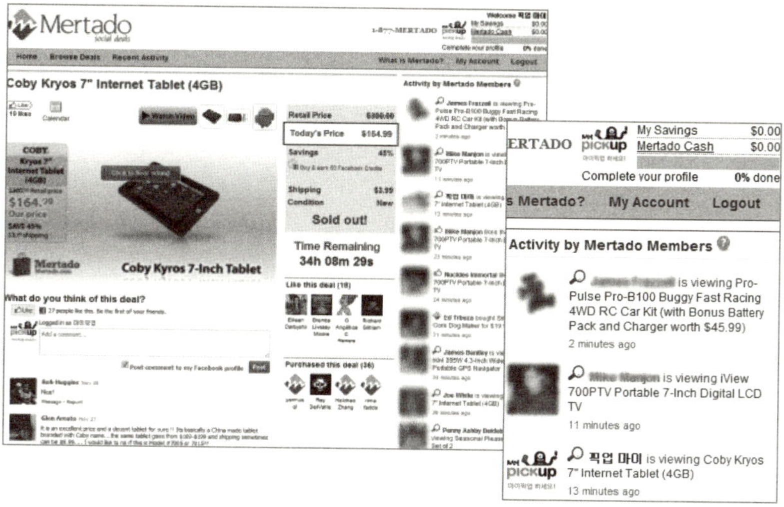

• 소셜 커머스의 진수를 보여주는 메타도 사이트

등의 활동들이 페이스북 프로필에도 남아 친구들에게 홍보된다.

만약 소셜 커머스를 준비 중이거나 소셜 커머스에 대한 사례를 연구 중이라면 리바이스와 더불어 메타도 사이트를 적극 추천한다. 단순히 공동구매 형식을 취하며 판매를 목적으로 하는 국내 소셜 커머스와는 다른 차원의 서비스를 만날 수 있을 것이다.

세상을 바꾸기 위한 **펩시 리프레쉬 프로젝트**

23년간 슈퍼볼 광고를 낸 펩시Pepsi가 광고를 중단하고 페이스북을 선택한 사건은 미국은 물론 전 세계를 뒤흔든 이슈였다. 전 세계적으로 소셜 미디어를 활용하는 기업은 79%에 다다른다. 소셜 미디어를 통해 고객이 양방향 대화를 요구하게 된 만큼 펩시도 그 대세를 따랐음이 분명하다. 혹자는 펩시가 30초짜리 슈퍼볼 TV 광고를 포기한 대신 착한 기업 이미지를 내세운 기부 마케팅, 즉 공익 연계 마케팅을 진행해 생색내기를 한 것이라는 평가를 내리기도 한다. 사용자들의 투표를 유도해 5천~25만 달러의 기부금을 줄 단체를 선정하도록 한 펩시의 활동들이 페이스북 친구 및 팬을 통해 2차 홍보로 바이럴될 것이 분명하기 때문에 '선행' 사실을 널리 알리려는 목적이라는 것이다. 그러나 이유가 어찌됐건 펩시는 제품 홍보나 판매를 목적으로 한 페이스북 운영이 아닌, 기부를 통해 착한 기업으로 인식되면서 사용자들의 호응을 충분히 이끌어냈다.

그런데 여기에 펩시는 한 가지 더 톡톡 튀는 아이디어를 뽑아냈다. 바로 세상을 더 좋은 곳으로 만들기 위한 아이디어 경합전Pepsi Refresh Project이다. 건강과 예술, 문화, 음식, 환경 등 여섯 가지 분야의 베스트 아이디어를 모집하고 최종전을 통해 선정된 아이디어는 실현이 가능하도록 금액을 지원해주는 것이다. 참여 방식은 아이디어 제목과 카테고리를 선택한 후 예산을 정하고 관련 설명, 링크, 사진, 영상들을 업로드하는 것인데, 다른 사용자들의 투표로 우승자가 결정된다. 이때 아이디어 제안 내용은 140자로 제한되는데 페이스북은 물론 트위터에도 동시에 리트윗되기 위함이다. 이 펩시 리프레쉬 프로젝트에는 시작 3일 만에 730여 개의 아이디어가 등록되었고 세상을 더 좋은 곳으로 만들기 위한 아이디어 평가 역시 사용자의 자발적인 참여로 진행되었다. 각 카테고리별로 담당자들이 관련 정보와 생각을 블로그에도 공유했는데 카테고리별 관련 동영상이나 이미지, 이슈 등을 함께 제공했다.

공익성, 긍정적 캠페인의 경우 사용자의 자발적 참여와 열린 마인드가 함께 존재한다. 특히 펩시의 리프레쉬 프로젝트는 단순 기부 캠페인이나 아이디어 제안에 초점을 두지 않고 '나' 의 긍정적 마인드와

• 세상을 더 좋은 곳으로 만들기 위한 펩시 리프레쉬 프로젝트

아이디어가 세상을 변화시키는 힘이 될 수 있음을 강조했다. 또 아이디어를 평가하고 응원하는 참여자들에게도 세상을 더 좋은 곳으로 만들기 위한 사명감을 부여해 공동체 의식을 잘 이끌어냈다. 리프레쉬 프로젝트는 단순한 의미에서 보면 아이디어 캠페인이지만 기업이 공공의 요구를 들어주고 이를 실현 가능하게 했다는 점에서 큰 의미를 전해주고 있다.

국내 **기업**의 페이스북 페이지 활동 **사례**

2010년은 트위터와 페이스북 등 소셜 네트워크 서비스가 국내에 큰 화제를 가져온 해였다. 특히 페이스북이 한글어 지원을 시작하면서 국내 사용자는 매월 기하급수적으로 상승했고 사용자도 2011년 1월 350만 명에 달했다. 이로 인해 최근 홈페이지나 블로그 대신 페이스북의 팬페이지를 이용해 고객과 소통을 시작하거나 활발히 커뮤니케이션을 진행하는 기업들이 부쩍 늘었고 삼성전자나 KT의 경우 팬 수가 각각 3만 7천여 명, 2만 4천여 명을 기록했다2011년 1월 기준.

삼성전자의 경우 지난 2010년 8월에 코리아 사진 공모전 어플리케이션을 개발하고 페이스북에서 사진 공모전을 진행했고, 9월에는 유럽 최대 가전 전시회인 IFA 2010 개막일 전날 열리는 글로벌 프레스 컨퍼런스와 WCGWorld Cyber Games 유럽 결승전을 라이브 스트림으로 생중계했다. 삼성전자 페이스북 페이지의 라이브 갤러리 탭에서 당시 라이브 중계 영상을 확인할 수 있다. 이에 질세라 2만 4천여 팬을 보유하고 있는 KT는 팬들과 함께 페이스북을 더욱 풍성하게 하기 위해 'Olleh KT의 얼굴이 되어주세요' 라는 페이스북 이벤트를 진행해 팬들의 특별한 사진을 접수받았다. 또 지난 연말부터는 '올레 카드' 보내기 마케팅을 전개하고 있으며 KT 공식 온라인 쇼핑몰을 오픈하고 이벤트를 진행 중이다.

여기에 현대자동차, LG U+, IBK기업은행, 하나은행, 아시아나항공, SK텔레콤, MBC 등 유명기업 30여 곳을 비롯해 중소기업까지 페이스북 마케팅에 빠른 속도로 진입했고, 페이스북을 이용해 커뮤니티를 활발히 형성하고 있다. 더불어 팬페이지에 제품이나 서비스 관련 이미지나 동영상을 업로드해 고객과 함께 공유하고 댓글과 답글로 자유롭게 소통하고 있다. 또한 현대자동차와 삼성전자, 대한항공의 경우

• 국내 기업 페이스북의 대표주자인 삼성전자와 KT의 팬페이지

영문 페이지를 함께 운영함으로써 글로벌 팬 확보를 점차 확대하고 있다. 하지만 이 일련의 활동에도 불구하고 1천만 명 이상의 팬을 보유하고 적극적인 소통 마케팅을 펼치고 있는 해외 스타벅스나 코카콜라와 같은 다양한 운영 아이디어나 참여형 섹션이 부족한 것은 사실이다.

2011년 국내의 페이스북 사용자는 현재의 두 배를 훌쩍 넘을 것으로 보여 앞으로 페이스북을 이용한 기업의 마케팅은 점차 확대될 것으로 예상되고 있다. 점차 새롭고 참신한 아이디어를 원하는 사용자의 요구를 만족시킬 만한 페이스북 마케팅 방법에 대한 기업의 연구가 필요한 시점이다. 또한 더불어 페이스북 바이럴 마케팅 효과를 맹

신해 무턱대고 계정을 개설하고 팬 모으기에만 열중하는 기업의 모습은 그리 바람직한 결과를 가져다주지 못한다. 페이스북을 통해 기업이 고객 또는 잠재고객에게 어떤 혜택을 줄 것인지, 그들을 통해 어떤 효과를 창출해낼 것인지에 대해 분명한 목적을 세워야 한다. 누구나 공감하고 즐길 수 있는 내부 콘텐츠를 강화하는 등의 노력을 통해 팬 페이지가 진정한 '소통의 장' 이 될 수 있도록 해야 할 것이다.

CHAPTER 06

페이스북 200% 활용하기

- 페이스북으로 비즈니스하기
- 페이지 만들기
- 광고로 페이지 알리기
- 어플리케이션으로 페이지 꾸미기
- 외부에서 페이스북 관리하기
- 외부 사이트와의 연동, 소셜 플러그인
- 스마트 디바이스로 페이스북 이용하기

페이스북으로 **비즈니스**하기

트위터를 비롯한 기타 다른 소셜 네트워크 서비스의 공세를 방어하고 추격을 따돌리기 위함일까? 페이스북은 진화를 멈추지 않고 있다. 특히 국내에서 사용자가 급등하기 시작한 2010년 들어서는 그 변화의 정점을 맞고 있다. 지금 이 책을 읽고 있는 순간에도 어떤 기능이 추가되었을지 모를 일이다.

친구들과 다양한 정보를 공유하고 담벼락 대화와 쪽지 등을 주고받으며 그 재미를 만끽하고 있다면 이제는 페이스북을 비즈니스적인 관점에서 살펴볼 때이다. 당신이 기업의 마케터라면 더욱 주목할만한 기능들을 소개한다.

제2의 **마케터** **팬**을 **확보**하라!

비즈니스를 위해 페이스북은 필수라고 너나 할 것 없이 입을 모은다. 6억 명의 사용자는 곧 잠재고객이 된다고들 한다. 그런데 어떻게 이들과 소통하고, 참여를 이끌어낼까? 또 이를 위해서는 무엇이 필요할까? 페이스북은 비즈니스를 알리고 제품과 서비스를 홍보하기 위한 '공식 페이지Official page'를 제공하고 있다.

보통 괜찮은 웹사이트를 구축하려면 웹 개발자를 고용해야 한다. 간단한 변동사항을 적용하려 해도 그에 따른 비용 지불이 불가피하다. 그런데 전문가의 손을 빌리지 않고도 콘텐츠를 쉽게 업데이트할 수 있는 서비스가 있다면 비즈니스 업무를 수행하는 입장에서 끌리는 것이 당연하지 않을까? 페이스북 페이지가 주목받는 이유가 여기에 있다. 복잡할 것 없이 로그인해서 글이나 사진, 동영상 등의 콘텐츠를 입력하고 업로드하면 끝이다. 그 후에는 비즈니스 홍보 환경에 맞춰 이미 갖춰진 기능들을 최대한 활용해 팬들과의 교류를 이어가면 되는 것이다.

애당초 페이스북 페이지의 시작은 음악가와 밴드 등에게 맞춤형 공간을 제공하며 유명세를 얻은 라이벌 서비스 마이스페이스에 대응하기 위함이었다. 공식 페이지는 '팬페이지Fan page'라는 개념을 적용해 기업이나 브랜드, 유명인에게 호감을 갖는 '팬'들이 참여하는 공간이었다. 팬페이지를 구독하고 팬으로서 활동하려면 '팬 되기Become a fan' 버튼을 눌러야 했다. 하지만 전혀 해가 되는 것도 아닌데 팬이 된다는 것에 부담을 느낀 이용자들은 서비스 사용을 주저했다. 이후 페이스북은 2010년 기능을 업그레이드하면서 이 문제를 간단히 해결해버렸다. '팬'이라는 용어로 자칫 '그들만의 리그'에 빠질 수도 있는 함정을 이름을 바꾸는 것으로 없애버린 것이다. 팬페이지는 단순한 '페이지'로, 팬 되기는 '좋아요Like'로 변경하는 등 진입 장벽을 낮춤으로써 사용자들의 부담을 덜어주었다. 사용자들은 페이지의 팬이 될 필요 없이 그냥 좋아요만 해도 된다. 덕분에 페이스북 페이지는 더 많은 사용자의 참여를 유도할 수 있게 되었다.

이처럼 진화를 거듭해온 결과 페이스북 페이지는 점차 고객과의 소통에 효과적인 장으로 떠올랐고, 지금은 기업의 마케터들이 가장 선호하는 고객 접점 서비스로 손꼽히고 있다.

프로필 VS 페이지 VS 그룹

페이지는 '비즈니스를 위한 프로필'이라고 불린다. 커뮤니티 영역을 제공한다는 점에서는 그룹과도 비슷하다. 그럼에도 불구하고 마케터들이 비즈니스를 위해 페이지를 고집하는 이유는 뭘까? 각 서비스의 차이를 이해한다면 절로 고개가 끄덕여질 것이다.

프로필/페이지/그룹의 차이

구분	프로필	페이지	그룹
대상	개인	기관, 회사, 공인, 유명인	개인
운영 주체	개인	단체의 대표자(승인要)	개인
비슷한 컨셉	개인 프로필 소개	홈페이지	동호회 커뮤니티
친구, 팬 제한	최고 5천 명	없음	없음
관계 생성 방법	친구 신청 후 허가	좋아요 버튼 클릭	가입 버튼 클릭/초청
보안, 공개 옵션	세밀하게 설정 가능	전체 공개가 기본	공개, 비공개, 허가제 등
단체 쪽지	개별 발송 (한 번에 20명씩 동시 전송 가능)	개인에게 보낼 수 없음 /업데이트 보내기는 가능	단체 쪽지 전송 가능
특성	공개설정 옵션이 단계별로 적용됨 (비공개, 친구에게 공개, 친구의 친구에게 공개, 전체 공개)	검색에도 반영되어 페이스북 회원이 아니어도 콘텐츠를 볼 수 있음/정적FBML 등의 어플리케이션으로 맞춤 탭을 꾸미는 것이 가능	개인이 특정 주제에 관련해 만들 수 있는 커뮤니티

한마디로 페이스북 페이지는 비즈니스 및 제품에 대한 정보를 페이스북 사용자와 공유할 수 있도록 해주는 '공개 프로필' 이라 할 수 있다. 개인을 대상으로 한 프로필이나 그룹과 달리 페이지는 기업이나 공인, 유명인 등을 대상으로 관련 정보를 잠재고객들에게 전하는 공간인 것이다. 회사 개요와 웹사이트 및 연락처, 언론 보도자료들은 물론 블로그, 트위터 업데이트를 비롯해 고객들과의 교류 활동 등 비즈니스와 관련된 모든 것을 한 장소에 편리하게 담을 수 있어 유용하다. 페이지와 관련된 소식들은 팬[친구]의 뉴스피드에도 업데이트되며, 그들의 친구에게도 전달된다. 또 이렇게 입소문을 타고 더 큰 네트워크로 확산될 수 있다. 특히 전체 공개가 기본인 페이지의 콘텐츠는 구글 등의 외부 검색에도 노출되어 페이스북 회원이 아니어도 볼 수 있다는 장점이 있다. 페이지는 친구와 팬 수에 제한이 없고 좋아요 버튼만 누르면 누구나 참여 가능하다.

반면 프로필과 그룹은 공개 설정 옵션에 따라 검색 노출이 결정된다. 개인 프로필은 최대 5천 명까지 친구를 제한하고 있으며, 그룹은 페이지와 마찬가지로 누구든 참여 가능하지만 비공개 및 허가제 그룹의 경우 가입에 제한이 생긴다. 페이스북에서는 그룹을 개인 활동의 연장선으로 보고 있는데 그룹 관리자 및 구성원이 콘텐츠를 올리면 게시자의 정보와 활동 사항이 함께 기재되어 구성원 개인과 그 친구들의 뉴스피드에 첨부된다. 최대 5천 명까지 단체 쪽지를 발송할 수도 있다. 페이지에서도 여러 명의 관리자를 둘 수 있는데, 페이지에서 올리는 모든 콘텐츠는 관리자가 아닌 페이지의 이름으로 통합되어 노출된다. 그룹의 단체 쪽지 기능과 비슷하게 좋아요를 누른 팬들에게 업데이트 소식을 보낼 수 있다. 이때 팬의 나이나 국가 등을 선택해 보낼 수 있다.

페이지와 달리 그룹은 클럽이나 카페처럼 개인적이고 좀 더 작은 규모의 교류에 적합하다. 비공개나 비밀로 설정 가능하기 때문에 공통의 관심사 및 정보 공유를 위한 커뮤니티 운영을 위한 비즈니스에 알맞다. 기업의 서포터즈 모임이 그 예다. 페이지는 개인 계정과 연계 없이인원 제한 없이 많은 팬 및 고객들과 교류를 원하는 브랜드와 기업, 밴드, 영화 그리고 유명인들에게 더 효과적이다. 또한 페이스북에서 제공하는 광고 서비스를 효과적으로 이용할 수 있어 타깃 고객의 참여 및 인지도 확산에도 용이하다. 대부분의 비즈니스가 이에 해당한다.

당신이 기업의 마케터라면 이러한 성격을 충분히 이해하여 추진 목적에 맞는 페이스북 서비스를 도입, 운영하는 것이 좋겠다.

페이지 만들기

페이지 만들기

페이스북 페이지를 만들려면 우선 로그인 화면의 회원가입 절차 아래 [페이지 만들기]를 클릭한다. 또는 로그인 후 나타나는 첫 화면의 하단 메뉴 중 [광고]를 선택한다.

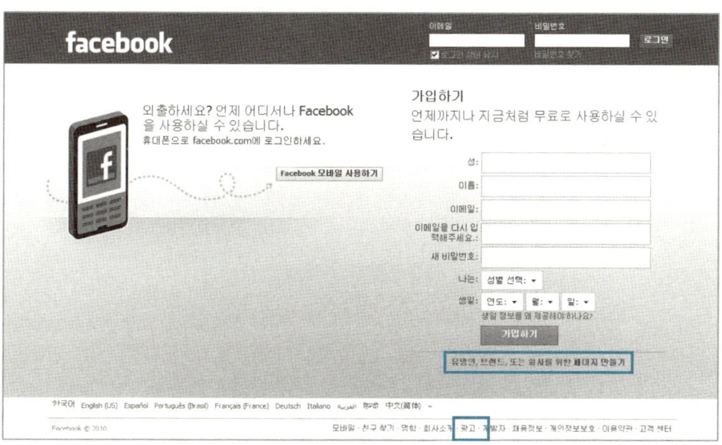

• 로그인 화면의 하단을 살펴보자

광고 만들기 안내 화면 가운데 유대 관계 강화 내용에서 파란 글씨로 쓰인 'Facebook 페이지' 를 클릭하면 [페이지 소개 및 만들기] 화면이 나온다.

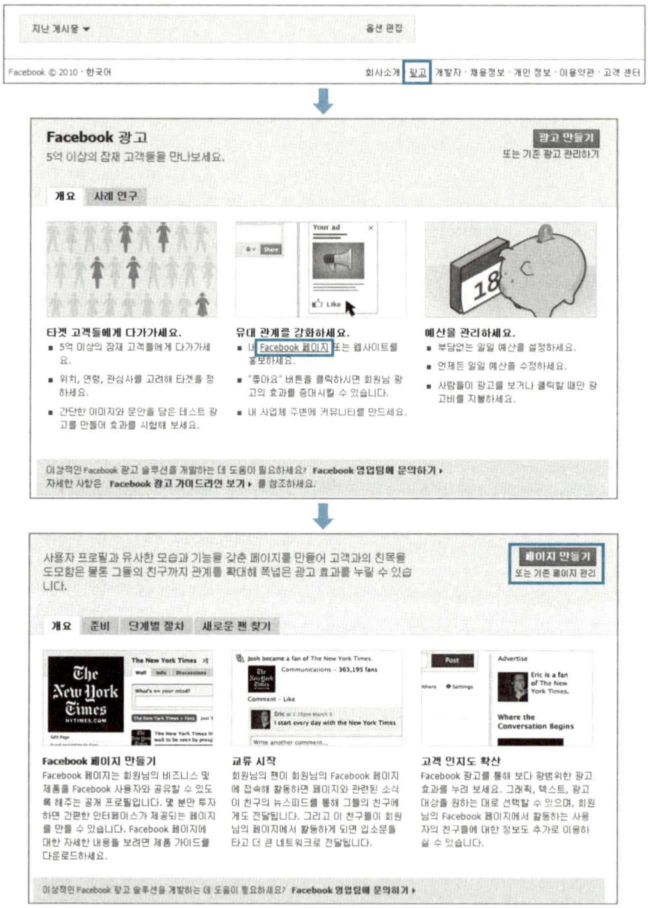

• 페이지 만들기

또 페이스북 페이지 검색 및 관리 화면인 http://www.facebook.com/pages에도 [페이지 만들기] 버튼이 있다.

• 페이스북 페이지 검색 및 관리

화면 상단의 [페이지 만들기]를 누르면 '커뮤니티 페이지'와 '공식 페이지 만들기' 두 가지 옵션이 나타난다. 비즈니스를 위해서는 [공식 페이지 만들기]를 선택한다.

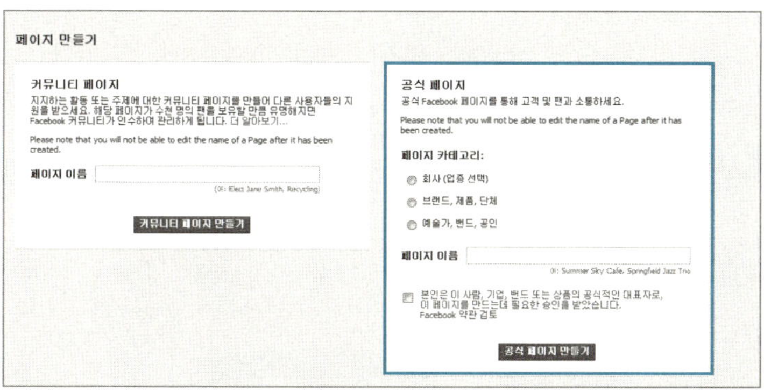

• 공식 페이지 만들기

'회사', '브랜드 및 제품, 단체' 그리고 '예술가, 밴드, 공인' 등의 3가지 카테고리 중 홍보하려는 대상에 가장 적합한 카테고리를 선택한다. 완벽하게 들어맞는 카테고리가 없다면 가장 유사한 항목을 고르면 된다. 한번 지정한 카테고리는 변경이 불가능하므로 신중하게 결정해야 한다. 페이지 이름 역시 한번 정하면 바꿀 수 없기 때문에 신중을 기해야 한다. 팬들과 고객이 알아보기 쉽고 기억하기 쉬운 이름으로 정한다. 비즈니스, 조직, 제품 또는 대표자의 이름과 일치하거나 연관있는 것이 좋다. 페이지 이름을 정하고 나면 실제 조직, 기업체, 유명인 또는 밴드의 '공식 대표자' 로서 페이지를 만드는데 필요한 승인을 받았음을 체크하고 [공식 페이지 만들기]를 누르면 된다.

페이스북 페이지를 만들고 나면 프로필을 처음 만들었을 때처럼 시작 화면이 나온다. 페이지를 대표하는 사진 업로드, 페이지에 대한 정

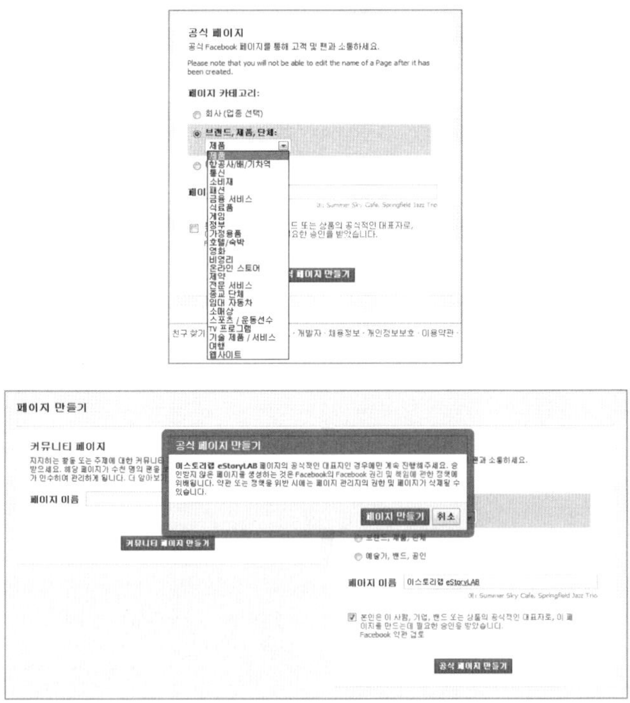

• 공식 페이지 만들기 절차

보 입력, 페이지에 글쓰기, 다른 웹페이지에 자신의 페이지를 홍보하기[좋아요 상자 추가], 트위터와 페이스북 페이지 연동하기 기능에 대한 안내가 나온다.

이제 프로필 사진을 올려보자. 상단에 있는 [사진 업로드]를 클릭하여 프로필 사진으로 사용할 이미지 또는 사진을 올린다. 이 단계는 평소 알고 지내는 친구들의 뉴스피드를 통해 다른 페이스북 사용자에게도 노출되기 때문에 아주 중요하다. 기업이라면 회사 로고를 포함시키는 것이 좋다. 팬 프로필, 팬 친구들의 뉴스피드 등 사이트 전반에서 '미리보기[thumbnail image]' 크기로 축소 표시되므로 선명하게 보이는지 확인하자.

이어 기본 정보 제공하기 항목의 [페이지 관리]를 클릭하여 페이지 권한 관리 및 관리자 설정 등을 진행한다. 또 [기본 정보] 항목 혹은 페이지 화면으로 돌아가 화면 중앙의 [정보] 탭을 클릭하자. '정보 편집'

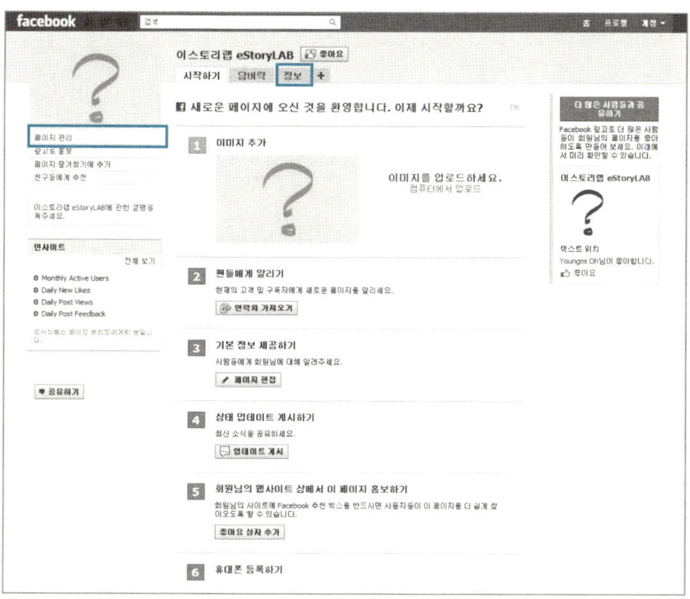

• 페이지 만들기 후 첫 화면

을 눌러 필요에 따라 세부 사항을 채워나간다. 입력 가능한 필드는 페이지 종류에 따라 다르다. 회사에 대한 정보, 하는 일, 회사의 제품 구입 가능 시간과 장소, 연락처 등 관련 정보를 상세히 제공하면 할수록 광고 효과를 거둘 확률이 높아진다.

마지막으로 [이 페이지 게시 링크]를 클릭하는 순간 페이지는 전 세계에 공개된다. 단, 페이지의 권한 관리에서 관리자만 볼 수 있도록 페이지 공개 체크박스를 체크하면 페이지는 비공개 상태로 전환된다.

페이지 설정으로 효율성 극대화

기본적으로 페이지에는 의견을 나눌 수 있는 담벼락 탭, 비즈니스 정보를 공유할 수 있는 정보 탭 외에도

• 페이지 메인과 탭

토론, 사진, 링크, 노트, 동영상, 이벤트 탭이 제공된다. 고정되어 있어 삭제와 이동이 불가능한 담벼락 탭과 정보 탭을 제외하고는 마우스로 끌어당겨 위치를 변경할 수 있다. 필요에 따라 외부 개발자가 제공하는 어플리케이션을 페이지 탭에 추가 적용해 이용할 수도 있다. 레스토랑 페이지라면 자리 예약 어플리케이션을, 영화 서비스업 페이지라면 극장 탐색 어플리케이션을 설치해도 좋을 것이다.

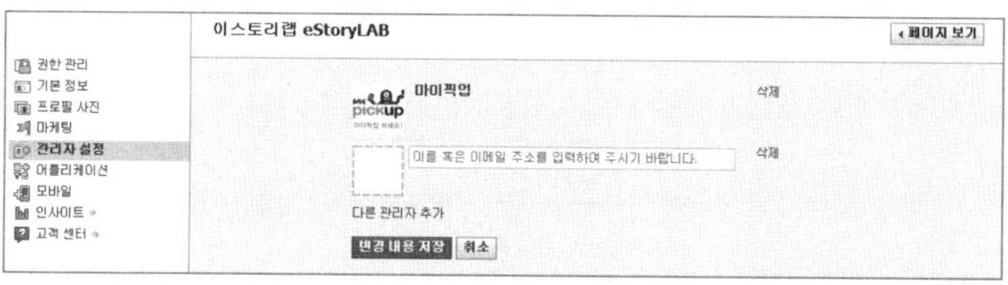

• 페이지 관리자 설정

프로필 이미지 아래 [페이지 관리]를 눌러 관리 화면으로 이동해보자. 여러 가지 설정을 변경하여 페이지의 효율성을 극대화할 수 있다. 우선 [관리자 설정] 메뉴를 클릭하여 여러 명의 관리자를 추가가 가능하다. 페이지 관리자 자신의 프로필 친구 중에서만 관리자를 추가할 수 있는데, 한 번에 여러 명을 동시에 지정할 수 있다. 관리자로 추가할 친구의 이름이나 이메일 주소를 입력한 후 변경 내용을 저장하면 된다.

또 처음으로 페이지를 방문한 사람이 기본적으로 어떤 탭을 보도록 할지 설정 가능하다. 담벼락 게시물, 사진 등을 팬과 공유할지의 여부도 선택할 수 있다. 공유를 허용할 경우 게시되는 콘텐츠가 늘어나고 자연스럽게 페이지를 찾는 페이스북 사용자도 늘어나게 될 것이다.

[담벼락] 탭 상태에서 [설정]을 누르면, 담벼락 관리에 필요한 목록이 나타난다.

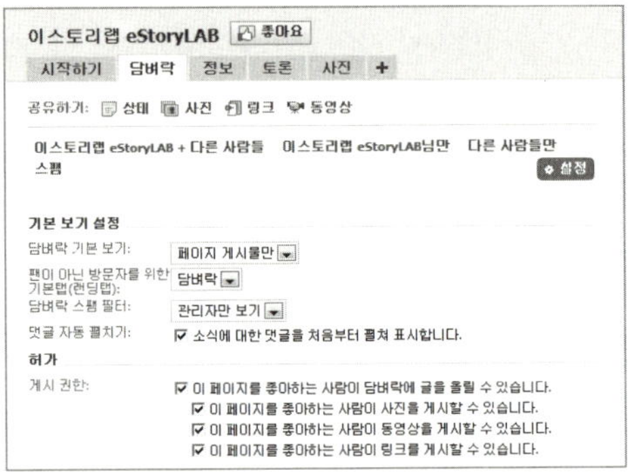

• 페이지 관리 담벼락 설정

TIP 커뮤니티 페이지(Community Page)란?

페이스북의 커뮤니티 페이지는 요리나 힙합 심지어 브랜드까지, 순수하게 사용자가 선호하는 주제 및 관심사에 초점을 맞춘 것이다. 특정 주제에 대한 페이지를 만들어 홍보하거나 다른 사람들과 쉽게 공유할 수 있도록 했다.

한 개인이 운영하지 않기 때문에 이 페이지는 팬의 담벼락이나 뉴스피드의 소식을 업데이트하지 않는다. 대신 페이스북 사용자의 공개된 콘텐츠로부터 주제와 관련된 내용을 자동으로 끌어온다. 즉, 힙합 커뮤니티 회원이 자신의 담벼락에 '새로운 힙합 앨범을 좋아한다'는 소식을 남기면 페이스북은 '힙합'이라는 용어를 인식해 페이지의 [관련 콘텐츠(Relatedposts)] 탭으로 가져오는 것이다. 또한 위키피디아(Wikipedia)로부터 관련 정보를 끌어오는 위키피디아 탭도 마련해놓고 있다.

검색 창을 이용해 관련 페이지를 검색할 때 해당 이름 아래 '관심사'라고 표시된 것이 커뮤니티 페이지이다. 회사 및 학교 정보를 입력했을 때 사용자도 모르게 회사명 및 학교명으로 커뮤니티 페이지가 자동 생성되기도 한다.

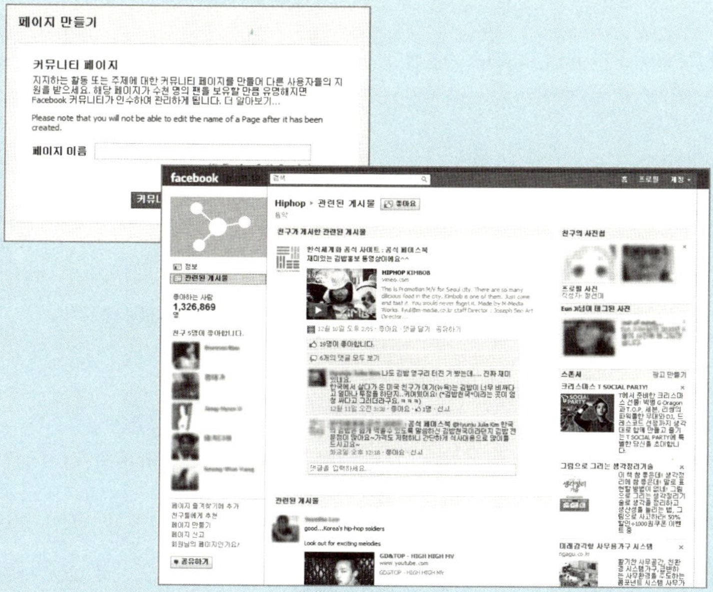

• 커뮤니티 페이지

페이지 운영의 **첫걸음**은 질 좋은 **콘텐츠 게시**부터

페이스북 페이지를 만드는 것은 생각보다 간단하다. 그러나 달랑 페이지만 만들어놓고 폭발적으로 구독자가 늘 것이라 기대했다면 오산이다. 페이지가 제 역할을 다하기 위해서는 그만큼의 시간과 노력, 그리고 전략이 필요하다. 브랜드 형성이나 제품 판매를 유도하는 프로모션 또는 홈페이지로의 트래픽 증가 등 페이스북 페이지를 통해 얻고자 하는 목표를 설정하는 것이 우선이다. 목표에 따라 타깃층이 결정되고 콘텐츠 전략을 비롯한 페이지 관리 방법 역시 달라질 수 있기 때문이다.

미국의 유명 속옷 업체 브랜드인 빅토리아시크릿Victoria' s Secret의 경우 전체 브랜드 대신 젊은 대학생을 타깃으로 한 '빅토리아 시크릿 핑크Victoria' s Secret PINK' 라인의 페이지를 별도로 선보여 성공한 케이스다. 이 페이지는 타깃층인 젊은 대학생들이 좋아할 만한 콘텐츠들로 구성되어 있다.

• 빅토리아 시크릿 핑크 페이지

페이스북 페이지가 사용자를 끌어들이는 한편 외부 검색에도 노출되려면 무엇보다 페이지 내에 보유한 콘텐츠가 풍부해야 한다. 그리고 일단 독자층을 형성했다면 이들에게 페이지를 재방문해야 할 이유를 제공해야 한다. 그 이유도 콘텐츠 전략에 달려 있다. 프로필에만 의존한 페이지는 사용자들이 다시 찾지 않는다. 페이스북 사용자들은 최신 소식을 받아보는 데 익숙해져 있다. 무엇보다 새로운 사진, 예정된 이벤트, 최신 판촉 활동 등을 통해 페이지를 정기적으로 업데이트

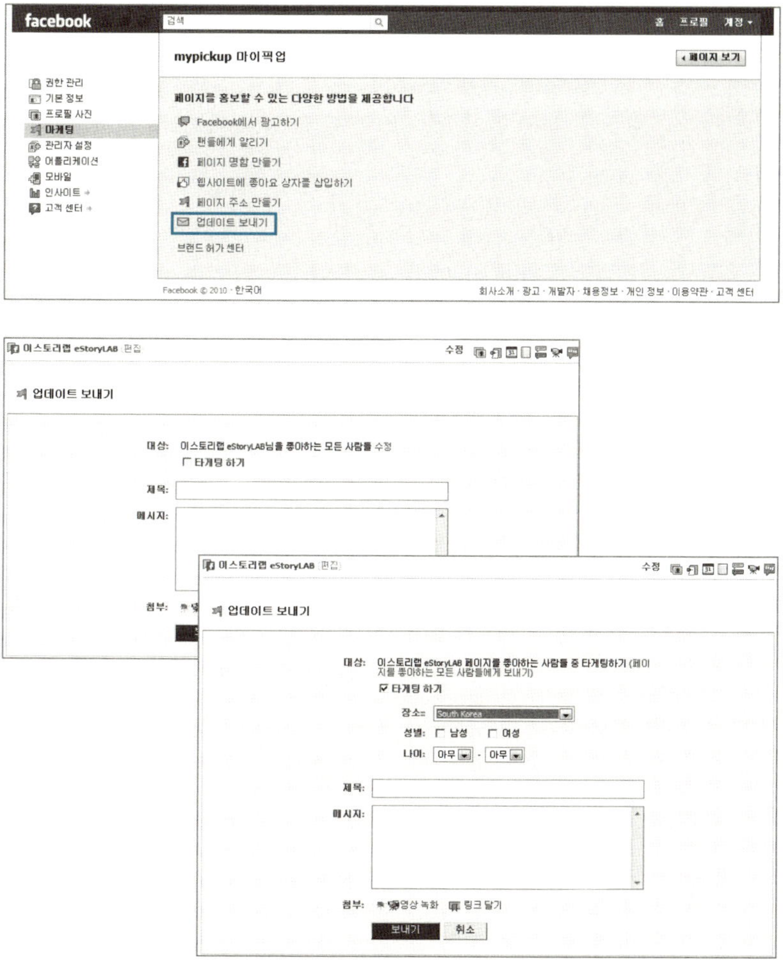

• 업데이트 보내기

하되 가능하면 매일 콘텐츠를 추가하는 것이 좋다. 휴대폰 및 어플리케이션과 접목하여 페이지를 자주 업데이트하는 것도 권장할 만하다. 트위터처럼 실시간으로 응대할 필요는 없지만 팬들과 자주 소통한다는 느낌을 주도록 한다.

게시 빈도와 마찬가지로 중요한 것은 게시물의 내용이다. 페이스북 페이지를 단순히 마케팅 메시지 전달을 위한 플랫폼으로 사용해서는 안된다. 고객은 귀찮은 홍보 메시지를 받는 것이 아니라 정보를 얻고 참여하기를 원한다. 그렇다고 의미 없는 콘텐츠의 업데이트만 반복한다면 친구들로부터 외면받기 쉽다. 좋아요가 취소되거나[Unlike] 뉴스피드에서 정리되어[Hide] 조용히 사라질지도 모를 일이다. 그러니 단순한 내용 전달에 그치지 말고 팬들의 의견과 피드백을 유도해 고객들과 커뮤니티를 형성한다는 느낌을 주도록 한다. 브랜드의 '뒷이야기'를 담은 글을 올리거나 제품과 직원, 고객들의 사진과 관련 동영상 등을 게시하는 것도 좋은 방법이다. 다른 곳에서는 찾기 힘든 게시물이나 질문, 사진, 콘테스트 등 직접적으로 사용자의 반응을 유도하는 게시물이 가치를 갖는다.

다양한 콘텐츠를 추가하면 할수록 더 많은 사용자들이 페이지를 찾게 된다. 또 그들의 친구들에게까지 네트워크가 확대되는 효과를 거둘 수 있다. 공지사항이 있거나 놓치기 아까운 콘텐츠를 업데이트할 경우 팬들에게 쪽지로 업데이트 소식을 보낼 수 있다. [페이지 관리] 화면의 [마케팅] 메뉴 중 [업데이트 보내기]를 이용한다. 특히 국가, 성별, 나이로 팬들을 구분해 다른 내용이나 언어로 메시지를 보낼 수 있다.

TIP 페이지 글을 특정 범위의 팬들에게 노출하고 싶을 때

페이지 글을 쓸 때는 국가와 언어를 선택해 그 범위를 좁혀 전달할 수 있다. 담벼락 입력 창 아래 열쇠 부분에서 사용자 지정(customize)을 클릭한다. 한국어 서비스 상태에서 국가는 '대한민국', 언어는 '한국어'로 입력하면 된다. 미국의 경우 주와 도시 단위까지 지정할 수 있다. 이 방법은 국내 이용자와 해외 이용자를 위한 정보를 각기 다른 언어로 제공하는 페이지에서 유용하게 쓰일 수 있다. 게시물을 특정 지역이나 언어에 한정해 올리면 다른 국가나 다른 언어를 쓰는 팬들에게는 공개되지 않기 때문이다.

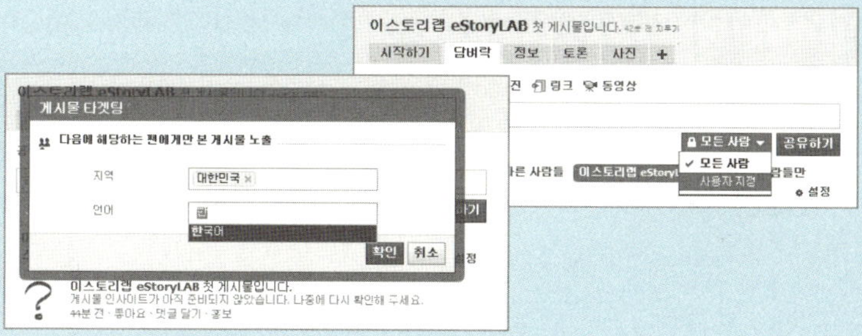

• 게시물 타겟팅

페이지 **통계**를 알려주는 **인사이트**

페이스북 페이지가 비즈니스에 적합하다는 이유를 뒷받침하는 또 다른 증거는 바로 인사이트Insight 기능이다. 개인 프로필에서는 제공하지 않는 이 기능은 페이지 방문자가 몇 명이며, 글을 좋아해준 사람이 몇 명인지 등의 통계를 실시간으로 확인할 수 있다. 페이지 메인 화면의 왼쪽 사이드 바 메뉴 아래로 내려가면 [인사이트] 박스가 나오는데, 이는 관리자에게만 보인다. '전체 보기'를 클릭하면 상세한 통계 내용을 볼 수 있다. 이와 관련된 내용은 7장 페이스북 성과 측정하기에서 더 자세히 확인할 수 있다.

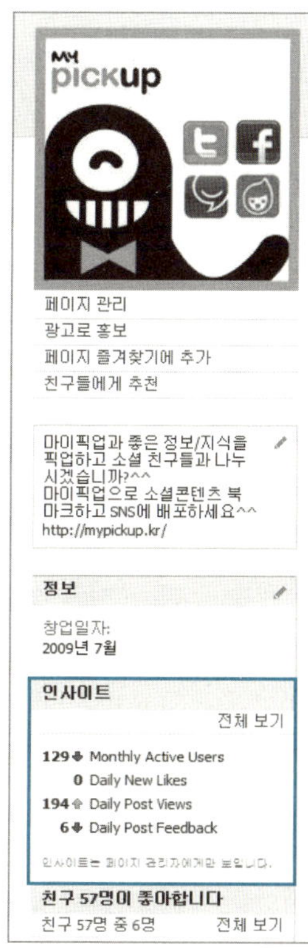

• 인사이트 박스

광고로 페이지 **알리기**

페이지 **홍보**하고 팬 찾기

페이스북 페이지의 큰 장점 중 하나는 친한 친구인지 여부와 관계없이 페이스북 회원들과 접촉할 수 있다는 것이다. 마케팅 및 고객 관계 도구 측면에서 페이지를 보여주고 이익을 얻고자 한다면 더 많은 사용자들이 페이지를 찾도록 만들어야 한다. 그런데 일반 페이스북 사용자들은 페이지가 존재한다는 것조차 모를 것이다. 그러므로 페이지를 널리 알리는 작업이 시급하다.

애초에 페이지를 만드는 목적에 맞지 않을 수 있지만 페이스북 친구를 초대하는 것부터 시작해보자. 페이스북 역시 페이지를 처음 만들면 이 과정을 먼저 권한다. 페이지 첫 화면 왼쪽의 이미지 아래 [친구들에게 추천]을 누르면 친구 목록 창이 뜬다. 개인 프로필에서 만난 친구들 중 관련 비즈니스 종사자나 기업이 제공하는 정보를 기대하는 친구, 기꺼이 팬이 되어줄 만한 친구들을 초대한다. 이때 페이지에서 무엇을 제공할 수 있는지에 대한 설명과 페이지 링크를 담은 간단한 소개 메시지를 함께 보내는 것이 예의다.

• 페이지 알리기

회사의 기존 이메일 뉴스레터 또는 블로그가 있다면 이를 적극 활용해보자. 페이스북 페이지에서 접촉하고자 하는 대상이 바로 이들이다. 페이스북 페이지에 대한 링크가 포함된 글을 올리거나 알림을 돌려 이들을 커뮤니티에 초대하는 것이 좋다. [페이지 관리]-[마케팅] 메뉴에서

[팬들에게 알리기] 항목을 클릭하면 아웃룩 등의 주소록을 통해 지인들에게 초청 메일을 보낼 수 있다. 공식 이메일 서명에도 페이스북 페이지에 대한 링크를 추가하자. 명함에 링크를 넣는 방법도 있다. 다른 웹사이트나 블로그에 페이스북이 제공하는 소셜 플러그인 위젯을 사용함으로써 방문자를 유도하는 것도 가능하다. 트위터 등의 다른 SNS에 페이지 링크를 걸고 홍보해도 좋다. 페이스북에서 자동으로 만들어주는 웹명함을 만들어 웹사이트에 붙여도 된다. 방법도 간단하다. [페이지 관리]-[마케팅]-[페이지 명함 만들기]를 클릭해 자동으로 생성된 코드를 복사해서 활용하면 된다. 페이스북 명함 홈http://www.facebook.com/badges에서도 생성할 수 있다.

이처럼 가능한 모든 방법을 동원하여 지속적으로 페이지를 홍보한다.

• 페이지 명함

그런데 예산이 있고, 좀 더 적극적으로 페이스북 회원들을 공략하려면 광고를 통해 페이지의 존재를 알리는 방법을 고민해볼 필요가 있다. 보다 광범위한 광고 효과를 누릴 수 있기 때문이다. 이미지, 텍스트, 광고 대상을 원하는 대로 선택하고 페이스북 페이지에서 이미 활동 중인 팬의 친구들에 대한 정보도 추가로 이용할 수 있다.

TIP 페이지 전용 URL을 만들어보자

처음 페이스북 페이지를 만들면 접속 URL이 매우 길다. 그런데 개인 프로필과 마찬가지로 페이지 주소 역시 http://www.facebook.com/username에서 쉽게 접속할 수 있는 URL을 만들 수 있다. [페이지 관리]-[마케팅]-[페이지 주소 만들기] 항목을 클릭해도 된다. 한번 정하면 바꿀 수 없으므로 신중히 생각해서 결정하자.

단, 페이지의 팬이 25명이 넘어야 페이지 사용자명을 설정할 수 있다. 열심히 홍보하자!

• 마이픽업 페이지 전용 URL

페이지 **광고** 만들기

페이지를 광고하려면 해당 페이지 화면 오른쪽의 [광고로 홍보]를 클릭한다. 페이지 화면 오른쪽 사이드 바 상단의 '광고 만들기'를 클릭하거나 화면 맨 아래 페이스북 관련 정보 메뉴 중 '광고'를 선택하면 광고 만들기 화면으로 이동한다. 광고 창이 뜨면 제목과 이미지, 광고 내용 등을 등록하고 계속하기를 누른다.

• 광고 홍보하기

[대상 선택하기]에서는 광고를 적용할 국가와 인구 통계, 성별, 나이 등 타깃 설정에 들어간다. 타깃을 설정할 때마다 달라지는 예상 숫자는 해당 광고를 접하게 될 사용자 수를 나타낸다. '광고 대상 세분화 옵션 보기' 를 통해 생일이나 관심사, 결혼 유무, 언어, 학력 등을 설정

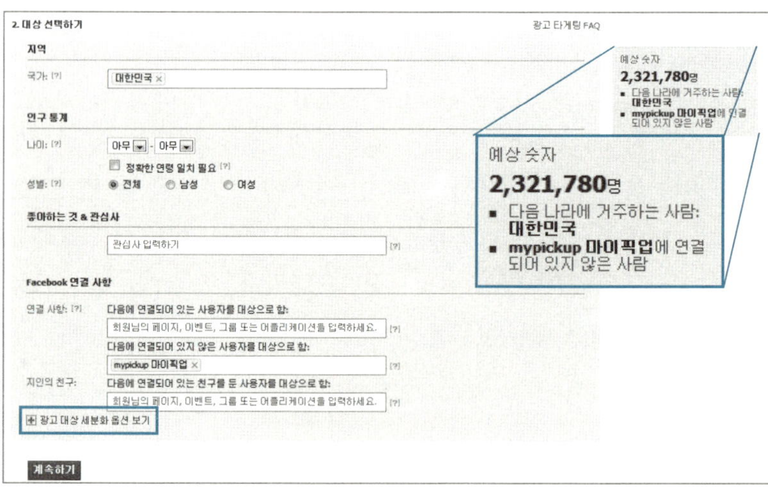

• 대상 선택하기

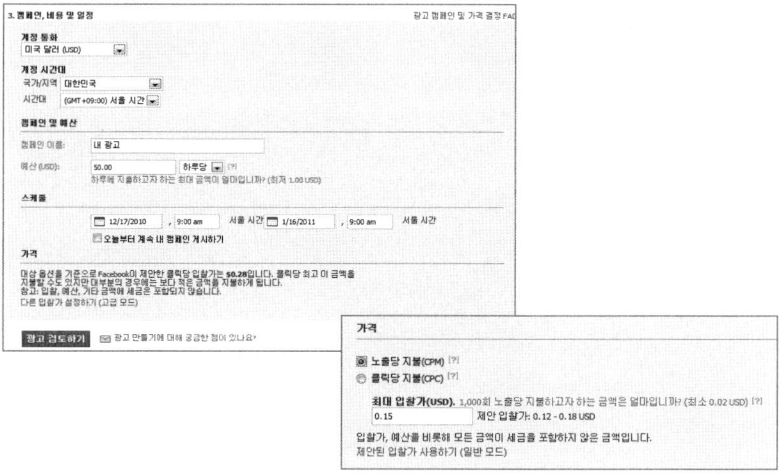

• 광고 비용 결정하기

함으로써 특정 타깃층을 공략할 수도 있다.

이를 끝내면 [캠페인, 비용 및 일정]을 채워나갈 순서다. 페이스북은 실시간으로 입찰가를 추천하고, 유동적으로 사용자가 직접 광고 집행 가격을 결정한다. 기본적으로 페이스북이 제안한 실시간 입찰가를 사용하는 일반모드로 진행하게 된다. 결제 통화를 선택하고, 광고 캠페인의 이름을 설정한 뒤 하루 사용할 수 있는 최대 금액 한도를 결정한다. 최저 금액은 미화 1달러부터이다.

이 방법이 싫다면 화면 아래쪽 고급모드를 선택해보자. 노출당 지불[CPM]과 클릭당 지불[CPC] 두 가지 형태의 결제 방식이 나타난다. 원하는 입찰가를 넣고 광고를 만들면 된다. 클릭당 비용에는 제목, 이미지, 본문에 대한 클릭 수와 좋아요 버튼 클릭 수가 포함되지만 친구가 클릭한 부분에 대해서는 비용이 부과되지 않는다. 또한 최대 클릭당 비용을 초과하는 금액은 부과되지 않는다.

• 광고 검토

[광고 검토하기]에서는 광고 집행 내역을 보여주는데 최종 검토 후 '주문하기' 로 광고를 집행하거나 혹은 '광고 편집' 을 통해 다시 수정할 수 있다. 이렇게 광고를 만들면 해당 광고는 타깃에 맞춰 노출되는데 페이지뿐만 아니라 페이스북 사용자들의 프로필 화면 오른쪽 사이드 바에 게재된다.

여기서 사용자들이 광고를 보고 '좋아요' 를 클릭하면 바로 해당 페이지의 팬이 된다. 또 친구 중 누가 이 광고를 좋아하는지도 표시되고, 이 활동은 다른 친구들에게도 그대로 노출된다. 이로써 광고에 대한 신뢰도가 향상되는 기대 효과도 점쳐볼 수 있다. 페이스북 광고가 효과적일 수밖에 없는 이유이기도 하다. 페이스북은 광고 효과에 대한 결과 분석 데이터 등을 제공하고 있는데, 이에 관한 자세한 설명은 7장에서 다룬다.

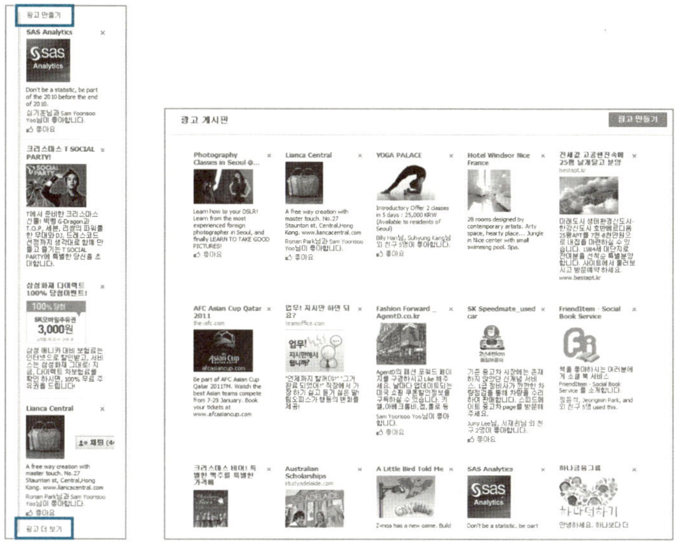

• 광고 게시판

참고로 페이지 화면의 오른쪽 광고 영역 하단에 '광고 더 보기'를 클릭하면 광고들을 한곳에 모아볼 수 있는 [광고 게시판]이 나온다. 벤치마킹해도 좋다.

어플리케이션으로 페이지 **꾸미기**

정적**FBML**로 맞춤형 **탭** 만들기

앞서 4장에서 페이스북 어플리케이션을 페이지에 적용하면 페이지 방문자들을 끌어들이고 그들과 다양하게 교류할 수 있는 맞춤형 페이지를 만들 수 있다고 언급한 바 있다. 페이스북은 비즈니스를 돕는 어플리케이션을 100만 개 이상 보유하고 있다. 페이지의 활용 목적에 맞게 유튜브 영상을 추가하거나 특정 기능을 구현할 수 있는 어플리케이션을 선택하고 적용하면 된다.

다른 브랜드나 기업 페이지를 벤치마킹해보자. http://www.facebook.com/pages에 가면 사용자들로부터 인기를 얻고 있는 페이지들과 주제별로 분류된 페이지들을 확인할 수 있다. 또 검색 창을 적극 활용해 필요한 어플리케이션을 찾는 것도 좋은 방법이다.

페이지를 효과적으로 꾸밀 수 있는 또 다른 옵션은 직접 맞춤형 어플리케이션을 개발하는 것이다. 예를 들어 피자헛Pizza Hut은 페이스북을 통해 피자를 주문할 수 있는 주문 어플리케이션을 개발하여 큰 히트를 쳤다. 또 레드 불Red Bull은 후원하는 운동선수들의 트위터 소식을 페이스북으로 끌어와 보여주는 어플리케이션과 웹 TV, 자체 제작한 게임 어플리케이션을 탭으로 적용하고 있다.

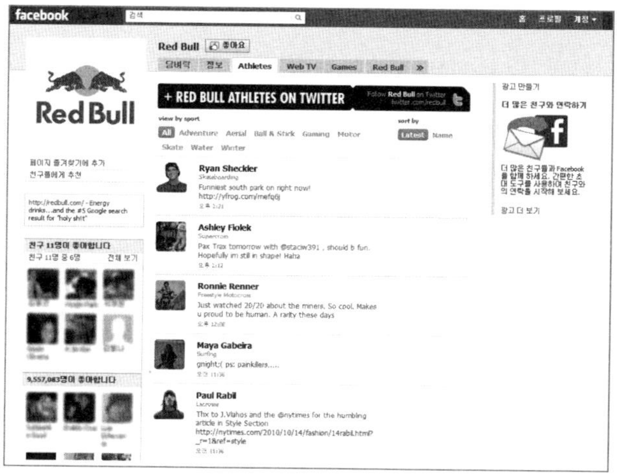

• 레드불 페이지

페이스북 페이지에서 가장 중요하고 필요한 어플리케이션은 '정적FBMLStatic FBML, Facebook Markup Language' 이다. FBML은 페이스북 자체 버전의 HTML이라 생각하면 쉽다. 이 어플리케이션은 간단한 코드를 활용하여 사용자가 원하는 이름으로 맞춤형 탭을 만들 수 있게 도와준다. [페이지 관리]-[어플리케이션] 메뉴에서 '선호할 만한 어플리케이션' 으로 이미 정적FBML을 추천하고 있다.

[어플리케이션 추가] 버튼을 누르면 간단히 페이지에 추가 적용되면서 동시에 FBML 탭도 생성된다. 혹은 검색 창에 '정적FBML' 이라고 입력하면 된다. 좋아요를 클릭하고 [내 페이지에 추가]를 선택한다. 그런 다음 [어플리케이션] 중 FBML의 '어플리케이션 가기' 를 누르면

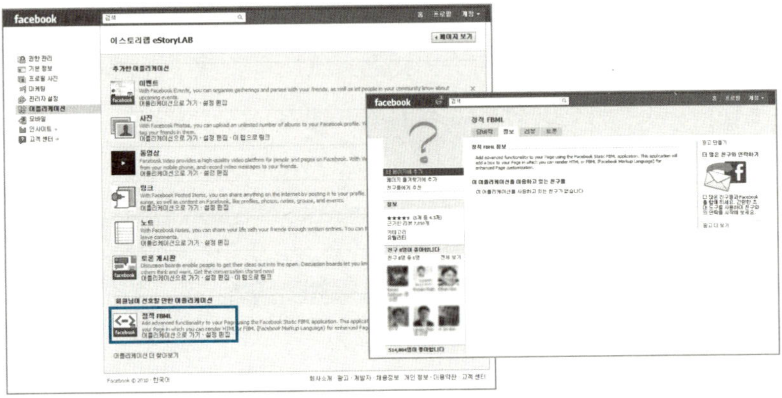

• 어플리케이션 관리와 정적FBML 페이지

[FBML 편집] 창이 뜬다. 박스 제목란에 만들고 싶은 탭 이름을 적고 FBML 박스 안에 CSS/HTML 혹은 FBML 소스를 적으면 된다. FBML

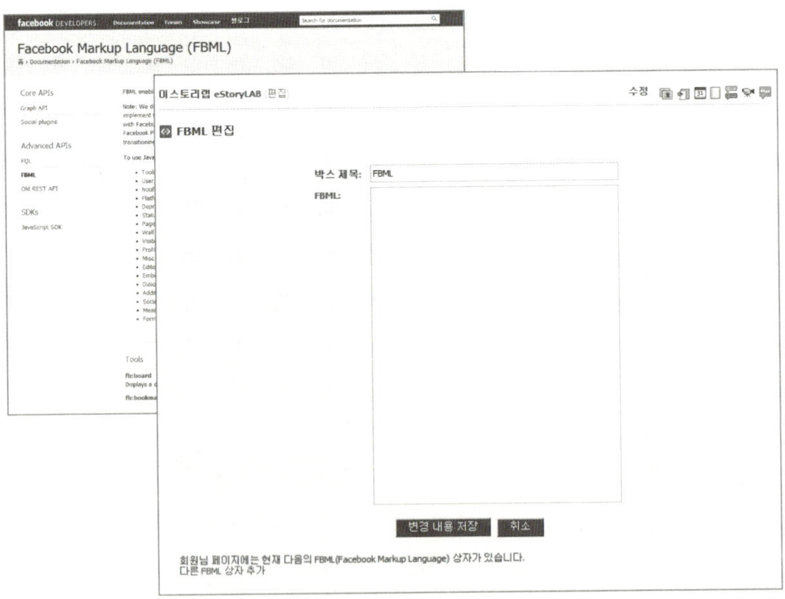

• 정적FBML 관련 정보와 FBML 편집

코드에 대해서는 Learn FBML^{http://developers.facebook.com/docs/reference/fbml/}에서 내용을 확인하고 적용하자. FBML 탭의 가로폭[width]은 520픽셀로 제한되어 있으나 높이에는 제한이 없다.

사용자들로부터 가장 인기 있는 정적FBML 어플리케이션은 랜딩 탭[Landing Tab, Canvas page]을 만드는 것이다. 페이지를 처음 방문하는 사람들에게 보여지는 시작화면으로, 페이지 방문자에게 간단하게 페이지를 소개하는 일종의 대문 역할의 탭이다. 서비스나 제품 등의 소개 동영상을 추가해도 좋다. 강렬한 인상을 남기고 좋아요를 누르도록 유도할 수 있는 효과적 방법이다.

• 정적FBML을 활용해 만든 마이픽업 페이지의 랜딩 탭

• 추천사 탭

정적FBML의 또 다른 장점은 똑같은 어플리케이션을 필요한 만큼 반복적으로 만들 수 있다는 것이다. 다시 말해 환영 메시지를 담는 랜딩 탭을 생성하고, 서비스의 세부 내용을 적는 탭을 만들기 위해 다른 랜딩 탭을 추가 적용할 수 있다는 말이다. FBML 편집 화면의 편집박스 아래 '다른 FBML 상자 추가' 를 클릭하면 된다. 성공적으로 FBML 박스가 추가되었다는 메시지가 뜬다. 박스 편집을 위해 화면 상단 '편집' 을 클릭하고 소스를 넣으면 된다.

이 방법으로 추천사 탭Testimonial Tab을 만들어 방문자들의 시선을 끌어보는 것은 어떨까? 유명인이나 전문가들, 혹은 여러 고객의 추천만큼 설득력있는 홍보 방법은 없다. 페이지 방문자들이 해당 기업이나 제품, 브랜드에 대한 전문가들의 추천글, 영상, 고객들의 리뷰 등을 볼 수 있도록 배치하는 것이다.

TIP HTML을 모르는데 대문 탭을 만들고 싶다면?

정적FBML을 활용하기 위해서는 HTML 소스가 필수다. 하지만 개발자가 아닌 이상 HTML 소스를 이용해 무언가를 만들어내는 것은 쉽지 않은 일이다. 그러나 블로그를 운영한 경험이 있다면 누구나 손쉽게 간단한 대문(랜딩) 탭을 만들 수 있다. 원하는 이미지와 링크, 글을 넣고 편집한 블로그 포스팅을 HTML로 변환한 후 그 소스를 복사해 FBML 편집박스 안에 붙여넣기하는 것이다. 가로 폭은 520픽셀로 맞춰야 한다.

페이스북의 **앱 정책**

한편, 페이스북은 2010년 사이트 업그레이드를 진행하면서 더 정돈되고 통일된 개인 프로필을 제공하는 한편, 비즈니스적인 측면을 강조한 페이지 활성화를 앞당기기 위해 2010년 개발자 로드맵을 제시했다. 여기서 페이스북은 페이지를 제외하고 개인 프로필에서는 임의의 탭 추가가 불가능하고 관련 어플리케이션 역시 제한된다는 방침을 내놓았다. 2010년 8월 20일 프로필에서 어플리케이션 탭을 더 이상 지원하지 않겠다고 발표한 뒤 10월 8일부터 순차적으로 어플리케이션을 설치하지 못하도록 조치했고, 11월 3일부터는 이미 설치된 프로필 어플리케이션도 제거했다.

그 일환으로 2010년 말부터 페이지 탭 개발을 위해 기존의 FBML보다는 아이프레임iframes을 지원하고 있다. 페이스북 어플리케이션 앱은 페이지 안에 사이트를 내장시키는 방식인데 아이프레임을 사용하느냐 혹은 FBML을 사용하느냐에 따라 아이프레임 캔버스, FBML 캔버스로 각각 나뉜다. 페이스북은 어플리케이션과 페이지 탭에 아이프레임 방식, 아이프레임과 자바 스크립트 SDKSoftware development kit 지원을 강화하고 있다. 하지만 페이스북은 여러 종류의 개발 언어로 작성된 SDK를 제공하기 때문에 어떤 개발 환경을 사용하든 손쉽게 페이스북과 연동되는 어플리케이션 또는 서비스를 개발할 수 있다.

TIP 방금 만든 탭이 보이지 않는다면?

기본으로 페이지에서 보여지는 탭의 수는 한정된다. 자주 사용하는 탭은 밖으로 꺼내두고 사용하지 않는 탭은 숨기는 정리가 필요하다. 방법은 간단하다. [페이지 관리]-[어플리케이션] 메뉴에서 안 쓰는 탭의 [설정 편집]을 선택하여 해당 탭을 삭제하고 확인을 누른다. 그러면 더 이상 화면에 나타나지 않는다. 물론 나중에 탭에 다시 추가하는 것도 가능하다.

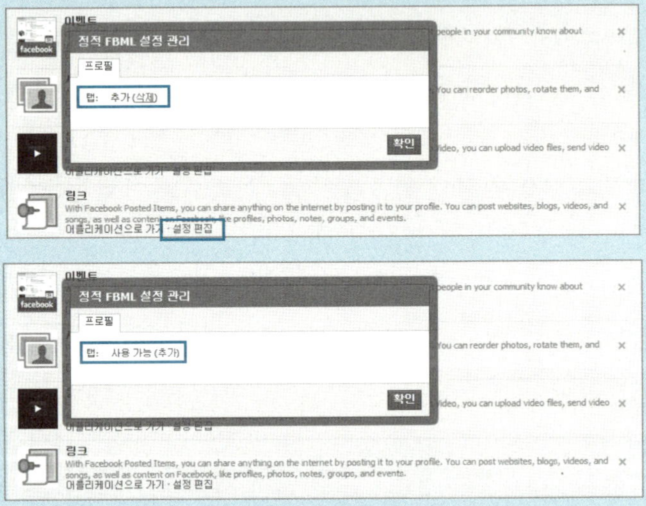

• 탭 삭제와 추가

그럼 최근에 만든 탭을 앞으로 배치하려면 어떻게 해야 할까? 탭 맨 오른쪽의 [+] 버튼을 눌러 나타나는 창에서 밖으로 꺼내길 원하는 탭을 선택하면 된다. 그러면 기본 탭으로 올라가면서 메인 화면에 보이게 된다. 고정되어 있는 담벼락과 정보 탭의 위치를 제외하고, 마우스로 놓고 싶은 위치에 끌어 놓으면 순서를 바꿀 수 있다.

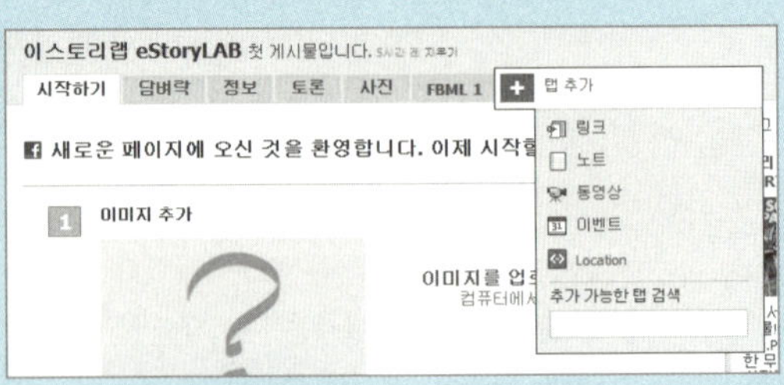

• 페이지 탭

추천 **어플리케이션**으로 페이지 **꾸미기**

HTML은 모르고 FBML도 복잡하다면, 이미 존재하고 있는 페이스북 어플리케이션을 적극 활용해볼 것을 권한다. 기본적으로 링크, 사진, 동영상, 노트 그리고 이벤트 등의 어플리케이션이 제공된다. 이외에 페이지를 한층 더 업그레이드시킬 수 있는 어플리케이션이 필요하다면 [페이지 관리]-[어플리케이션]에서 '어플리케이션 더 찾아보기'를 누르면 나오는 [어플리케이션 목록Application Directory] 화면을 살펴보자. [어플리케이션 목록]으로 바로 가는 주소는 http://www.facebook.com/apps/directory.php이다. 내 페이지에 필요한 기능이 무엇인지 모를 때는 페이스북이 추천하는 어플리케이션과 다른 페이지를 참조한다.

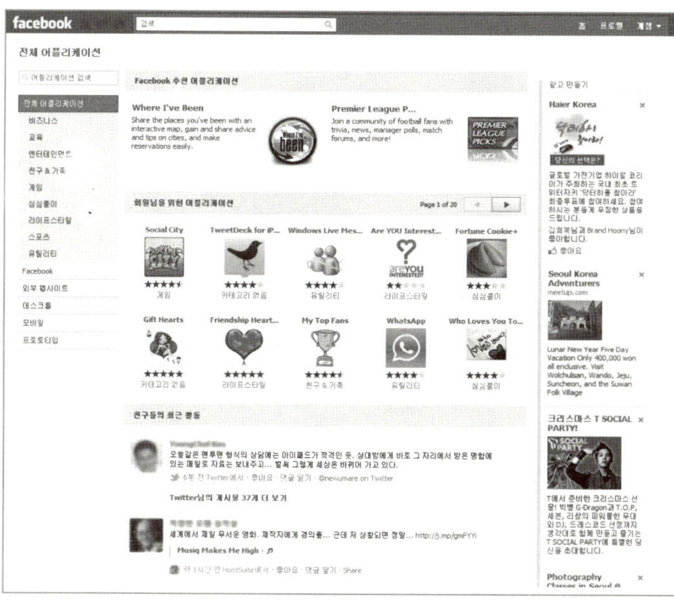

• 어플리케이션 목록

추가하려는 어플리케이션을 클릭하면 대부분 해당 어플리케이션의 페이지로 이동한다. 어플리케이션을 내 페이지에 추가하면 된다. 간혹 페이지 이동 없이 설치 과정이 바로 진행되는 것도 있다. 이렇게 추가된 어플리케이션으로 뭘 해야 할지 모르겠다면 페이지의 메인화면으로 돌아가 [페이지 관리]를 누른다. 알파벳 및 가나다 순서대로 정리된 어플리케이션 목록을 만나게 될 것이다. '어플리케이션 가기' 를 누르면 해당 어플리케이션의 페이지가 나오고 관련 정보를 확인할 수 있다.

대문의 경우 검색 창에 'welcome tab' 을 입력한 후 원하는 어플리케이션을 찾아 '좋아요' 를 누르고 페이지에 적용시키면 된다. 필요한 정보는 해당 어플리케이션 페이지에 가면 얻을 수 있다. 어쩌면 정적 FBML보다 더 쉽고 다양하게 대문을 만들 수 있을 것이다. 물론 고급 기능을 원할 경우 유료 계정을 구매해야 한다.

• 환영 탭 어플리케이션

페이지를 효과적으로 운영하고 생산성을 높여주는 대표 어플리케이션을 몇 가지 알아보자.

익스텐디드 인포 Extended Info

익스텐디드 인포는 활동, 관심사, 좋아하는 음악과 같은 기본 정보 외에 현재 읽고 있는 책이나 일의 목표, 또는 비즈니스적인 성과 등 개성 있는 프로필 작성에 안성맞춤이다. 자동으로 스크롤바가 형성되므로 정보가 넘칠까 염려하지 않아도 된다. 또 모든 FBML을 지원하고 있어 손쉽게 동영상과 이미지, 음악 등을 올릴 수 있으며 페이지 탭으로 추가된다. 2007년 5월 페이스북 플랫폼 론칭 이후 가장 많은 사용자를 모은 결과 페이스북으로부터 2007년 레드 불 비행 체험Red Bull Flight Experience 상을 수상했다.

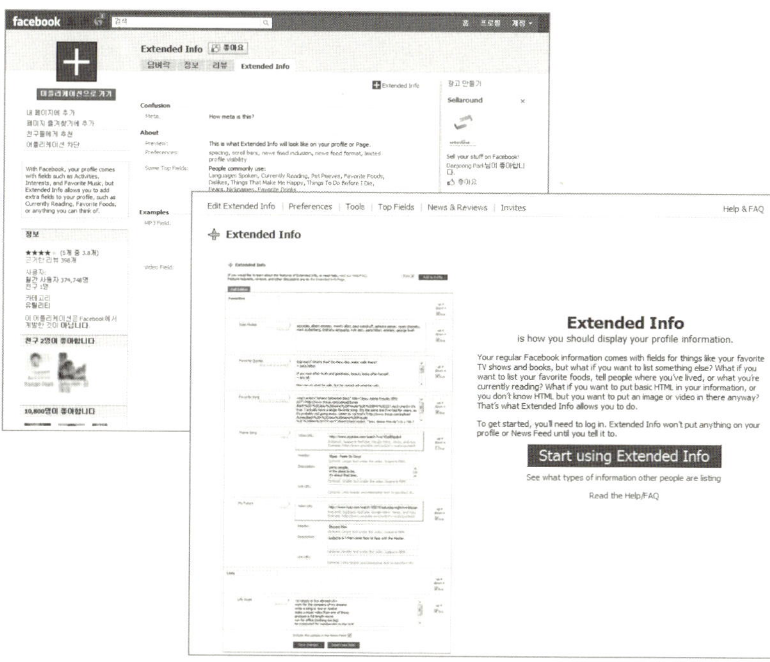

• 익스텐디드 인포

네트워크블로그 Networked Blogs

블로그를 운영 중이라면 이 어플리케이션을 추천한다. 마음에 드는 블로그나 새 블로그를 추가해 RSS 스타일의 스토리를 만들거나 내 블로그 피드를 페이지로 가져와 페이스북 검색에 블로그가 표시되도록 할 수 있다. 즉, 내 블로그에 글을 올리면 노트에 글을 발행하지 않고도 자동으로 페이스북 페이지에 게시되도록 지원하고 있다. 또 다른 사람의 블로그를 팔로잉해 자신의 페이스북 프로필이나 페이지로 해당 글을 발행할 수 있다. 등록한 블로그가 자신이 직접 운영하는 블로그라면 자신의 블로그에 해당 위젯을 달아 인증하는 절차를 거친다. 이렇게 가져온 포스팅에 팬들은 댓글로 의견을 제시할 수도 있다.

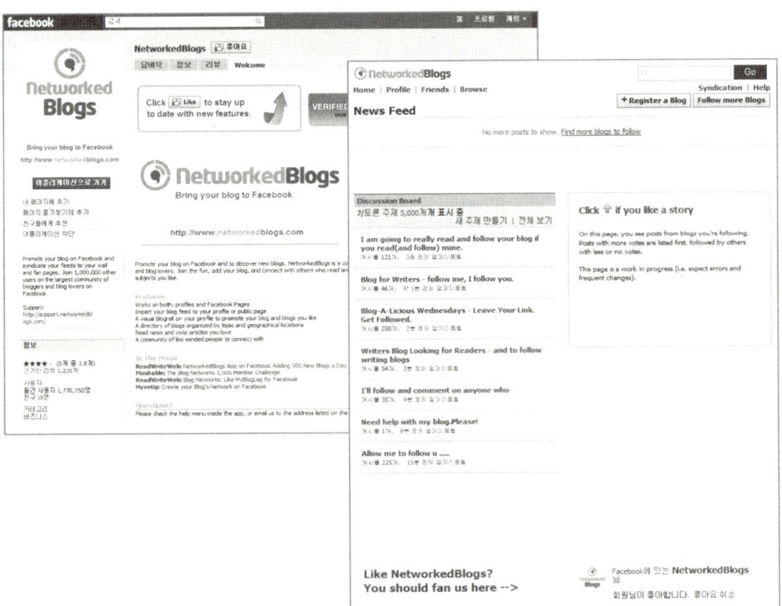

• 네트워크블로그

유튜브 YouTube

페이스북에서 추천하는 유튜브 어플리케이션이다. 유튜브에 직접 업로드한 영상이나 좋아요를 누른 동영상 등을 자동으로 공유할 수 있도록 해준다. 유튜브 계정 공유 설정 http://www.youtube.com/account#sharing/activity에 가서 페이스북과 계정을 연결한 후 시작하면 된다. 관련 어플리케이션으로 '유튜브 비디오 박스YouTube Video Box'가 있다. 가장 인기 있는 유튜브 동영상과 내 친구들이 좋아하는 동영상 등을 모아놓았는데 그 자리에서 바로 공유 가능하다.

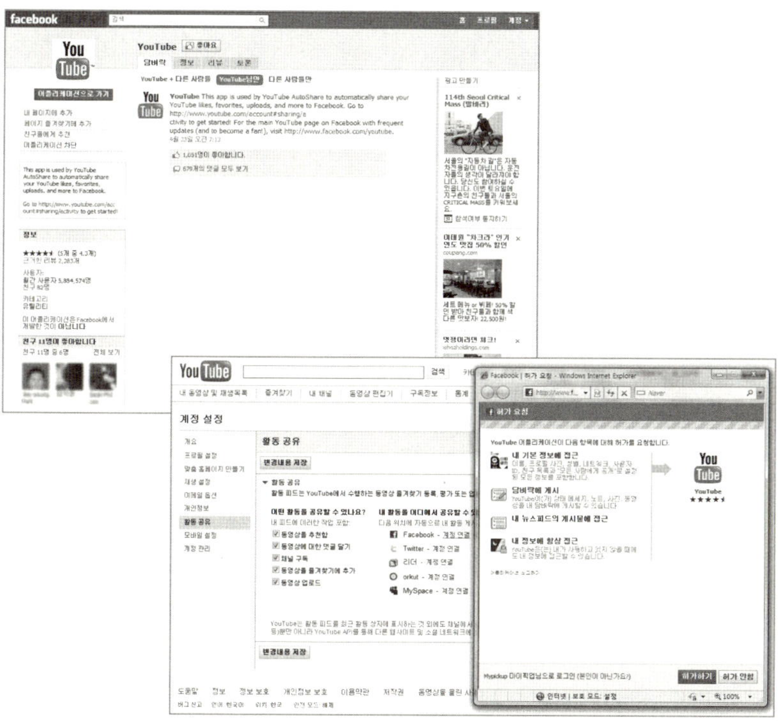

• 유튜브

페이스북 to 트위터
Facebook to Twitter

페이스북 자체 어플리케이션으로, 트위터에도 동시에 글을 보낼 수 있다. 페이스북에서는 420자를 쓸 수 있지만 트위터에 내보낼 때는 120자로 제한되며 http://fb.me 형태의 페이지 단축 주소가 자동으로 삽입된다. 링크를 삽입한 경우도 단축 주소로 변경되어 발행된다.

페이스북에서는 페이지에 올린 글을 트위터에 자동으로 발행하는 기능을 제공하고 있다. 먼저 http://www.facebook.com/twitter에 가서 설정을 해야 한다. 트위터 연동하기[Link to Twitter] 버튼을 누르면 된다. 트위터 계정에 대한 인증을 마치고 나면 페이지에 발행하는 글 중 트위터에 올릴 글을 선택할 수 있다. 상태 업데이트와 사진, 링크, 노트, 이벤트 등의 체크박스를 체크하면 된다. 회사 브랜드나 상품에 대한 페이지를 운영하고 있다면 모두 선택해도 무방할 것이다.

• 페이스북 to 트위터

독스
Docs

마이크로소프트와 공동으로 출시한 독스Docs는 구글 독스와 마찬가지로 페이스북 친구들과 마이크로소프트 오피스 문서를 함께 탐색, 작성 및 공유할 수 있는 기능을 제공한다. 파일을 업로드하고, 해당 파일을 수정할 수 있는 사용자 추가가 가능하다. 원한다면 작업 스트림에 게시해 스프레드시트, 문서 또는 프리젠테이션을 네트워크에 공개할 수 있다. 이 어플리케이션을 이용해 친구들이 작성한 문서도 확인 가능하다.

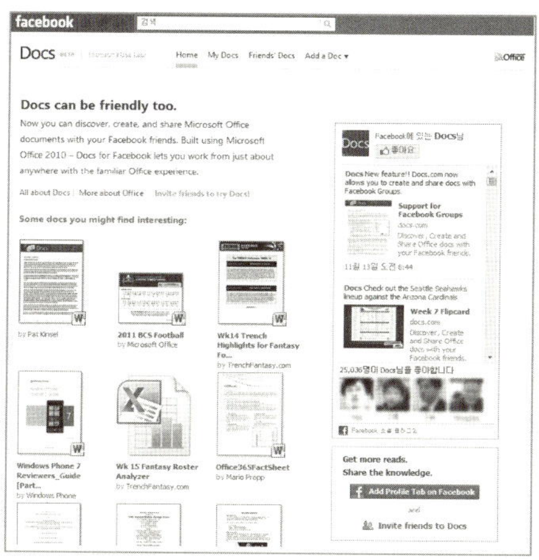

• 독스

슬라이드쉐어
Slideshare

슬라이드쉐어slideshare.net는 프리젠테이션 자료와 문서를 공유할 수 있는 서비스로, 어플리케이션을 적용하면 페이스북에서도 자료를 올릴 수 있다. ppt, pptx, doc, docx, pdf, keynote 등 모든 포맷을 지원한다. 이미 슬라이드쉐어의 계정을 가지고 있다면 기존의 프리젠테이션 자료들을 페이스북으로 가져올 수도 있다. 페이스북에서 여러 페이지 계정을 운영하고 있다 하더라도 단 하나의 페이지에만 적용된다.

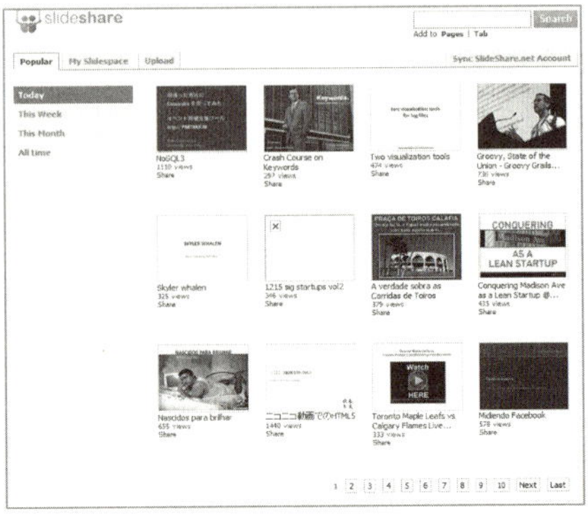

• 슬라이드쉐어

어플리케이션 **설정 관리**

이처럼 어플리케이션을 적용한 후에는 어플리케이션 설정 관리를 통해 담벼락에 콘텐츠 게시를 허가하는 박스가 체크되어 있는지 등을 확인한다. [페이지 관리]-[어플리케이션] 항목에서 설정 관리가 필요한 어플리케이션의 [설정 편집]을 누른다. '기타 권한' 에서 원하는 권한에 대해 체크박스 설정을 하면 된다. 어플리케이션을 삭제하고 싶을 때는 역시 관리 화면으로 가서 담벼락 게시 권한을 해지하거나 [X]버튼을 눌러 삭제하면 된다.

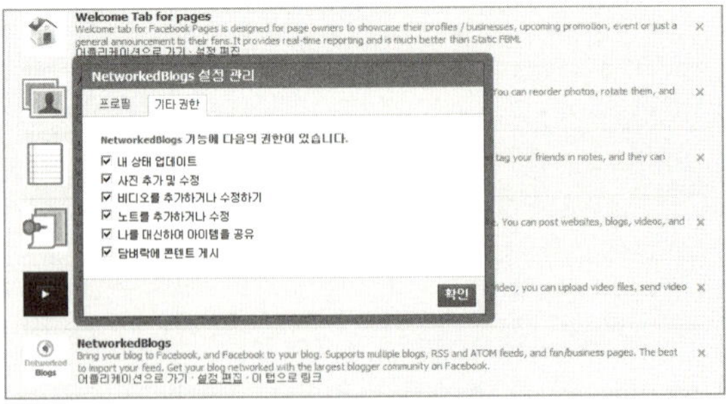

• 어플리케이션 설정 관리

외부에서 페이스북 **관리**하기

그동안 페이스북은 API 공개를 통해 외부 사업자가 페이스북 내 자신의 어플리케이션을 페이스북 이용자에게 제공할 수 있도록 해왔다. 그 중 하나가 바로 페이스북 커넥트Facebook Connect이다. 굳이 페이스북을 방문하지 않고도 다른 웹서비스에서 페이스북의 데이터를 이용할 수 있는 서비스이다. 즉, 해당 웹사이트를 이용하기 위해 사용자가 페이스북 계정으로 로그인하고 페이스북에 들르지 않더라도 담벼락에 글을 보내거나 뉴스피드를 확인할 수 있다는 것이다.

다음에 소개하는 서비스들은 페이스북을 비롯한 여러 SNS를 한곳에서 편리하게 이용하도록 도와주는 것들이다. 페이스북에서 제공되는 많은 서비스들이 구현되지 않아 재미가 덜하지만 페이스북뿐만 아니라 여러 개의 계정을 운영하는 사람, 특히 기업의 소셜 미디어 담당자가 알아두면 좋을 만한 툴들이다. 사이트 이동의 번거로움을 덜어주어 국내 페이스북 사용자들로부터 큰 인기를 얻고 있는 서비스 위주로 모아보았다.

트윗덱
TweetDeck

어도비 에어Adobe Air 기반의 트윗덱은 일반 PC는 물론 매킨토시에서도 잘 작동된다. 트위터는 복수 계정 운영이 가능하며 페이스북과 포스퀘어 등은 하나의 계정만 구현된다. 하나의 탭에 여러 계정의 칼럼을 나란히 놓고 확인할 수 있어 편하다.

페이스북 담벼락에 글을 올리는 것이 가능하며 친구들의 상태를 볼 수 있는 뉴스피드가 제공된다. 또 좋아요 공감 표시와 댓글 기능도 지원한다. 친구들의 담벼락 포스트만 모아볼 수도 있으며 입력 창 위의 페이스북 아이콘과 함께 트위터 아이콘을 선택하면 같은 내용의 글을 트위터에도 동시에 올릴 수 있다. 어플리케이션은 홈페이지http://www.tweetdeck.com/에서 다운받으면 된다. 스마트폰 어플리케이션으로도 선호도가 높다.

• 트윗덱

훗스위트
Hootsuite

트위터와 페이스북, 포스퀘어를 한번에 관리할 수 있는 서비스다. 얼마 전 스마트폰 어플리케이션이 무료화되어 또 한 번 많은 이들의 뜨거운 호응을 얻었다. 홈페이지http://hootsuite.com/에 로그인한 후 세팅 메뉴에서 소셜 네트워크를 추가하면 된다.

훗스위트는 페이스북 개인 프로필은 물론 페이스북 페이지까지 지원된다. 나와 친구들의 소식을 확인할 수 있는 뉴스피드를 볼 수 있다. 트위터와 페이스북, 포스퀘어, 마이스페이스 등 여러 계정의 동시 관리가 가능하기 때문에 기업 비즈니스용으로 활용하기 좋다.

• 훗스위트

브리즐리 Brizzly

웹 기반이어서 별도의 어플리케이션 설치가 필요 없는 브리즐리http://www.brizzly.com/는 트위터 전용 서비스에서 출발했다. 이후 페이스북 커넥트 연동을 통해 페이스북 친구들의 상태를 보거나 자신의 상태를 업데이트하는 기능을 추가했다. 홈 뉴스피드와 개인 담벼락, 프로필 정보를 볼 수 있다. 짧은 URL로 표시된 콘텐츠의 경우 브리즐리 안에서는 원 URL로 바꿔 표시해준다. 댓글과 좋아요 기능은 있지만 공유하기는 지원하지 않는다.

세팅 메뉴에서 페이스북 계정을 추가하면 페이스북 커넥트를 통해 연결된다. 트위터의 경우 복수 계정을 운영할 수 있으며 최근 포스퀘어 관리 서비스도 추가했다.

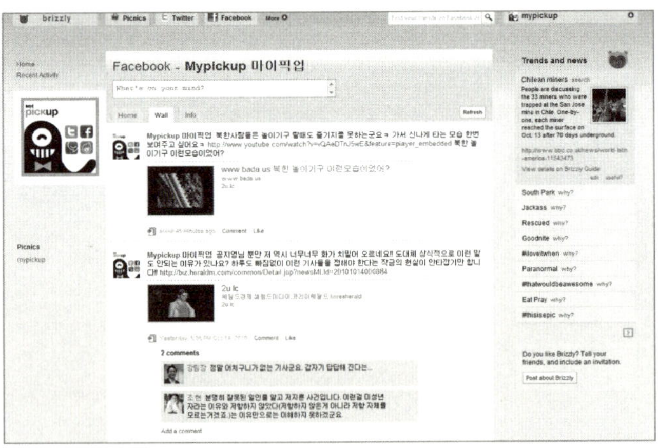

• 브리즐리

셀렉티브 트윗
Selective Tweets

셀렉티브 트윗 어플리케이션은 트위터의 글을 취사 선택해 페이스북 프로필 및 페이지 담벼락에 보낼 수 있는 기능이다. 적용도 간단하다. [내 페이지에 추가]를 눌러 페이지에 적용시킨 후 [어플리케이션 가기]를 클릭한다. [Your fan page]를 선택하고 빈칸에 트위터 아이디를 넣고 허가Grant permission를 받으면 된다. 트위터 글을 페이스북에도 같이 게재하려면 내용 중에 #fb를 넣으면 된다. #fb를 포함하지 않는 트윗은 페이스북에 업데이트되지 않는다.

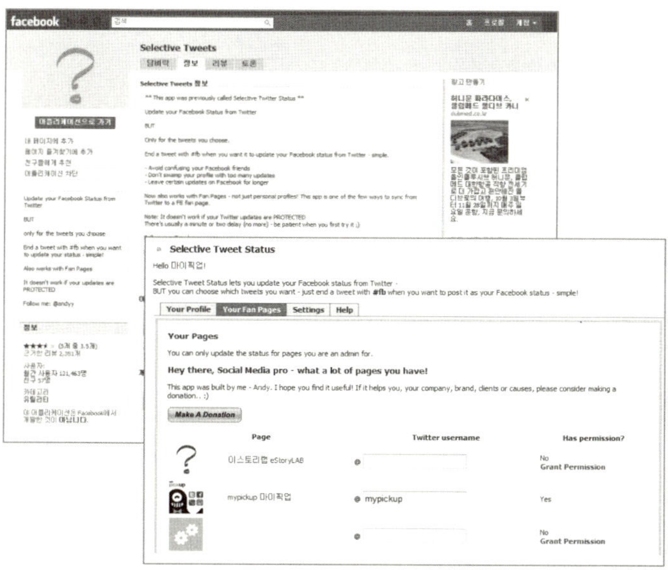

• 셀렉티브 트윗

포스터러스
Posterous

이 블로깅 플랫폼을 사용하면 이메일을 통해 쉽고 빠르게 다양한 유형의 콘텐츠를 만들어낼 수 있다. 포스터러스 홈페이지http://posterous.com/에서 회원가입 후 페이스북과 연동한다. 사진이나 동영상, 음악, 문서 또는 파일까지 어떤 콘텐츠라도 상관없이 post@posterous.com에 메일을 보내면 된다. 그러면 콘텐츠를 페이스북과 트위터, 플리커 등 주요 플랫폼에 동시에 내보낼 수 있다.

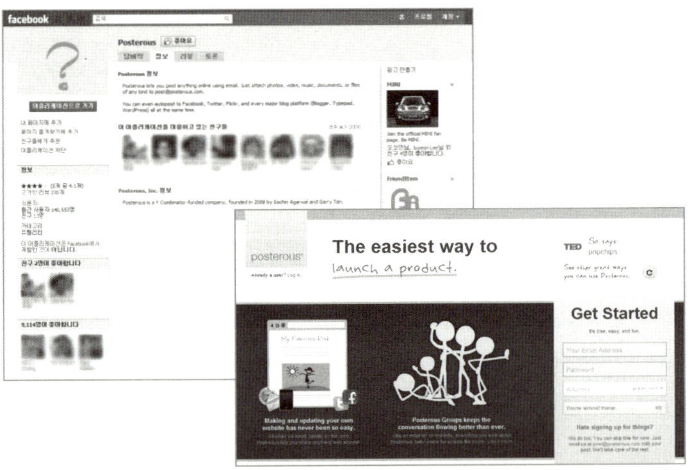

• 포스터러스

트위터kr
twtkr

국내 업체인 드림위즈에서 개발, 서비스 중인 트위터kr http://www.twtkr.com/도 트위터 전용 서비스에서 출발했다. 최근 페이스북 연동이 가능하도록 업그레이드되었다. 물론 이용하기 전에 페이스북과의 연결이 필요하다.

입력 창에 글을 쓰면 트위터와 페이스북 프로필에 동시에 등록된다. 입력 창 아래 체크박스를 체크해야만 페이스북에도 올라간다. 왼쪽 사이드 바 메뉴 중 [페이스북]을 선택하면 뉴스피드가 나타나는데, 나와 친구들의 업데이트 소식을 알 수 있다. 친구의 글에 좋아요를 누르거나 댓글을 남길 수 있으나 공유하기는 지원되지 않는다.

• 트위터kr

마이픽업 mypickup

마이픽업mypickup은 웹에서 발견한 좋은 콘텐츠를 북마크하고, 페이스북과 트위터, 미투데이, 요즘 등의 SNS에 한번에 알릴 수 있는 국내 최초의 소셜 콘텐츠 배포 플랫폼이다. 즉, 웹 서핑 중 페이스북 친구들과 공유하고 싶은 콘텐츠를 만났을 때 미리 즐겨찾기 해둔 마이픽업 소문내기[mypickup bookmarklet] 툴을 불러내어 내용을 적은 다음 업데이트 버튼을 누르면 된다. 140자 내에서만 글을 쓸 수 있는데, 해당 콘텐츠의 긴 URL은 자동으로 투유링크[2u.lc] 단축 주소로 변경되어 덧붙여진다. 기본적으로 마이픽업 사이트[http://mypickup.kr/]에도 북마크되며, 내가 알린 콘텐츠에 대한 방문자 수 통계 및 유입 채널 분석 기능을 제공한다.

페이스북 외에도 트위터와 미투데이, 요즘 등의 다른 SNS와도 연동되며, 한꺼번에 콘텐츠를 공유할 수 있다. 마이픽업 사이트에서 로그인 후 생성되는 [마이 페이지]의 [SNS 연결]에서 '페이스북 연결하기' 를 해야 한다. 참고로 마이픽업은 소셜 미디어 & 웹서비스 전략 연구소인 이스토리랩[eStoryLAB]에서 개발, 운영 중이다.

• 마이픽업

외부 사이트와의 **연동**, 소셜 플러그인

소셜웹의 **트렌드**를 **바꾼** 소셜 플러그인

페이스북은 그동안 소셜웹Social Web 트렌드를 이끌어왔던 페이스북 커넥트에 이어 지난 2010년 4월 그래프 API와 소셜 플러그인Social Plugins을 전격 발표했다. 개발자가 아니면 웹페이지 적용이 어려웠던 페이스북 커넥트에 비해 소셜 플러그인은 간단한 작업으로 생성된 HTML 코드를 원하는 사이트에 붙여 넣기만 하면 된다. 공개된 지 1주일 만에 5만 개가 넘는 사이트가 적용했을 정도로 페이스북의 소셜 플러그인은 폭발적으로 확산되고 있다. 이에 앞서 페이스북은 사전작업으로 좋아요 버튼의 기능과 사용처를 대폭 확대시켜나가는 등 기반을 잡아왔다. 여기에 소셜 플러그인이 추가되면서 페이스북은 명실상부 소셜웹의 선두주자로 우뚝 서게 된 것이다. 페이스북의 소셜 플러그인은 현재 미디어, 엔터테인먼트, 커머스 등 다양한 분야의 온라인 서비스를 좀 더 소셜에 집중하게 하는 동시에 개인 맞춤형으로 바꾸어 놓고 있다. 그러나 무엇보다 소셜 플러그인은 페이스북 자체의 영향력을 키우는 데 크게 일조하고 있다. 특히 페이스북이 아닌 일반 웹사이트에서 일어나는 모든 활동을 페이스북으로 모으겠다는 의지를 보여준다.

6억 명의 회원들이 페이스북 소셜 플러그인이 적용된 사이트에서 '좋아요' 를 누르게 되면 일정한 패턴이 생기게 된다. 페이스북 사용자들이 어떤 사이트를 좋아하고 어떤 상품에 관심이 있는지 등의 개인 성향을 파악할 수 있는 것이다. 이 데이터는 페이스북 내에 차곡차곡 쌓이게 되고, 수집된 개인 정보를 바탕으로 페이스북은 그에 맞는 맞춤형 서비스를 제공하게 될 것이라는 전망이다. 이렇듯 페이스북 사용자, 특히 비즈니스 페이지 운영자의 입장에서 보면 소셜 플러그인은 페이스북 페이지를 더 많은 사람들에게 홍보할 수 있는 요긴한 기능이다. 또 반대로 페이스북에 자신이 운영하는 웹사이트나 블로그를 효과적으로 홍보할 수도 있다. 이것이 소셜 플러그인을 전방위로 적극 도입할 것을 권하는 이유다.

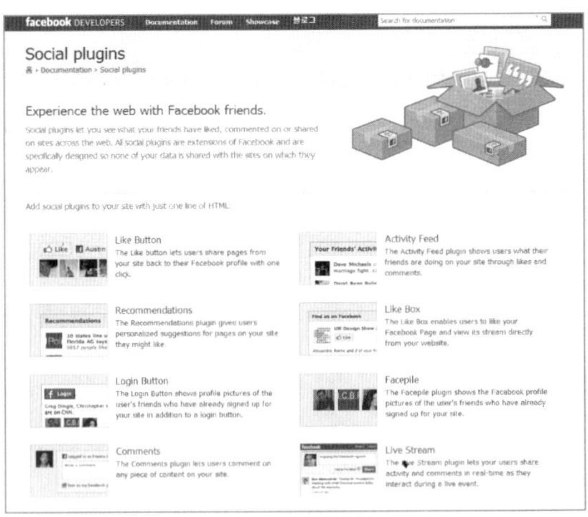

• 소셜 플러그인

소셜 플러그인의 **종류들**

페이스북이 제공하는 소셜 플러그인에는 '좋아요[Like]' 버튼 외에도 '좋아요 박스[Like Box]', '추천[Recommendations]' 버튼 등 다양하게 접목 가능한 플러그인들이 있다. 그래도 역시 소셜 플러그인의 대표주자는 바로 좋아요 버튼이다. 블로그뿐만 아니라 개인 홈페이지, 쇼핑몰, 뉴스사이트, 커뮤니티 등 어디든지 간단하게 설치 가능하다. 좋아요 버튼을 클릭하면 자신의 의견을 첨부할 수 있고, 이 의견은 페이스북 개인 프로필에도 업데이트된다. 정보를 다른 친구도 볼 수 있어 입소문 효과를 톡톡히 누릴 수 있다. 추천 버튼은 페이스북 내에서 블로그 글이 공유된 것을 추려서 읽을 만한 내용을 추천해주는 기능이다. 블로그 주소만 입력하면 페이스북 내 해당 URL을 가진 글 중 공유가 많이 이루어진 콘텐츠를 찾아 자동으로 보여준다. 다른 사용자들이 블로그에서 추천 버튼을 누르면 이 활동 역시 프로필에 올라간다. 좋아요 박스는 방문자들이 페이스북 페이지를 좋아하도록 유도하고 페이지의 내용을 볼 수 있도록 지원하고 있다. 누구 해당 페이지를 좋아하고 있는지, 어떤 콘텐츠가 올라가고 있는지 등이 보여진다.

이외에도 생방송으로 진행되는 이벤트 등을 페이스북을 통해 중계하고 친구들과 의견을 공유할 수 있는 '라이브 스트림[Live Stream]', 블로그나 웹페이지의 댓글을 대신할 수 있는 '댓글 플러그인' 등이 제공된다. 또한 버튼을 사용해 블로그나 웹 사이트에 등록한 친구들의 프로필 사진을 모아 보여주는 '로그인 버튼[Login Button]'과 '페이스파일[Facepile]', 친구들이 블로그에서 어떤 활동을 했는지 알려주는 '최근 활동[Activity Feed]' 등도 지원된다.

소셜 플러그인 코드를 알려면 http://developers.facebook.com/plugins로 이동하자. 혹은 페이스북 메인 화면의 맨 아래쪽에

[개발자]를 클릭하면 개발자 페이지가 나온다. 여기에서 소셜 플러그인을 검색하면 된다. 우선 블로그나 웹사이트에 적용하고 싶은 기능을 선택한다. 필요한 정보를 삽입한 뒤 코드 얻기[Get Code]를 클릭하면 iframe과 XFBML 두 가지 코드가 생성된다. 보통 iframe용 코드를 이용한다. XFBML 코드를 사용하려면 사이트에 페이스북의 자바스크립트 SDK를 미리 설치해야 한다. 코드를 복사한 뒤 블로그나 웹사이트의 필요한 곳에 붙여 넣는다.

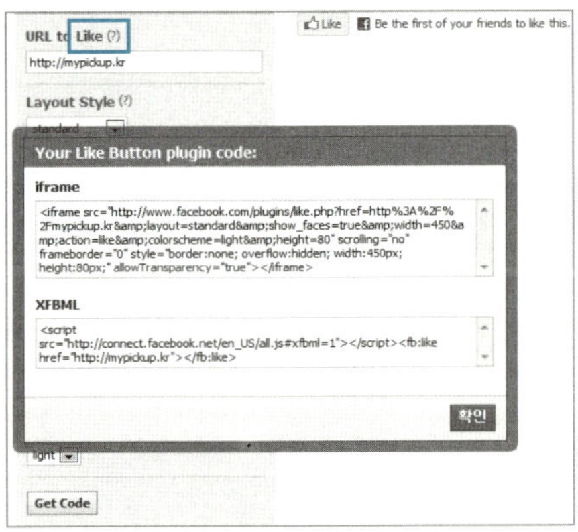

• 좋아요 버튼의 플러그인 코드

블로그에 **좋아요 박스** 달아 페이지 **알리기**

[페이지 관리]-[마케팅] 항목 중 [웹사이트에 좋아요 상자 삽입하기]를 선택한다. 좋아요 박스 화면에서 간단한 설정을 한 후 HTML 코드를 원하는 블로그나 웹페이지에 붙여 넣으면 된다. http://developers.facebook.com/docs/reference/plugins/like-box에 접속해 코드를 얻을 수도 있다.

페이지에 대한 좋아요 박스 코드를 얻기 위해서는 페이지 URL 예: http://www.facebook.com/mypickup.page 을 입력한다. 좋아요 박스의 가로폭과 컬러, 몇 명의 팬을 노출할 것인지 Connections 등을 조절한다. 페이지에 올라온 글의 내용을 보여줄 것인지 Stream 도 선택하고 'Find us on Facebook 페이스북에서 우릴 찾으세요' 란 박스 제목을 넣을 것인지 Header 를 체크한다.

설정을 끝내면 코드 얻기 버튼을 클릭해 코드를 얻을 수 있다. iframe 코드값을 웹사이트나 블로그의 원하는 곳에 붙여 넣는다. 웹사이트나 블로그 방문자가 좋아요 박스 안의 좋아요를 클릭하면 페이스북 페이지로 이동하지 않고도 자연스럽게 페이지의 팬이 된다. 물론 그 방문자가 페이스북 사용자여야 한다.

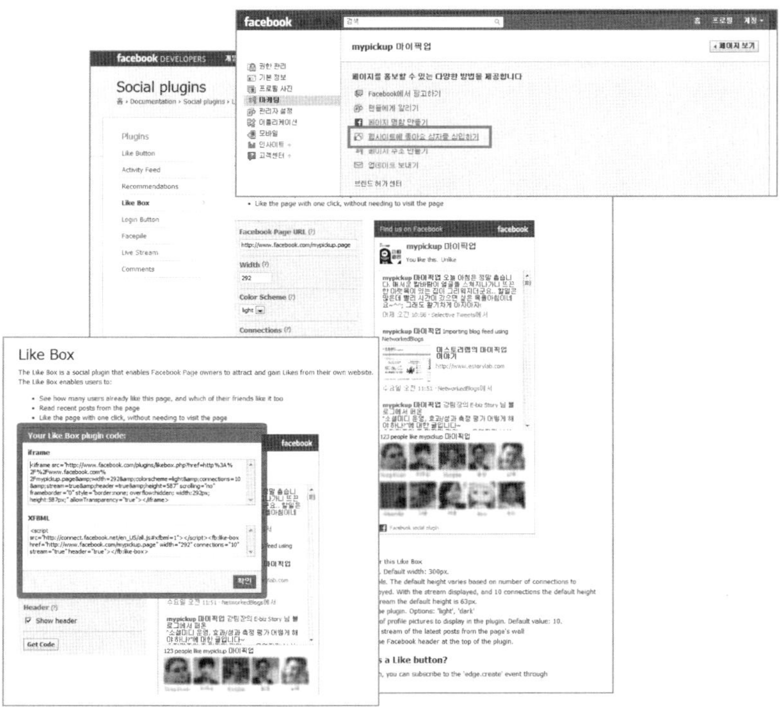

• 좋아요 박스 플러그인 및 코드 얻기 과정

스마트 디바이스로 페이스북 이용하기

스마트폰으로 페이스북 **즐기기**

인터넷 서비스를 데스크톱이나 노트북 등의 PC로 이용하는 것은 당연한 일이다. 원하는 정보를 검색하거나 뉴스를 접하고 새로운 서비스를 경험하는 일들은 모두 PC의 파워 버튼을 누르면서 시작된다. 하지만 꼭 PC를 통해서만 가능한 일일까? 불과 1~2년 전만 하더라도 휴대전화로 인터넷을 사용하는 일은 거의 드물었다. 무선인터넷 접속이 원활하지 않기도 했지만 접속하는 순간 비용이 나가는 것에 대해 사람들은 무척 민감했다. 접속 버튼 하나만 눌렀을 뿐인데 나중에 요금 폭탄 청구서를 받은 적이 있다면 십분 이해할 것이다.

하지만 최근 똑똑한 디바이스들이 일상의 인터넷 생활에 날개를 달아주고 있다. 꼭 PC가 있는 곳에 가지 않아도 누구나 휴대전화나 태블릿 PC로 인터넷 접속을 하고, 무선인터넷이 가능한 Wifi 지역에서의 접속이라면 돈 걱정을 할 필요도 없어졌다.

이제 누구든지 스마트폰이나 스마트 디바이스만 있다면 언제 어디

• 스마트폰과 휴대용 태블릿 PC인 아이패드

서나 시간과 장소에 구애받지 않고 인터넷 서비스를 즐길 수 있는 시대가 도래한 것이다. 물론 페이스북도 마찬가지이다.

페이스북을 스마트폰이나 스마트 디바이스에서 사용하기는 무척 쉽다. 페이스북 자체에서 스마트폰으로 간편하게 페이스북을 사용할 수 있도록 고객에게 모바일 어플리케이션을 무료로 제공하고 있기 때문이다. 특히 아이폰이나 안드로이드폰 등 각 스마트폰의 특성에 맞는 다양한 모바일 앱을 선보이고 있다. 스마트폰으로 페이스북에 접속하는 사용자도 증가하고 있다. 특히 안드로이드용 페이스북 앱에 비해 아이폰용 앱을 사용해 페이스북에 접속하는 사람들은 무려 10배 이상이다. 아이폰 iOS로 페이스북을 접속하는 사용자 수는 1억 400만 명이며 안드로이드는 1천200만 명, 블랙베리는 6천만 명으로 페이스북 사용자층은 아이폰 iOS를 가장 많이 이용 중이다. 아이폰 iOS는 스마트폰인 아이폰과 멀티미디어 플레이어인 아이팟 터치에 탑재되는 공통 운영체제다.

• 페이스북이 제공하는 다양한 페이스북 모바일 어플리케이션

아이폰 iOS로 페이스북 이용하기

안드로이드나 블랙베리 등의 스마트폰에서도 마찬가지지만 아이폰과 아이패드에서도 역시 페이스북을 이용하는 것이 무척 쉽고 간단하다. 어쩌면 PC로 이용하는 것보다 스마트폰으로 페이스북을 이용하는 것이 더 쉬울 수도 있다.

• 앱 스토어의 페이스북 어플리케이션 검색 및 다운받기

• 모바일 어플리케이션으로 페이스북 접속하기

먼저 스마트폰에서 페이스북을 이용하려면 화면에 어플리케이션을 설치해야 하는데, 앱 스토어에 접속해 검색 창에 'facebook'을 입력한다. 검색된 페이스북 어플리케이션을 클릭하고 바로 다운받으면 끝이다. 페이스북은 무료 어플리케이션이니 안심하고 다운받자. 설치된 어플리케이션을 클릭하면 자신의 페이스북 로그인을 위해 이메일과 비밀번호를 입력하는 창이 뜬다. 입력이 완료되면 [Go] 버튼을 눌러 접속한다. 자, 이제 페이스북을 마음껏 이용하면 된다.

• 페이스북 화면

페이스북 어플리케이션의 메인을 보면 뉴스피드, 프로필, 친구, 쪽지, 사진 등의 메뉴가 있는데 이 메뉴들은 우리가 PC에서 사용하는 메뉴 방식과 동일하다.

뉴스피드는 실시간으로 친구들의 이야기가 업데이트된다. 각 게시글 옆에 [+] 버튼을 누르면 좋아요나 댓글을 작성할 수 있다. 또 화면의 가장 오른쪽 상단에 있는 [실시간 소식라이브 피드] 버튼을 클릭하면 실시간 소식, 페이지별, 친구 목록별, 노트글, 상태 업데이트 등 내가 보고 싶은 소식들을 선택해 볼 수 있다.

• 실시간 소식(뉴스피드)에서도 가능한 좋아요, 댓글 기능

[쪽지]에서는 내가 받은 쪽지를 확인할 수 있다. [친구]로는 알파벳 순서로 나열된 친구를 검색하여 해당 친구의 프로필로 이동할 수 있으며 다른 사람이 나에게 친구 요청을 했을 때 쉽게 수락과 거절을 할 수 있도록 구성되어 있다. 또한 스마트폰에서도 페이스북 친구들과 실시간 채팅이 가능하다. 검색 창에서는 찾고 싶은 친구와 페이지 등을 검색할 수 있다.

프로필은 PC에서 사용하던 것과 동일한 기능이다. '지금 무슨 생각을 하고 계신가요?' 라고 쓰인 대화창이 담벼락과 같은 기능을 하고 있으며 카메라 모양의 아이콘을 누르면 사진 첨부도 가능하다.

• 나의 프로필 화면

친한 친구 또는 **관심 친구 즐겨찾기** 하기

만약 너무 많은 페이스북 친구들로 인해 정작 자주 이야기하고 챙겨야 하는 친구에게 소홀해진다면 관리 대상의 친구 또는 특별한 친구의 프로필을 바탕화면에 꺼내놓아 즐겨찾기해보자. 실시간 업데이트되는 뉴스피드에서 친구의 이야기를 찾아 대화하는 것보다 훨씬 더 편할 것이다.

• 친구의 프로필 즐겨찾기

페이스북 메뉴 화면 상단에 있는 [+] 버튼을 눌러 원하는 친구를 선택하면 즐겨찾기가 된다. 친구의 프로필이 바탕화면에 메뉴 아이콘과 같이 설치되어 언제든 쉽고 간편하게 친구의 프로필로 그가 어떤 이야기를 하는지 확인하고 쉽게 좋아요와 댓글을 달 수 있다.

페이스북 앱에서 사진에 태그 달기

스마트폰을 이용해 페이스북을 사용한다고 해서 PC 버전보다 기능이 축소되거나 이용이 어려운 부분은 거의 없다. 특히 페이스북 사용자가 가장 많이 이용하는 포토 태그 기능은 스마트폰 앱에서도 가능하다. 사용법은 간단하다. 우선 스마트폰 페이스북 앱에서 자신의 프로필 또는 뉴스피드로 이동한다. 담벼락과 같은 메시지 창 바로 옆 카메라 모양의 아이콘을 클릭하면 사진 촬영 및 선택 버튼이 있는데 이 중 하나를 선택하여 이미지를 가져온다. 화면에 나타난 이미지에서 태그를 걸고 싶은 부분을 손가락으로 2초 정도 누르면 상단에 입력할 이름이 나오는데 그 중 하나를 선택해 태그를 걸면 된다.

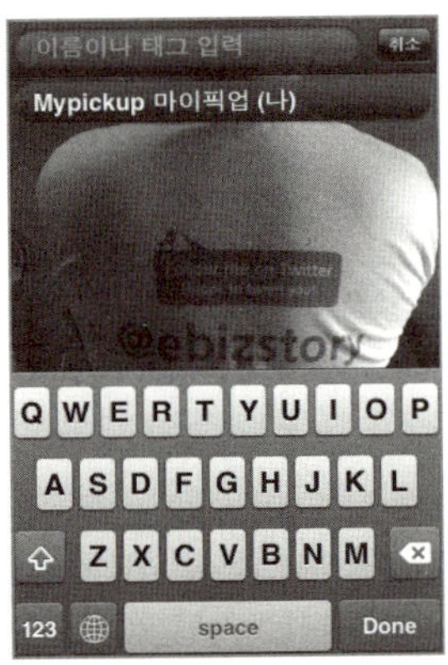

• 사진에 태그 달기

그런데 스마트폰 앱에서는 내가 업로드하는 사진에는 태그 기능을 제공하지만 다른 사람이 공유하는 사진에는 태그를 달 수 없다.

스마트폰에서 페이스북 그룹 사용하기

페이지는 기업이나 연예인, 정치인 등이 팬을 확보하고 바이럴 마케팅을 위해 주로 개설하지만, 마음이 맞는 사람들이 모여 함께 하는 카페나 동호회 활동을 위해 주로 사용되는 것은 그룹이다. 페이스북 모바일 앱 기본 화면의 [그룹]을 클릭하면 내가 가입해서 활동 중인 그룹 목록이 나온다. 글이나 사진 등을 올리는 방법은 앞서 뉴스피드와 프로필에 올리는 것과 같다. 만약 활동하는 그룹이 많거나 즐겨 이용하고 있다면 'Groups for Facebook' 이라는 어플을 추천한다. 이 어플리케이션을 사용하면 스마트폰에서도 페이스북 그룹을 이용할 수 있다. 기존의 페이스북 어플리케이션이 아닌 앱 스토어에서 별도로 다운받아 사용해야 하는 'Groups for Facebook' 은 내

• Groups for Facebook으로 그룹 활동하기

가 활동 중인 그룹들을 한번에 모아 그 그룹에 속한 친구들과의 대화를 쉽고 편하게 즐길 수 있도록 해준다. 이 앱은 2.99 달러로, 유료이기 때문에 다운로드 시 결제가 필요하다. 그룹 활동이 많거나 꼭 사용해야만 하는 사람에게 추천한다.

TIP 일반 휴대폰으로 페이스북 이용하기

페이스북을 꼭 스마트폰에서만 이용할 수 있는 것은 아니다. 일반 휴대전화의 무선인터넷으로도 이용 가능하다. 페이스북 친구의 새로운 글을 확인하거나 댓글을 달 수도 있는데 현재는 KT에서 이 서비스를 제공하고 있다. 모바일 페이스북을 이용하려면 '**3223 + SHOW버튼'을 누르면 된다. 데이터 정액제에 가입하면 별도의 요금 없이 무료로 쓸 수 있고 미가입자는 1KB당 9.1원의 데이터 통화료를 내야 한다.

CHAPTER 07

페이스북의 효과적인 운영 & 성과 측정

소셜 미디어 **마케팅** **효과 측정**의 한계

마케팅의 오랜 고민은 얼마나 많은 고객에게 '나를 인식시켰는가' 이다. 제품이나 서비스, 브랜드 등 마케팅 대상에 대한 고객 인식과 효과를 수치로 결론 내리기는 쉽지 않다. 마케팅 성과 측정은 제반 마케팅 비용 및 성과를 재무 수치로 환산하는 작업으로, 다양한 가정과 표준화 작업이 동원된다. 그러나 마케팅 성과 평가에 투입되는 다양한 변수들로 인해 실제 측정에 사용되는 수치들이 정확하지 않다는 문제가 발생하기도 한다. 그래서 전통적인 마케팅에서는 효과를 분석하기 위한 연구가 오랫동안 진행, 발전되어왔다. 하지만 마케팅 효과와 결과 분석에 대한 접근 자체가 어렵고 적지 않은 예산이 필요해 기업들은 마케팅을 실행만 했지 실질적이고 정확한 분석까지는 엄두를 내지 못했다.

이러한 가운데 온라인 마케팅 또한 효과를 측정하기 위한 고민에서 자유로울 수 없다. 최근 발표된 보고서들에 따르면 해외의 많은 기업들이 온라인 마케팅 진입에 앞서 효과 측정의 '불확실성' 에 대해 고민하고 있다는 것을 알 수 있다. 온라인이라고 하면 적어도 사용자들이 마케팅 콘텐츠에 얼마나 접근했는지에 대한 분석이 분명한 수치로 나올 수 있을거라 믿고 있지만 사실 "어느 정도 효과가 있는가" 라는 질문에서는 기존의 전통적 마케팅보다 더 답을 찾기 어렵기 때문이다. 최근에 이슈가 되고 있는 소셜 미디어를 이용한 마케팅은 더욱 그렇다.

- **맥킨지 보고서**

미국의 35개 대기업 410명 임원을 대상으로 조사한 맥킨지 보고서 결과에 따르면 온라인 미디어 선택을 가로막고 투자를 망설이게 하는 가장 큰 요인으로 '효과 측정 방식의 불충분' 을 꼽았다고 보고됨

- **사피언트 조사 보고서**

2007년 마케팅 전문가 120명을 대상으로 한 사피언트 조사 보고서에 따르면 온라인 채널을 통해 실시간 이루어지는 활동을 스스로 효과 측정할 수 있는 능력이 있는가에 대해 51%가 '확실하지 않다' 고 대답했고 그 중 35%가 소셜 미디어를 가장 확신 없는 분야로 지목하였다고 보고됨

세계적인 컨설팅 그룹인 맥킨지Mckinsey나 사피언트Sapient 조사 보고서를 보면 결코 이런 고민이 우리 회사만 가지고 있는 것이 아니라는 점을 알 수 있다.

소셜 미디어 **효과 측정**의 **한계**

소셜 미디어를 이용한 마케팅은 전통적인 마케팅에 비해 운영기간도 짧고 각 플랫폼들이 독립적으로 이용되고 있어 효과를 분석하기가 더 어렵다. 현재 많은 분석 기관과 회사들이 소셜 미디어의 효율적인 효과 측정 기준을 마련하기 위해 노력하고 있지만 실제 기준 마련은 쉽지 않다. 페이스북도 온라인 마케팅 효과에 대한 불확실성 문제에서 벗어날 수

없다. 기존의 온라인 마케팅은 사용자의 참여/방문 수, 홍보, 이벤트 실참여자 수, 페이지 실방문자, 뷰View 수치 등을 활용해 효과를 측정하고 있다. 그런데 페이스북에서는 오른쪽 사이드바 광고 영역과 페이지, 콘텐츠 인사이트 외에는 UVUser View와 PVPage View의 개념을 사용하고 있지 않다. 그동안 온라인 마케팅에서 활용했던 다양한 수치들의 기준이 달라졌음을 인식하고 페이스북 마케팅 역시 도입에 따른 성과 측정 기준 마련을 위한 고민이 필요하다.

순수 마케팅 접근의 한계

여러 소셜 미디어 채널 중 특정 서비스 하나만을 이용해 마케팅에 성공할 수 있는 가능성은 낙타가 바늘 구멍을 통과하는 것만큼 어렵다. 그러므로 기업이 마케팅 목적을 달성하기 위해서는 다양한 채널 확보가 중요하다. 그렇다보니 마케팅 채널로서 페이스북의 도입은 당장의 효과를 획득할 수 있는 좋은 채널을 확장했다는 개념보다 개인에게 직접 다가갈 수 있는 채널을 확보했다는 의미가 더 크다. 더러는 빠른 시간 안에 최대 효과를 낼 수 없는 도구라면 기업 입장에서 버려야 하는 카드가 아니냐고 반문하기도 한다. 페이스북 사용자의 행동 패턴과 서비스 이용 방법이 상호관계와 대화로 이루어져 있기 때문에 이 또한 기업 입장에서는 부담스러울 수밖에 없다. 하지만 페이스북은 미래의 성장 가능성이 충분하고 그 가능성을 확보하기 위한 투자비용이 이전의 온라인 마케팅에 비해 적기 때문에 페이스북 도입을 적극 추천하는 것이다.

페이스북의 **기회**

효과 측정에 대한 기회

앞서 말했듯이 페이스북에서의 마케팅과 성과 측정은 다른 기준과 방법이 적용되어야 하는데 이는 기업에게 부담과 한계로 다가올 수 있다. 하지만 '어떤 것을 효과로 볼 것인가' 의 관점에서 보면 다른 소셜 미디어에 비해 더 직접적이고 활용 가능한 데이터를 얻을 수 있는 채널이 페이스북이기도 하다. 그동안 우리는 키워드 검색이나 배너 노출을 포털에 의뢰하고 광고를 진행했다. 이때 광고주에게 주어진 선택권은 금액에 따라 어떤 위치에, 어떤 시간대에 광고를 내보낼 것인가뿐이었다. 광고회사가 만든 배너 이미지가 효과적인지, 그 광고를 클릭하고 마케팅 페이지로 들어온 사용자가 콘텐츠에 대해 만족을 했는지 등의 구체적인 효과는 알 수 없었다. 노련하고 자금 많은 기업의 경우 배너 광고의 위치와 크기, 시간대를 체크하여 광고를 집행하고 그에 따른 트래픽 수치로 효과를 측정할 수 있었다.

그런데 페이스북은 기업이 어떤 활동을 했을 때 고객이 반응을 하고 얼마나 더 큰 효과를 낼 수 있는지 등에 대한 기본적인 데이터를 '인사이트' 를 통해 제공하고 있다. 인사이트는 브랜드 페이지의 활동 내역뿐만 아니라 콘텐츠 노출 수, 피드백 수, 팬 활동 페이지뷰나 활동 팬의 성별, 연령대 등의 분석데이터를 제공한다. 구체적인 내용은 페이스북 성과 측정 기준에서 다시 알아보자.

순수 마케팅 접근의 기회

마케팅은 기업의 서비스나 제품을 얼마나 많은 사람에게 노출시키고 대상 고객의 마음을 움직이느냐를 중요한 핵심으로 인식한다. 이런 면에서 본다면 페이스북은 초반에 목표를 달성하기 어려운 구조로 이루어져 있다. 페이스북 활동 초기에는 주로 어떤 관계를 구축하느냐가 중요하기 때문이다. 여기서 흔히 많이 저지르는 오류가 무턱대고 많은 사람과의 관계를 구축하는 것인데 이런 오류는 친구 수, 즉 수치적 가치에만 집중하게 한다. 하지만 소셜 미디어 마케팅의 핵심은 궁극적으로 이런 수치적 가치가 아니라 관계를 형성할 수 있는 가능성 확보에 있다.

단적인 예로 기업이 페이스북에서 아무리 고객과 관계를 맺으려고 해도 고객이 해당 기업의 페이지에 와서 '좋아요Like' 를 누르지 않으면 아무런 소용이 없다. 페이지의 좋아요 버튼은 고객이 기업을 선택하도록 배려된 기능이다. 여기서 고객이 좋아요 버튼을 자발적으로 눌렀다는 것은 고객이 기업에 대해서 '호의적' 이라는 것과 어떤 형태로든 관심이 있다는 의미다.

마케팅 효과를 높이기 위한 가장 좋은 방법은 기업을 인식하고 있거나 관심을 가지고 있는 고객을 공략하는 방법이다. 오랫동안 기업은 이 효과를 높이기 위한 2차적 활동에 엄청난 노력과 비용을 들였다. 그런데 페이스북은 페이지를 통해 고객이 먼저 자발적으로 관심을 표하며 접근해오기 때문에 그동안 어떤 홍보 활동에서도 달성하기 힘들었던, 순수 마케팅 실현의 가능성을 제공하고 있다. 그것도 나만 관심이 있다는 것을 넘어 "나를 통해 나와 관계 맺은 다른 고객들과 연결될 수 있도록 허브 역할을 하겠다"는 더 넓은 가능성까지 포함하고 말이다.

소셜 미디어 **성과 측정** 기준

페이스북을 이용한 마케팅의 성과 측정 방식은 그동안 진행해왔던 온라인 마케팅과 다른 기준이 필요하다.

페이스북에서는 전통적인 온라인 성과지표로 사용하던 UV나 PV와 같은 기준이 명확하지 않고 온라인 마케팅의 효과 측정으로 가장 많이 이용하던 IMP^Impression(노출 수)^나 CTR^Click Through Rate(클릭률)^ 값으로 성과를 측정하는 것이 어렵다. 그나마 페이지나 어플리케이션을 운영하면 페이스북 인사이트^http://www.facebook.com/insights^를 통해 관계 맺은 팬들의 기본 활동 정도의 수치를 얻을 수 있지만 그 값으로는 부족하다.

소셜 미디어는 기본적으로 관계를 기반으로 하기 때문에 정량적 수치 외에 부가적 측정을 할 수 있는 요건이 필요하다. 이는 페이스북도 다르지 않다. 데이비드 버코위츠^David Berkowitz^가 이야기한 '소셜 미디어를 측정하는 100가지 방법'과 폴 길린^Paul Gillin^의 '영향력 측정 기준', 크리스 레이크^Chris Lake^의 '소셜 미디어용 KPI 35'를 살펴보면 소셜 미디어 효과 측정에는 다양하고 복합적인 평가 기준이 필요하다는 것을 알 수 있다.

소셜 미디어를 측정하는 100가지 방법

001 포스팅(콘텐츠) 수에 의해 형성될 브랜드에 대해 고객이 만든 버즈(buzz)의 크기
002 IMP에 따른 버즈의 양
003 시간 변화에 따른 버즈의 변화
004 하루 중 일정한 시간대의 버즈
005 버즈의 계절
006 경쟁 버즈
007 카테고리/주제별 버즈
008 소셜 미디어(포럼, 소셜 네트워크, 블로그, 트위터 등)별 버즈
009 구매 패턴의 단계(예: 고려 vs 구매 vs 구매 완료)별 버즈
010 자산의 인기(예: 여러 가지 동영상 중 많이 사용되고 삽입된 동영상)
011 메인 미디어에 언급된 내용
012 팬 수
013 팔로어 수
014 친구 수
015 팬, 팔로어, 친구의 성장 속도(증가율)
016 전염/전달의 속도
017 시간 흐름에 따른 전염의 변동
018 2차 도달(사람 또는 노출에 의한 팬, 팔로어, 친구의 연결 정도)
019 삽입/설치 수(다른 콘텐츠에 인용되거나 삽입된 수-저자역)
020 다운로드 수
021 업로드 수
022 사용자가 시작한 리뷰(예: 동영상 의견)
023 삽입(인용) 또는 즐겨찾기 비율
024 좋아요(Like) 또는 즐겨찾기 수
025 댓글의 수
026 평가(순위)
027 소셜 북마크 수
028 구독 수(RSS 피드, 포드 캐스트, 비디오 시리즈)
029 페이지뷰(블로그, Microsites 등)
030 인정할 수 있는 노출당 유효한 CPM(Cost Per Millenium 1천 회 노출당 비용 – 저자역)

031 소셜 미디어와 연결된 사이트의 검색엔진 순위의 변동
032 브랜드 홍보를 위해 사용하는 모든 소셜 사이트의 검색엔진 점유율 변동
033 소셜 활동으로 인한 검색 증가율
034 버즈가 포함된 링크 비율
035 게시자의 영향력에 의한 링크 순위
036 버즈가 포함된 멀티미디어 비율(예: 이미지, 비디오, 오디오 등)
037 동일한 환경에서 유/무료 미디어를 운영할 때 소셜 사이트에서의 점유율
038 도달 소비자의 영향력
039 도달 발행 매체의 영향력(예: 블로그)
040 소셜 채널에 참여하는 브랜드의 영향력
041 소셜 채널에 종사(참여)하는 타깃의 인구 통계
042 소셜 미디어를 통해 도달하는 팬들의 인구 통계
043 타깃층의 소셜 미디어 습관/관심
044 참여하는 고객의 지리적 통계
045 게시글 양에 따른 감정
046 노출 양에 따른 감정
047 소셜 마케팅 실행 전, 실행 후, 실행 중 정서의 변화
048 참여 고객의 사용 언어
049 콘텐츠 배포 소비 시간
050 소셜 미디어 추천에 따른 소비 시간
051 콘텐츠 검색 방법(검색, 전달, Discovery 검색엔진 등)
052 클릭 수
053 무료 미디어에서 발생된 트래픽 비율
054 시청 수
055 상호작용 수
056 상호작용/참여율
057 소비자당 소셜 상호작용의 빈도
058 동영상을 많이 본 비율
059 설문조사/투표 수
060 브랜드 연상
061 구매 고려
062 사용자가 만든 의견 수

063 가상 선물의 노출
064 가상 선물을 배포한 수
065 콘텐츠의 상대적 인기
066 태그 추가
067 태그 속성(예: 브랜드 인식과 얼마나 잘 일치하는가)
068 타사 소셜 로그인으로 등록(예: 페이스북 연동, 트위터 OAuth)
069 채널별 등록(예: 웹, 데스크톱 응용 프로그램, 모바일 응용 프로그램, SMS 등)
070 콘테스트 항목
071 채팅방 참가자 수
072 위키(wiki) 참여자 수
073 소셜 마케팅 또는 버즈를 통한 오프라인 마케팅/이벤트의 영향도
074 다른 채널의 마케팅 담당자에 의해 사용될 수 있도록 만들어진 사용자 콘텐츠
075 지원받은 고객 수
076 다른 채널(예: 콜센터 매장) 대비 소셜 미디어의 직접적 상호작용으로 지원받은 고객당 절약 시간
077 고객의 상호연결이 활성화되면서 절약된 시간
078 첫 상담에 처리된 비율(FCR: First Contact Resolution)에 미치는 영향
079 고객 만족도
080 고객이 생성한 피드백의 양
081 소셜 미디어 피드백을 기반으로 절약된 연구 및 개발 시간
082 소셜 피드백의 제안 실행
083 전통적 연구에 지출하지 않아서 절약되는 비용
084 온라인 판매에 미치는 영향
085 오프라인 판매에 미치는 영향
086 할인 상환율
087 다른 오프라인 행동에 미치는 영향(예: TV 조정 기능)
088 발생된 리드(Leads)
089 샘플 제품
090 매장 위치 페이지 방문자 수
091 사용자 평가, 리뷰로 생긴 변화
092 고객/방문자 보유 비율
093 고객의 평생 가치에 미치는 영향

094 소셜 미디어를 통한 고객 확보/유지 비용
095 시장 점유율 변화
096 무료 미디어가 유료 미디어 결과에 미친 영향
097 소셜에 게시된 이벤트에 대한 반응
098 이벤트에 참가한 사람 수
099 영향받은 임직원(내부 프로그램)
100 접수된 구직 신청서

소셜 미디어 영향력 측정 기준

01 검색엔진 순위
02 RSS 구독자 수
03 소셜 북마크 등록 수
04 타 사이트와의 댓글 수(비교)
05 외부에서 들어오는 링크
06 블로그 언급 수
07 토론(forum) 그룹 게시물
08 소셜 네트워크 회원
09 블로그 검색엔진 순위
10 주류 미디어에서의 언급
11 추천 링크 수
12 알렉사, 컴피트 순위(사이트 및 서비스 순위를 측정하는 서비스 회사-저자역)
13 검색엔진을 통한 트래픽
14 긍정/부정적 반응 분석
15 동영상 시청률
16 콘텐츠에 대한 매쉬업
17 모방 또는 패러디 동영상
18 콘테스트 참여 수

소셜 미디어용 KPI 35

01 알림(가입 및 반응률/경로별/CTR/클릭 후 활동)

02 북마크(온사이트, 오프사이트, 국내에는 마이픽업이 대표적임 – 저자역)

03 댓글

04 다운로드

05 이메일 구독

06 팬(사물/인물의 팬)

07 관심글(관심글 추가)

08 피드백(사이트를 통한)

09 팔로어

10 친구에게 전달

11 그룹(개설/가입/총 그룹 수/그룹 활동)

12 인스톨 위젯(블로그 페이지, 페이스북 등)

13 초청/추천(친구)

14 주요 페이지 활동(활동 후)

15 적극 추천/추천(간단한 등급 매기기)

16 메시지 발송(온사이트)

17 개인화(페이지, 디스플레이, 주제)

18 글 등록

19 프로필(예: 아바타, 약력, 링크, 이메일, 업데이트, 사용자 지정 업데이트 등)

20 프린트 페이지

21 평가

22 가입된 사용자(신규 사용자/총 사용자/활동적인 사용자/활동 중지 사용자/유동적 사용자)

23 스팸/언어폭력 리포트

24 리뷰

25 세팅

26 소셜 미디어 공유/참여(핵심 소셜 미디어 활동 예: 페이스북, 트위터, 디그 등)

27 태그 달기(사용자 생성 메타데이터)

28 추천 글

29 주요 페이지 체류 시간

30 사이트 체류 시간(자료별/최초 접속 페이지별)

31 총 참여자(활동적인 참여자 비율)

32 업로드(항목 추가 예: 기사, 링크, 이미지, 동영상)

33 뷰(동영상, 광고, 이미지)

34 위젯(새로운 위젯 사용자/들어간 위젯 수)

35 위시리스트(리스트에 아이템 저장)

페이스북 성과 **측정 기준**

측정 기준을 만들기 전 필요한 **이해**

소셜 미디어의 평가 기준은 앞서 언급한 데이비드 버코위츠와 폴 길린의 기준 외에도 계속 개발되고 있다. 높은 성과를 뽑아내기 위한 활동이 이상적이긴 하지만 대부분의 마케팅과 온라인 이벤트, 캠페인 등이 장기적으로 진행되지 않기 때문에 측정 기준 역시 단기적일 수밖에 없다. 데이비드 버코위츠와, 폴 길린의 측정 기준을 소개한 것은 그 기준이 뛰어나고 절대적 가치를 지니고 있어서가 아니다. 측정 기준 자체가 워낙 다양하고 각기 다른 특징을 보이는데 이처럼 일반적으로 적용하는 기준들을 참조함으로써 기업과 개인에게 적합한 나만의 기준을 만들 수 있기 때문이다. 기준을 만드는 것은 소셜 미디어나 페이스북을 도입하는 것보다 우선적으로 선행되어야 할 과제이다. 이 과제를 먼저 풀어놓아야 도입에 대한 KPI[Key Performance Indicator (핵심성과지표)] 수립과 ROI[Return On Inrestment(투자수익률)] 분석을 위한 근거를 확보할 수 있다.

기업이나 기관에 맞는 기준을 만들기 위해서는 우선 자사가 페이스북을 도입하면서 이루고자 하는 목표를 정확히 수립해야 한다. 페이스북 도입 목표가 브랜드 구축인지, 잠재고객 확보나 고객지원을 위한 것인지, 매출 향상을 위한 것인지 등을 구분해야 한다.

목표가 정해졌다면 성과 측정 기준을 수립하기 전에 기본적으로 이해해야 할 것들이 있다.

1. 청중

청중은 페이스북을 사용하는 접점이 되기 때문에 굉장히 중요하다. 기업에서 어떤 목적으로 페이스북을 이용하든 고객은 결국 기업의 청중이 되므로 이들을 분석할 필요가 있다. 어떻게 보면 기업의 페이스북 활동 중 가장 중요한 요건일 것이다.

청중을 관리/분석하는 것에는 두 가지 관점이 있다. '어떤 고객을 나의 청중으로 만들 것인가?'와 '누가 나의 이야기를 듣고 있는가?나의 청중은 누구인가?'이다.

첫 번째는 주로 페이스북을 시작할 때 접근하는 관점이고, 두 번째는 이후 고객을 세분화하고 전문적으로 접근하기 위한 관점이다. 어떤 관점으로 다가서든 청중을 분석하기 위해서는 청중의 프로필정보을 통해 데이터를 분류할 필요가 있다.

2. 영향력과 참여

페이스북 같은 소셜 미디어에 진입했지만 전략 없이 시작한 대부분의 기업들은 제일 먼저 관계를 맺는 활동부터 진행한다. 물론 이 활동이 잘못되었다는 것은 아니다. 다만 그 과정에서 생기는 고객들이 기업 활동에 얼마나 동조하고 참여하는가가 문제이다. 단기간에 이목을 집중하고 관계를 맺기 위해 기존에 해오던 방식대로 이벤트를 진행하거나 경품으로 유도하는 기업이 많은데 이렇게 모은 관계가 사실상 기업에게 큰 도움이 되지 못하는 경우도 많다. 이벤트나 경품으로 모은 고객들이 이후 해당 기업에서 올리는 콘텐츠에 반응하지 않는 경우가 발생하기도 해 말 그대로 무의미한 존재가 될 수 있다.

페이스북에서 영향력을 높이려면 기업과 관계를 맺은 팬 또는 고객으로부터 댓글과 리뷰, 소문내기, 좋아요, 기업 페이지에 체류하는 시간, 사이트로의 이동 등 다양한 반응을 이끌어야 한다기업은 그에 상응하는 콘텐츠를 올려야겠지만 말이다. 또 무엇보다 영향력을 가진 고객을 확보하는 것도 중요하다. 많은 사람과 활발하게 교류하고 이야기를 나누는 고객이 기업의 활동에 반응하고 참여하면 효과를 끌어올릴 수 있기 때문이다.

3. 대화

팬페이지는 기본적으로 고객이 먼저 관심을 갖고 접근하는 방식이다. 그렇기 때문에 고객에게 얼마나 설득력 있는 이야기콘텐츠를 제공하냐가 중요하다. 기업 입장에서 고객에게 제공하는 콘텐츠는 대화이다. 대화를 하면서도 사용자들의 반응을 지속적으로 체크해야 하는데 어떤 대화를 했을 때 고객의 관심이 높아졌는지 확인하는 등 대화의 방식을 계속 보완해나가야 한다. 즉, 고객의 반응을 통해 콘텐츠 내용을 보완하는 것이다.

고객과의 대화는 고객의 질문이나 요청에 답변을 해주거나 고객과의 관계를 높여주는 일반적 대화가 있는데 페이스북에서의 일반적 대화는 트위터와 매우 다른 모습을 보인다. 트위터에서는 고객에게 지속적으로 대화를 걸고 반응을 일으켜야 관계가 확장되고 활동 영역도 넓어지지만 페이스북은 트위터에서처럼 많은 이야기를 풀어낼 필요가 없다.

청중, 영향력과 참여, 대화는 페이스북뿐만 소셜 미디어 전체의 효과 측정을 하기 위한 가장 기본적인 개념들이다. 이 세 가지 사항은 각기 별도의 기준으로 작용하는 것이 아니라 중요한 연결고리를 가지고 있는 개념들이다.

페이스북 **성과 측정**의 중요한 **기준**

페이스북 내에서 기업의 위치를 확인하는 작업은 성과를 측정하기 위한 중요한 절차이다. 기업의 위치를 확인한다고 해서 타사와의 순위 경쟁을 부추기는 것은 아니다. 오히려 마케팅을 보다 효과적으로 진행하고 그 효율을 높이기 위한 가치를 이끌어내기 위해 필요한 것이다. 페이스북에서 기업의 위치를 확인하기 위해 필요한 사항은 앞 단락에서 이미 이야기했던 청중, 영향력, 대화이다. 이제 세 가지 개념을 가지고 어떻게 기업의 위치를 측정할지 그 기준에 접근해보자.

1. 청중

청중은 기업 입장에서 잠재적 고객과 일반 고객, 충성 고객 모두를 포괄하는 의미가 있다. 청중은 기본적으로 구독자, 팬, 전파자로 구분할 수 있다. 구독자는 기업에 관심을 가지고 친구가 된 기업의 콘텐츠를 구독하는 사용자와 다른 구독자의 활동에 의해 간접적으로 콘텐츠를 보게 되는 사용자로 나눌 수 있다. 초기 페이스북 마케팅을 실행할 때에는 관계를 맺고 꾸준히 기업의 콘텐츠를 구독하는 사용자를 확보하는 것이 중요하다.

구독자는 기업이 업로드하는 콘텐츠에 만족하거나 자신의 요구가 충족되었을 경우 '팬'으로 발전하게 된다. 이 팬은 다시 소극적인 팬과 적극적인 팬으로 분류된다. 기업이 부가적인 활동을 하거나 요청을 했을 때 비로소 반응하는 고객이 소극적인 팬이라면 적극적인 팬은 기업의 활동에 더 많은 관심을 가지고 있는, 이후 전파자로 발전할 수 있는 가능성이 농후한 고객이다. 이 때문에 적극적인 팬을 얼마나 많이 확보하느냐는 결국 기업이 페이스북을 통해 얼마나 도움이 되는 관계를 형성했느냐의 기준이 되기도 한다.

페이스북을 통해 기본적인 마케팅 효과, 즉 노출을 높이려면 팬이 전파자로 성장해야 한다. 이들은 기업에 관심을 가지고 있으며 자신의 친구들, 즉 다른 고객들에게 자발적으로 기업의 콘텐츠를 전파시키는 역할을 하게 된다. 웹분석협회WAA(Web Analytics Association)의 공동 창업자인 짐 스턴Jim Stern은 전파자들의 활동을 '명예로운 언급'이라고 지칭했다. 전파자들은 기업이 생산하는 콘텐츠를 자발적으로 인용하거나 언급하면서 페이스북 내에 기업을 노출시키는 기여를 한다.

대부분의 기업은 단순히 고객과 관계를 맺는 정도에서 활동을 끝내는 경우가 많다. 그러나 전파자 또는 적극적인 팬들을 정확히 파악하고 분석 관리하는 것은 목표를 달성하기 위한 또 하나의 중요 활동이다. 초기의 청중은 단순히 구독자 또는 외부 방랑자로서 기업에게 다가오지만 기업이 이들을 관리하고, 지속적으로 관계를 유지하고 관심을 가지게 하면 자연스럽게 팬에서 전파자로 성장하게 된다.

구독자, 팬, 전파자를 확보하는 일은 페이스북 마케팅에서 중점에 두어야 할 핵심이자 효과 측정에서 가장 중요하게 분석해야 할 부분이다. 그리고 이후 어느 정도 목표 수준에 도달했다 하더라도 꾸준히 관리하는 것을 잊지 말아야 한다.

2. 영향력과 참여

영향력과 참여는 기업이 진행하는 마케팅이 네트워크를 타고 얼마나 깊고 넓게 퍼지느냐의 기준이다. 아무리 기업의 계정이 영향력있고 고객들이 전파자로 참여한다고 하더라도 깊고 넓게 퍼지지 못한다면 효과를 끌어내기란 쉽지 않다. 결국 페이스북에서 마케팅을 전개할 때는 항상 입소문을 타고 얼마나 많은 고객에게 콘텐츠가 도달할 것인가를 염두에 두어야 한다. 하지만 콘텐츠가 전달되었다고 해서 곧바로 효과 상승으로 이어지는 것은 아니다. 기업의 영향력뿐만 아니라 전파자의 영향력도 중요하기 때문이다. 입소문이 일어나고 널리 전파노출되면 기업의 목표에 도달하기 위한 요건들이 충족되는 것처럼 보인다. 그러나 여기서 중요한 점은 기업의 콘텐츠를 초기에 전파하는 것은 적극적인 팬과 전파자들에 의해 시작되지만 그 효과를 높이기 위해서는 그들이 다른 그룹 또는 다른 집단에까지 영향력을 미쳐야 한다는 것이다.

마케팅 전문가인 짐 노보Jim Novo는 2009년 기업이 진행하는 입소문이 과연 기업이 이루고자 하는 목표매출와 얼마나 깊은 관계를 맺고 있는지에 대해 연구 논문을 발표했다http://www.webanalyticsassociation.org/members/blog_view.asp?id=538344&post=89776 짐 노보의 논문은 입소문이 기업 매출에 핵심 요소를 차지하고 있다는 명확한 전제를 담고 있지만 또 다른 관점을 보여준다. 입소문 마케팅의 효과는 충성도가 덜한 팬의 입소문으로도 도달 가능하고 직접적인 관계자가 아닌 잠재고객이 반응을 해줌으로써 효과가 올라간다는 것이다. 짐 노보의 논리는 이전에 확보된 충성 고객은 기업이 마케팅에 충실하지 않아도 어느 정도 매출에 영향을 주지만, 매출을 더 높이기 위해서는 잠재적 고객에게 마케팅 효과가 충분히 전달되어야 한다는 것이다. 이러한 관점에서 보면 결국 참여 고객의 영향력이 중요하다는 결론에 이른다.

2009년 레이저피시Razorfish.Co.Ltd사의 '소셜 영향 마케팅 보고서Social Influence Marketing Report, http://fluent.razorfish.com/publication/?m=6540&l=1'에 의하면 영향력있는 사람은 기업의 브랜드에 대한 관심과 친밀도가 높고 소셜 내에서 다른 사람의 구매 결정에 영향력을 미치는 사람이라고 정의하고 있다. 이들은 기본적으로 자신의 블로그를 가지고 있고 트위터, 페이스북과 같은 서비스를 통해 많은 관계를 맺고 있으며 그 관계를 맺고 있는 대부분과는 개인적 관계가 없는 사람이라고 한다. 이런 영향력을 가지고 있는 사람들은 SIG(Special Interest Group)에 속하며 이들은 정보를 리드하고 깊고 넓은 전파력을 가지고 있는 사람들이다. 그러므로 기업이 페이스북에서 마케팅적 효과를 높이기 위해서는 이러한 SIG 고객들을 확보해야 한다.

그렇다면 마케팅 참여자와 SIG 고객들의 영향력을 측정하기 위해서는 전파자가 얼마나 견고한 네트워크를 구축하고 있고 네트워크 속에서 중심적 역할을 하고 있는지, 전파자가 어떤 그룹에 속해 있는지를 파악하는 것이 필요하다.

3. 기업 대화의 질(콘텐츠)

기업 입장에서 대화는 다양한 형태로 표현될 수 있다. 페이지 화면의 구성(특화된 탭이나 디자인 등)까지도 모두 대화라고 할 수 있는데 이 중 기업의 제품이나 서비스 또는 마케팅 활동과 관련된 콘텐츠들을 질적 대화라고 한다. 페이스북 내에서의 대화는 고객과의 직접적인 소통을 끌어낼 수 있는 특징이 있기 때문에 기업의 입장에서만 접근할 것이 아니라 고객의 입장에서 공감을 줄 수 있는 콘텐츠이어야 한다.

그렇다면 콘텐츠의 평가 기준은 무엇일까? 기업이 생산한 콘텐츠는 매출과 직접적 연관이 있어 다소 측정이 쉽다고 인식하고 있다. 마케팅 사이트로 유입할 수 있도록 콘텐츠에 링크 또는 특정 코드를 삽입하고 이를 평가하는 방법이 일반적인데 페이스북에서도 이런 평가 방법은 가장 기본적으로 진행되어야 할 사항들이다. 하지만 직접적 링크 또는 코드 삽입 방식으로 질적 평가까지 접근하기는 어렵다.

웹사이트 분석가 아비나시 카우식(Avinash Kaushik, www.kaushik.net)의 『Web Analytics 2.0』에서는 대화의 비율을 아주 간단한 요건 중 하나로 파악하고 있는데, 그 요건을 바로 댓글의 수로Conversation Rate = Comments / Posts 정의했다아비나시 카우식의 댓글을 통한 평가는 콘텐츠 자체(공감하느냐 못하느냐)의 평가라기보다 고객이 콘텐츠에 반응했다는 것에 집중되어 있다. - 저자역 다행히 페이스북에는 '좋아요Like' 버튼이라는 콘텐츠의 질적 평가를 위한 좋은 도구가 제공되고 있다. 좋아요 버튼은 페이스북에서 생성되는 모든 콘텐츠에 자동으로 붙게 되며 외부 웹사이트, 블로그, 쇼핑몰까지 확장할 수 있는 특징을 가지고 있다. 일반 고객이 자신이 원하는 콘텐츠를 보게 되면 댓글을 다는 것 외에 간단하게 '좋아요'라는 버튼을 클릭할 수 있도록 제공하는데 이 기능은 콘텐츠의 질적 평가뿐만 아니라 전파적 역할까지 수행한다.

콘텐츠는 처음 방문한 고객의 관심과 흥미를 끌 수 있는 가장 중요한 요소이다. 일반 고객은 바로 이 콘텐츠를 통해 기업을 이해하거나 기업에서 제공하는 서비스, 제품에 대한 궁금증을 해소하게 된다. 하지만 이 부분에서 기업은 많은 오해를 하게 된다. 자신의 콘텐츠가 모든 고객에게 도움이 되고 효과가 높을 것이라는 선입견을 가지는 것이다. 지금까지 이런 선입견을 가진 기업들은 고객이 좋아하고 반응하는 콘텐츠의 질적 기준을 무시하고 단순히 콘텐츠의 양적 확보만 고집해왔다. 콘텐츠는 고객과의 직접적 접근과 대화라는 측면에서 중요한 평가 항목이다. 그런 의미에서 페이스북에서는 기업 입장에서가 아니라 고객의 눈높이에서 콘텐츠를 평가받을 수 있다. 그런데 페이스북의 좋아요 개수를 통한 콘텐츠 평가에서 주의할 것이 있다. 콘텐츠의 질적 평가는 그 자체만으로 아무 가치가 없기 때문에 매출 또는 팬 및 전파자 수의 증가, 그리고 전파에 대한 평가와 통합 분석이 같이 이루어져야 한다. 그래야만 이후 어떤 콘텐츠를 어떤 방식으로 제공해야 성과를 얻을 수 있는지 직접적인 데이터를 뽑을 수 있다. 또 콘텐츠를 올린 뒤에는 반드시 일주일 단위로 콘텐츠별 좋아요 및 댓글 횟수의 백업 데이터를 수집하는 것을 잊지 말아야 한다.

페이스북 **성과 측정**하기

지금까지 페이스북의 성과 측정 기준을 만들기 위해 반드시 필요한 개념들과 어디에 포인트를 두어야 하는지에 대해 살펴보았다. 그런데 앞에서 다뤘던 기준들 중 한 가지만으로 페이스북 활동이나 마케팅 효과 등을 분석하기란 어렵다. 게다가 객관적 수치의 개념이 아니라 상대적 평가를 근거로 하기 때문에 실제 효과 측정 진행을 위한 데이터가 필요하다.

기본적으로 페이스북은 페이지와 어플리케이션에 사용자 활동 내역을 확인할 수 있는 기능을 제공하고 있다. 또한 페이스북 내에서 광고를 집행하면 그에 대한 분석결과 및 데이터를 제공함으로써 기업의 비즈니스 마케팅을 지원하고 있다.

페이지 **인사이트**

인사이트는 공식 페이지Official page에만 제공되는 통계분석 리포트이다. 기업용 팬페이지를 만들었다면 페이지의 좌측 하단에 인사이트 기본 정보

• 팬페이지 인사이트 기본 정보

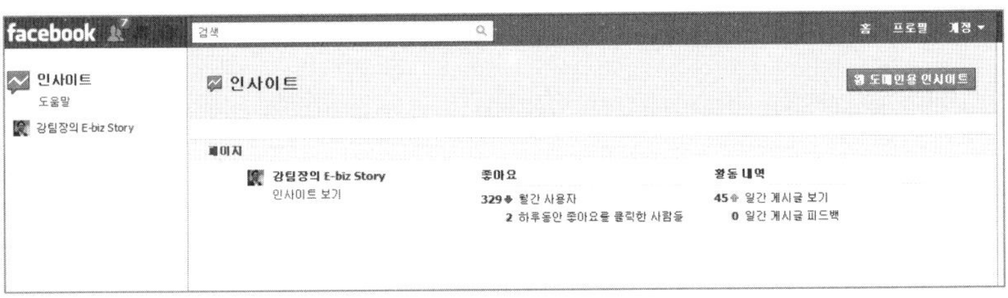

• 팬페이지 인사이트 접속 페이지

를 볼 수 있다. 팬페이지 관리자 계정으로 로그인하면 한 달 동안 활동한 사용자 수Monthly Active Users, 하루 동안 좋아요를 클릭한 사용자 수Daily New Likes, 일간 게시글 수Daily Post Views, 팬들의 일간 피드백 수Daily Post Feedback 등의 정보를 한눈에 볼 수 있다.

페이지를 여러 개 운영하고 있다면 http://www.facebook.com/insights로 접속해보자. 각 페이지별로 활동 내역과 사용자 통계 수치를 한눈에 볼 수 있고 자체 어플리케이션을 사용 중이라면 어플리케이션 관련 통계도 확인된다. 페이지 왼쪽 인사이트 영역에서 [전체 보기]를 클릭하거나 인사이트 URL에 접속한 뒤 왼쪽 사이드 바에 나타

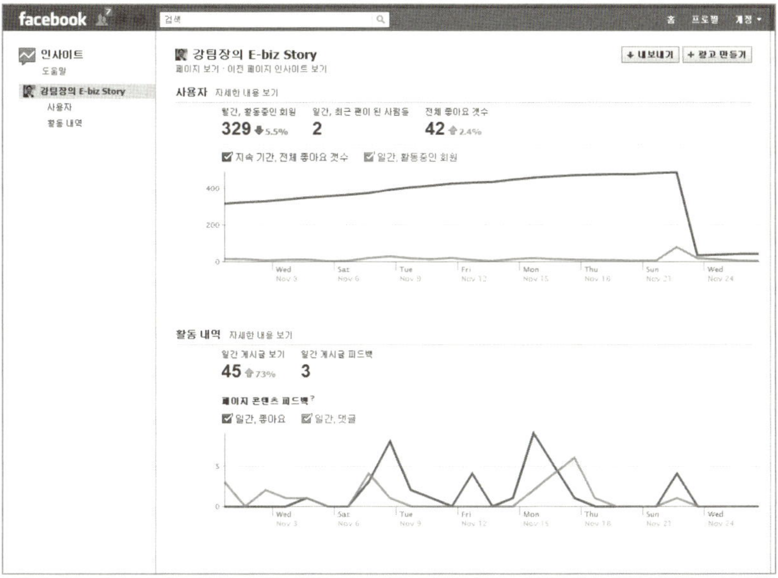

• 인사이트 대시보드

난 페이지명을 클릭하면 상세 정보를 확인할 수 있다 인사이트 통계는 페이지 관리자에게만 보이는데 페이지의 팬이 최소한 30명 이상 있어야 한다.

1. 사용자

월간별 활동 중인 회원, 최근 팬이 된 사용자 팬페이지 좋아요 버튼을 클릭한 사용자, 콘텐츠의 좋아요 버튼을 클릭한 횟수, 팬 변화 추이, 사용자 연령별/성별 통계, 국가/도시/언어별 사용자 수, 일간 로그인 페이지뷰, 담벼락뷰 수, 외부 리퍼러, 콘텐츠별 조회 수 등을 확인할 수 있다.

2. 활동 내역

일간 게시글을 본 사용자 수, 일간 게시글 피드백 수, 일간 좋아요/댓글/취소 변화 추이, 콘텐츠별 노출 수와 피드백률, 일간 타 게시물에 언급된 수/토론 게시글 수/일간 리뷰/일간 담벼락 글/일간 동영상 뷰 수를 확인할 수 있다.

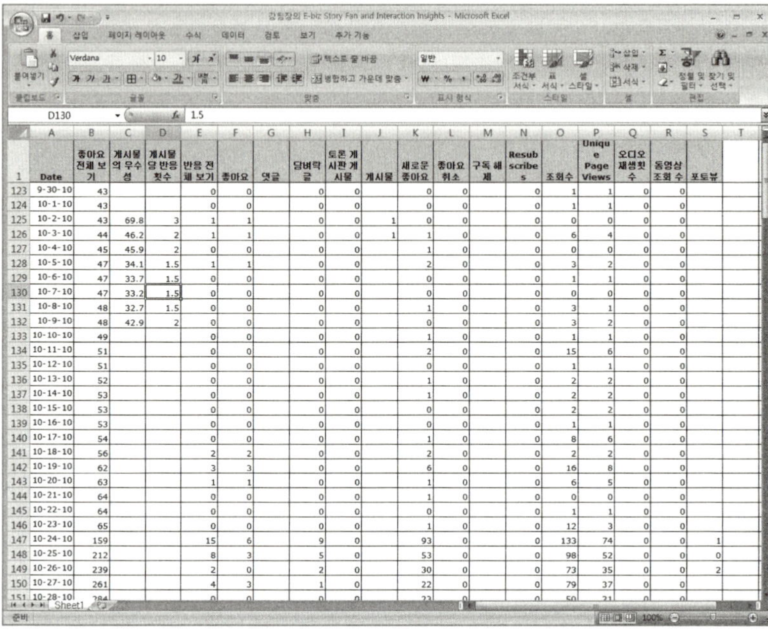

	Date	좋아요 전체 보기	게시물의 우수성	게시물당 반응 횟수	반응 전체 보기	좋아요	댓글	담벼락 글	토론 게시판 게시물	게시물	새로운 좋아요	좋아요 취소	구독 해제	Resubscribes	조회수	Unique Page Views	오디오 재생횟수	동영상 조회 수	포토뷰
123	9-30-10	43			0	0		0	0		0	0		0	1	1	0	0	
124	10-1-10	43			0	0		0	0		0	0		0	1	1	0	0	
125	10-2-10	43	69.8	3	1	1		0	0	1	0	0		0	0	0	0	0	
126	10-3-10	44	46.2	2	1	1		0	0	1	1	0		0	6	4	0	0	
127	10-4-10	45	45.9	2	0	0		0	0		1	0		0	0	0	0	0	
128	10-5-10	47	34.1	1.5	1	1		0	0		2	0		0	3	2	0	0	
129	10-6-10	47	33.7	1.5	0	0		0	0		0	0		0	1	1	0	0	
130	10-7-10	47	33.2	1.5	0	0		0	0		0	0		0	0	0	0	0	
131	10-8-10	48	32.7	1.5	0	0		0	0		1	0		0	3	1	0	0	
132	10-9-10	48	42.9	2	0	0		0	0		0	0		0	3	2	0	0	
133	10-10-10	49			0	0		0	0		1	0		0	1	1	0	0	
134	10-11-10	51			0	0		0	0		2	0		0	15	6	0	0	
135	10-12-10	51			0	0		0	0		0	0		0	1	1	0	0	
136	10-13-10	52			0	0		0	0		1	0		0	2	2	0	0	
137	10-14-10	53			0	0		0	0		1	0		0	2	2	0	0	
138	10-15-10	53			0	0		0	0		0	0		0	2	2	0	0	
139	10-16-10	53			0	0		0	0		0	0		0	1	1	0	0	
140	10-17-10	54			0	0		0	0		1	0		0	8	6	0	0	
141	10-18-10	56			2	2		0	0		2	0		0	2	2	0	0	
142	10-19-10	62			3	3		0	0		6	0		0	16	8	0	0	
143	10-20-10	63			1	1		0	0		1	0		0	6	5	0	0	
144	10-21-10	64			0	0		0	0		1	0		0	0	0	0	0	
145	10-22-10	64			0	0		0	0		0	0		0	1	1	0	0	
146	10-23-10	65			0	0		0	0		1	0		0	12	3	0	0	
147	10-24-10	159			15	6		9	0		93	0		0	133	74	0	0	1
148	10-25-10	212			8	3		5	0		53	0		0	98	52	0	0	0
149	10-26-10	239			2	0		2	0		30	0		0	73	35	0	0	2
150	10-27-10	261			4	3		1	0		22	0		0	79	37	0	0	
151	10-28-10	284			0	0		0	0		23	0		0	50	21	0	0	

• 인사이트 Data XLS 파일: 인사이트의 Data는 xls 파일로도 제공되는데 사용자, 활동 내역 상세 페이지 오른쪽 상단의 [내보내기]를 클릭하면 된다

어플리케이션 인사이트

기업용 어플리케이션을 활용하고 있다면 어플리케이션을 사용하고 있는 사용자, 설치한 사용자, 활동 중인 사용자 등을 인사이트에서 확인할 수 있다. 어플리케이션 인사이트도 페이지 인사이트와 마찬가지로 XLS[엑셀] 파일을 다운로드받을 수 있는 기능을 제공하고 있다. 어플리케이션 인사이트는 사용자, 공유, 성능, 진단[Diagnostics] 등의 통계를 보여준다. 인사이트에서 제공되는 정보를 분석하면 페이스북 성과 측정을 위한 대부분의 자료 데이터는 획득할 수 있다. 하지만 여기서는 정량적

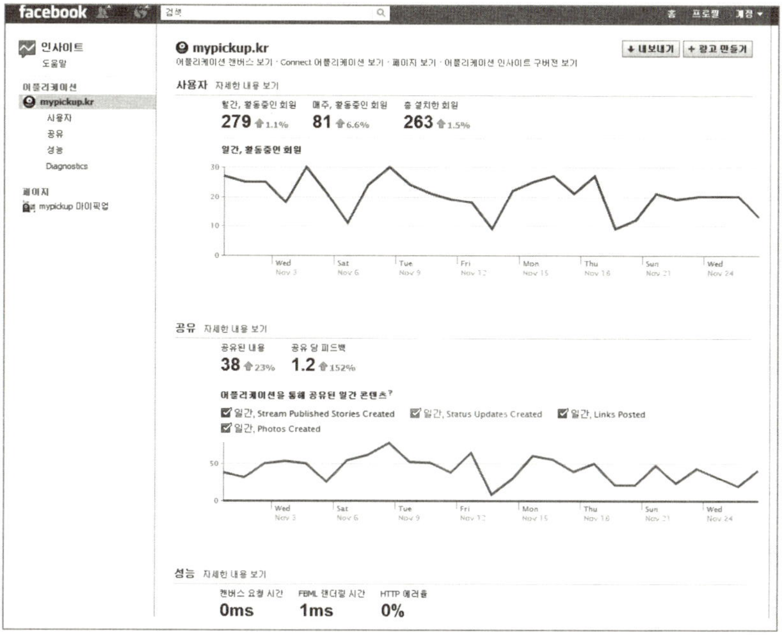

• 어플리케이션 인사이트

인 수치만 제공될 뿐 기업의 마케팅 효과를 최대한 발휘하기 위해 필요한 몇 가지 통계는 제공되지 않는다. 결국 이곳에서 제공되지 않는 정보들은 기업의 담당자가 직접 체크할 수 밖에 없다.

페이스북 **광고** 및 **인사이트**

불특정 대중을 대상으로 하는 TV나 라디오 광고 등의 매스미디어 마케팅과 온라인 마케팅의 성과 측정에 대해 불신이 드는 것은 광고회사나 마케팅 기업이 정의한 임의의 기준을 적용해 정확한 수치가 아닌 추측으로 결과를 평가하기 때문이다. 이에 반해 페이스북은 연령별, 성별,

국가별, 언어별, 키워드별 등 다양한 기준으로 타깃을 설정하고, 노출 수 혹은 클릭 수로 과금하는 합리적인 광고비 방식을 채택하고 있어 비용의 부담을 덜어 주고 있다. 또 광고 집행 후 노출, 클릭 수, 클릭률 등 성과에 대한 정보 보고서와 광고를 보거나 광고에 반응하여 특정 행동을 취하는 사용자에 대한 응답자 통계가 제공되어 결과에 대한 데이터에 신뢰감을 가질 수 있다.

그렇다고 해서 페이스북의 광고가 노출 수나 클릭 수를 보장해주는 것은 아니다. 많은 사람들이 광고를 통해 기업 페이지에 방문하거나 웹사이트에 방문하도록 설정하고, 광고에 가장 적합한 사용자를 타깃으로 하며, 광고의 내용과 비슷한 관심사를 가진 사람들을 대상으로 하기 위해 연관 키워드를 설정하는 등 광고 게시자의 최초 역할이 무엇보다 중요하다. 만약 특정 지역이나 특정 장소에서 진행되는 이벤트를 홍보하기 위해 페이스북에 광고를 만들었는데 전 세계 사용자에게 모두 노출되도록 설정했다면 아무리 클릭률, 클릭 수, 노출 수가 높게 측정되었다 하더라도 광고에 대한 만족도는 떨어질 수밖에 없다. 좋은 광고를 작성하고 게시하는 것 역시 성과 측정만큼 중요한 작업이다.

페이스북에 광고를 진행하면 구매한지 1시간 이내에 광고가 게시되고 통계는 광고가 게시되기 시작한 시간으로부터 1시간 이내에 확인이 가능하다. 하지만 CSV나 엑셀 형식의 파일로 내보내기가 가능한 일일 보고서는 보고하려는 날로부터 12시간 후에 사용할 수 있다. 성과 보고서에는 노출 수, 클릭 수, 클릭률, 활동 수, 활동률, 클릭당 지불, 노출당 지불, 지출, 고유 노출 수, 고유 클릭 수, 고유 클릭률 등이 표시되는데 노출은 해당 광고가 사이트에 게시된 총 횟수이고, 클릭 수는 광고가 클릭된 총 횟수, 활동 수는 페이지에서 팬이 되거나 이벤트에 참석하겠다고 응답한 사용자의 수이다. 또 성과 보고서 외에 응답자 통계 보고서가 제공되는데 특정 성별과 연령대의 사람들이 광고에 어떻게 반응했는지를 알 수 있고, 광고에 반응한 사람들의 연령, 성별, 국가/지역/주 등의 정보를 수치 및 그래프로 확인할 수 있다.

참고로 페이스북에서의 광고비는 클릭당 또는 1천 회 노출당으로 지불하게 되는데 비용은 24시간이 아니라 달력상의 하루를 기준으로 발생한다. 예를 들면 1일 광고 예산을 5달러로 책정했다면 2011년 1월 1일 9시부터 1월 2일 9시까지 광고를 진행할 경우 광고비는 10달러가 된다. 페이스북에서의 광고비는 최소 1달러인데 이벤트나 캠페인 종료 시까지 사용할 총 예산을 산정할 수도 있다. 예를 들면 10일간의 캠페인에 대한 총 예산으로 100달러를 지정할 경우 이론상으로는 매일 10달러만큼의 광고가 이루어진다. 만약 첫째 날 광고 지출이 8달러에

페이스북에서 흔히 발생하는 광고 실수

01 **영문 문구 사용 시 모든 단어에 대문자를 사용:** 기본적으로 페이스북 광고에서는 과도한 대문자 사용이 제한되고 너무 많은 대문자를 사용할 경우 전달력이 저하된다.

02 **잘못된 문법 및 속어 사용:** 광고 문구로는 논리적이며 올바른 단어를 사용해야 한다. 속어나 불필요한 줄임말은 사용하지 않는 것이 좋다.

03 **부적절한 광고 문구:** 광고 카피는 랜딩 페이지의 내용과 직접적인 관련이 있어야 한다. 제목, 광고 내용 또는 이미지는 회사, 제품, 또는 브랜드 이미지를 명시하거나 포함해야 한다.

04 **의심스러운 할인 및 제안:** 광고와 연결되는 사이트는 광고에서 제시한 제안과 똑같은 내용을 제공해야 하며 거짓으로 홍보해서는 안된다.

05 **부적절하거나 관계없는 이미지:** 광고 이미지는 적절하며 광고의 아이템과 관련이 있어야 한다. 너무 자극적이거나 충격적인 이미지는 사용하지 않아야 한다.

06 **부적절한 대상:** 적절하고 올바른 대상자를 선택해야 한다. 광고를 해야 하는 목적과 대상에 맞는 연령이나 지역, 성별 등을 고려해야 한다.

그쳤다면 페이스북 시스템이 자동으로 사용하지 못한 금액에 대한 광고를 캠페인 기간 내에 수행하게 된다.

온라인에서 고객의 반응과 마케팅 성과를 측정하기란 쉽지 않다. 특히 페이스북과 같은 소셜 미디어에서는 더욱 어려움이 많고 불확실한 요소들이 그대로 존재하고 있다. 그러므로 페이스북을 시작하기 이전에 목표를 설정하고 그에 따른 성과 평가 기준을 마련해야 한다. 기업은 특정 목표를 가지고 활동하는 단체이기 때문에 하나의 작은 활동에도 근거와 수치가 필요하고 자신들의 활동이 목표 달성에 어떤 영향을 주는지 꼼꼼히 분석해야 한다. 비록 페이스북의 성과 측정이 어렵다 하더라도 기업 입장에서는 반드시 방법을 모색해야 한다. 청중, 영향력, 대화 등의 요소가 추상적일 수 있지만 페이스북을 통해 기업이 이루고자 하는 목표에 접근하기 위해서는 관계를 증명해나가야 한다.

브레이킹 포인트 시스템즈Breaking Point Systems.co의 소셜 미디어 담당자인 카일 플래허티Kyle Flarherty는 소셜 미디어에서의 홍보 활동이 기업의 수익에 직접적 영향이 있다고 말했다. 그리고 직접적 영향에 대해 항상 유념하고 파악하는 것이 중요하다고 강조하며 앞으로 "ROI의 중요성은 떨어지고 관계의 영향력 IORImpact On Relationship에 초점을 맞추게 된다"고 말했다.

페이스북은 트위터에 비해 통계 및 분석 정보를 친절하게 제공하고 있다. 그것도 자사의 DB를 직접 엑세스한 신뢰성이 높은 데이터를 말이다. 그렇기 때문에 이 데이터만으로도 KPI를 수립하고 간단하고 형식적인 보고서 작성이 가능해 특별히 성과 측정 기준을 고민하지 않아도 된다. 일간/주간/월간 등으로 데이터 수집 기준을 정하고 참여자의 성별, 연령, 활동 횟수, 콘텐츠 반응도 등의 개별적 데이터를 잘 병합하고 분석한다면 큰 예산을 들이지 않고도 상사가 납득할만한 성과 보고서를 내놓을 수 있을 것이다.

인 쇄 2011년 1월 24일
발 행 2011년 1월 29일

저 자 강학주, 이스토리랩
발 행 인 채희만
출판기획 안성일
마 케 팅 김현철, 박지훈
북에디터 황은교, 이승훈
영업관리 최은정
발 행 처 **INFINITYBOOKS**
주 소 서울시 마포구 서교동 460-35

대표전화 02)302-8441
팩 스 02)6085-0777

Homepage www.infinitybooks.co.kr
E-mail infinitybook@naver.com

I S B N 978-89-92649-55-1
등록번호 제311-2006-26호
판매정가 **16,800원**